KB214855

공예배와 상황별 대표기도문

공예배와 상황별 대표기도문

초 판 1쇄 발행 | 2020. 12. 10
초 판 1쇄 인쇄 | 2020. 12. 10
지은이 | 맑은하늘 편집부
펴낸이 | 박미옥
펴낸곳 | 맑은하늘
편 집 | 홍소희
교 정 | 성주희
일부총판 | 비전북 (031) 907-3927
등 록 | 제 679-30-00201호(2016. 8. 11)
주 소 | 부천시 원미구 중동 1289번지 팰리스카운티
　　　 아이파크상가 3층
전 화 | (032) 611-7578
팩 스 | (032) 343-3567
도서출간상담 | E-mail:chmbit@hanmail.net

ISBN : 979-11-88790-20-3 (03230)

정가:16,800원

기도 준비자를 위한 공예배 대표기도문과 상황별 기도문 수록

공예배와 상황별
대표기도문

맑은하늘 편집부 엮음

추가 수록 고난 극복과 회복의 기도

맑은하늘

머리말

대표기도는 예배의 사역이다.

한국 교회의 예배에서 드려지는 대표기도(공중기도)는 일반적으로 다음 세 가지 유형으로 구분될 수 있다.

먼저, 의식적인 기도이다.

예배 시에 회중이 고정된 기도문, 미리 준비된 기도문을 낭독하는 기도이다. 희랍 정교회, 로마 가톨릭 교회 등에서 주로 드려지고 있으며, 개신교에서는 성공회와 루터교회에서는 물론 일부 개교파 교회들 중에서도 이 같은 연도 형식의 공중기도문을 공중기도의 한 형태로 드리고 있다.

이러한 의식적인 기도의 명확한 장점 중 하나는, 회중이 기도자 개인의 성품이나 기분에 좌우되는 것으로부터 벗어날 수 있다는 점이다.

기도의 내용이나 방식에서도 객관성과 보편성, 통일성을 갖게 된다. 그러나 이 기도는 모든 것이 엄밀하게 규정되어 있기 때문에 성령께서 임의적으로 내재하여 말씀하실 여지가 부족하고, 형식화된 기도문을 낭독하다 보면 문구의 나열에 불과한 생동감을 잃어버린 습관적인 기도 상태에 빠지기 쉽다.

4

둘째, 즉석 또는 자유로운 기도이다.

이 기도의 형태는 의식적인 기도와는 상반되는 기도를 가리킨다. 기도하고자 하는 내용이 의식으로 정해져 있지 않고, 간구하는 사람이 자유롭게 각종 예배와 집회 시에 즉흥적으로 드리는 기도이다.

우리는 이 간구의 성경적 근거를 로마서 8장 26절의 "성령이 우리를 위하여 친히 간구하시느니라"에서 찾을 수 있다. 그러나 즉석 기도, 또는 즉흥적인 간구는 오늘날 많은 문제점을 갖고 있다.

개인적인 간구가 아닌 공적 예배에서의 대표기도로서는 그 기도의 내용, 언어, 양식, 시간, 태도에 있어서 보편성과 객관성을 가져야 함은 물론 신학적으로도 맞아야 한다.

한국 교회에서는 종종 충분한 교육을 받지 못한 사람도 공중기도를 인도하는 경우가 있기 때문에 예배의 질적 하락을 면하지 못하고 있다.

끝으로, 준비된 뒤에 드리는 기도이다.

이 기도의 방법은 의식적 기도와 즉흥적 기도에서 결여되기 쉬운 점을 보완해 준다. 즉 자유 계획성과 자발성, 객관성과 보편성이 있어 공중기도를 온 회중과 함께 공중의 기도로 드릴 수 있다.

또 준비 과정에서 훈련이 적절히 실천됨으로써 대표기도에 대한 긍정적인 감정을 부여해 줄 수도 있다.

준비된 뒤에 드리는 기도는 계획된 기도에 자유가 겸하는 것을 의미한다. 이렇게 되면 이 기도는 훌륭한 양식과 내용을 갖출 뿐 아니라 기도자는 성령께서 임의적으로 말씀하신다는 확신을 갖고 공중기도에 임할 수 있다.

단지 여기에 부연해 두는 것은, 준비나 계획은 선행된 지식의 이해에서 온다는 것이다. 한국 교회의 공적 예배에서는 무엇보다도 먼저 대표기도에 대한 신학적인 이해가 필요하다.

[대표기도의 주도적 원칙]

1. 모든 간구는 그 고유의 일정한 목적을 가져야 한다. 간구는 막연하게 일반적인 것을 다룰 것이 아니라, 구체적으로 필요한 것을 꼭 붙잡아야 한다. 잘짜인 간구에는 회중의 각 사람이 따르고 동참할 수 있다.

2. 모든 간구는 훌륭한 형식을 갖추어야 한다. 그 형식은 간단하고, 명확하고, 직접적이고, 상냥하고, 문학적인 구문이어야 한다. 성경의 형식에 구애 받을 필요는 없겠으나, 기도자는 성경의 말씨, 특히 기도 자체인 성경 말씀에 자신의 마음을 드려야 한다.

3. 간구는 2인칭으로 하나님께 드려져야 한다. 기도는 하나님께 드려져야 하고, 하나님에 대한 이야기가 되어서는 안 된다.

4. 회중에게는 기도자의 간구가 내용적으로 전달되어야 한다. 기도 내용의 전달은 중요하다. 똑똑한 목소리로 기도함으로써, 회중이 분명히 들을 수 있도록 해야 한다. 대표기도에서는 단조로운 음성을 유지하는 것이 좋다.

5. 모든 간구의 깊이에 대해서는 지혜를 사용해야 한다. 몇 개의 짧은 형태의 간구는 한두 개의 문장 형식을 취하는 장문보다 더 좋을 것이다.

6. 공적 예배에서 기도 인도를 요청받은 사람은 자신의 생각에 지나치게 신경을 쓰지 않도록 미리 정신을 차려야 한다. 대표기도자는 의미 있는 간구와 성실한 내용의 간구로 똑똑하게 부르짖어야 한다.

| 차례 |

2. 월별 주일예배 대표기도문

1월의 기도

3. 주중예배 대표기도문

4. 교회절기 대표기도문

5. 교회 행사 기념주일 대표기도문

6. 헌신예배 대표기도문

10. 심방 대표기도문

11. 다양한 중독치료를 위한 중보 기도문

[1]

코로나19로 인한
고난극복과 회복을 위한

대표기도문

코로나19로 인해 교회적으로 많은 어려움에 직면하게 되었습니다.
여기 수록된 30편의 기도문은 주일예배 대표기도문으로, 특별히 코로나19로 인한
교회적 고난 극복과 회복의 메시지를 담은 특별 대표기도문입니다.

1. 살고자 하는 이들과 함께

하나님은 죽은 자의 하나님이 아니요 살아 있는 자의 하나님이시라 하나님에게는 모든 사람이 살았느니라. (누가복음 20:38)

찬양과 감사

하늘에 계신 우리 주님, 하나님은 복이십니다. 생명의 복이십니다. 오직 주에게만 죽지 않음이 있음을 찬양합니다. 그리고 모든 사람을 살아있게 하신 하나님을 찬양합니다. 살아 있는 것들의 모든 시간은 주님의 것임을 믿습니다.

우리가 만약 오만한 자의 자리에 앉아 있다면 주님께 감사하지 못하고, 또 죽음에 있는 자들도 주님을 찬양하지 못할 것입니다.

하지만 구덩이에 빠져 있어도 살아 있는 자가 주께 감사하며, 살아 있는 자가 주님의 신실하심을 구하며, 살아 있는 자가 주를 찬양할 수 있음을 압니다. 모든 살아있는 것들의 기쁨의 근원이신 주님께 영광 올려 드립니다.

고백과 회개

하나님 아버지, 만약 모든 산 자에게 주님이 인애를 베풀지 않으시고 정성을 쏟지 않으신다면 우리는 떨어진 꽃이며 마른 풀과 다름이 없음을 고백합니다. 우리 삶의 고난이 겹쳐 죽음의 그림자가 겹겹이 쌓여,

주님이 부르실 때 우리 스스로가 부끄러워 도시의 그림자와 어둠을 선택하진 않았는지 돌이켜 봅니다. 살아 있는 만물을 주님 발 앞에 복종케 하신 하나님 위엄 앞에 영혼도 없이 맥도 없이 피곤하고 지친 모습 그대로 널브러져 있었음을 회개합니다. 또 모든 살아 있는 자의 하나님을 죽은 자의 하나님으로 전락시켰음을 회개합니다.

간구와 간청

좋으신 하나님, 이제 우리가 마음모아 간절히 구하오니 길에서 벗어난 자들에게도 기꺼이 가까이 하시는 주님의 은총을 구합니다. 우리 영혼의 어둔 그림자 안에 깃든 본래 하나님의 뜻이 깨달아지게 하시고 깨달아진 그 지혜대로 살 수 있도록 용기를 간구합니다.

간청하기는 우리 교우들의 영혼이 살아 있도록 주님의 문을 두드립니다. 교우들의 가족들도 함께 살아 있기를 간청합니다. 땅에 존재하는 모든 살아 있는 것들이 스스로 가치를 알아서 스스로 죽지 않도록 간청합니다. 주님의 날 생명을 얻고자 하는 모든 이들에게 빛의 자녀로 불러 모으셔서 주의 빛을 선물하여 주옵소서.

지체들의 고통과 아픔이 우리의 것이 되게 하시고 진지한 대화를 나눌 우정 어린 친구들을 우리 곁에 두셔서 삶의 허무함을 나누고 하나님 아버지 경외하는 마음을 일으켜 주옵소서. 우리와 한 배를 타고 있는 모든 이들이 단 한 사람도 멸망당하지 않게 해 주시기를 구합니다.

사랑의 주님, 산 자의 하나님께서 생명을 불어 넣으신 만물의 풍성함이 주를 찬양하기에 우리도 주 예수 그리스도의 이름으로 기도합니다. 아멘.

2. 하나님을 찾는 이들과 함께

그러나 네가 거기서 네 하나님 여호와를 찾게 되리니, 만일 마음을 다하고 뜻을 다하여 그를 찾으면 만나리라. (신명기 4:29)

감사와 찬양

하늘에 계신 우리 주님, 우리가 감히 부를 수 없는 분임에도 그 불가능을 가능하도록 허락하신 주님을 찬양합니다.

우리는 도시의 광야에 갇혀 있습니다. 무엇이든 자유롭게 할 수 있지만, 아무것도 마음대로 할 수 없는 도시의 광야입니다. 광야 같은 세상에서 하나님의 자녀로 불러 주심을 감사합니다. 더불어 주님의 나라에 주님의 청지기와 정원사와 대사로 부르셔서 사용하여 주시니 무한 감사 올려 드립니다. 주님의 교회를 세우는 위치에 함께 앉혀 주시니 오직 주님의 조건 없으신 선택하심에 고개 숙여 찬미 올립니다.

우릴 부르실 뿐만 아니라 우리 삶 속에 나타나셔서 개입하시고 간섭하셔서 주님의 일하심을 나타내시니 한량없는 감사를 올려드립니다. 우리의 일상에 들어오셔서 차가운 이성과 따뜻한 가슴과 부지런한 손과 발이 하나님께 벗어나지 않도록 삶의 모든 정황을 알맞게 안배하시니 주님의 온전한 경영을 찬양합니다.

고백과 회개

하나님 아버지, 하나님께서 창조하신 이 완벽한 세상에서 우리 스스로가 주님을 떠나 우리는 결핍을 경험했습니다. 또한 결핍된 우리 곁의 사람들에게서도 무관심했음을 고백합니다. 우리의 불성실한 삶 가운데서도 결핍이 그저 모자람으로 끝나지 않고, 하나님은 이 결핍을 통해서라도 하나님과 더 깊은 사귐을 원하심을 알게 해 주셨습니다. 모자람의 고난이 영광의 그림자가 되게 하셔서 보이는 지금만 바라보지 않고 하나님께서 만나 주시는 기쁨의 날들을 소망하게 하옵소서.

간구와 간청

사랑의 주님, 이 하루가 순례의 길을 걸어야만 재건될 영혼들이 있다면 고된 순례의 여정도 기꺼이 감내하게 하여 주옵소서. 이름도 없이 빛도 없이 나팔 부는 파수자가 필요하다면 우리를 사용하옵소서. 뛰어난 창의력도 탁월한 리더십도 없이 묵묵히 제 길에서 단순한 일을 반복하지만, 그것만으로도 주의 일에 동참하는 명단에 들어갈 수만 있다면, 그것으로 우리의 보상은 충분합니다.

우리가 다시 재건되고자 할 때 그리스도의 올곧음과 온유함의 조화로운 인격을 이루게 하셔서 삶의 재건을 꿈꾸다 조급하지 않고 과정에 만족하게 하시며, 가정과 자녀가 교회와 나라가 재건될 때 주님을 더 깊이 알도록 계시의 영을 허락하옵소서.

좋으신 하나님, 주의 손길이 뻗치는 곳마다 물가에 심겨진 나무처럼 마르지 않는지을 찾는 자들을 반드시 만나 주시는 우리 주 예수 그리스도의 이름으로 기도합니다. 아멘.

3. 사랑하지 못하는 이들과 함께

어느 때나 하나님을 본 사람이 없으되, 만일 우리가 서로 사랑하면 하나님이 우리 안에 거하시고, 그의 사랑이 우리 안에 온전히 이루어지느니라. (요한서 4:12)

감사와 찬양

하늘에 계신 우리 주님, 우리를 죽은 자 가운데서 살리시고 평강을 주신 하나님을 그리스도로 말미암아 믿는 우리입니다. 우리의 믿음과 소망이 하나님께 있게 하심을 감사드립니다. 오늘도 주님의 사랑을 읊조리며 주님의 말씀을 되새기며 주님의 은혜를 곱씹습니다. 세상의 끝에 나타나는 말세의 징조가 거짓 선지자나 바르지 못한 교리나, 더 큰 장막을 세우지 못하거나, 편리하고 특별한 기술이 없어서 망하는 것이 아니라, 우리에게 사랑이 없어 멸망당함을 알게 하시니 감사합니다.

고백과 회개

하나님 아버지, 사랑하기 위해 준비하지 않은 채 허둥지둥 하루를 시작한 날들이 많습니다. 마땅히 사랑받지 못할 우리들을 왜 그렇게 지극히 사랑하시는지 더더욱 죄송합니다. 하나님의 뜻을 알려는 열심이 우리에게 없음도 보았습니다. 지극 정성을 다해 우리를 돌보시는 주님 보시기에 마음과 뜻과 힘과 정성을 다해 살지 못했습니다. 더 사랑하지 못했습니다. 제 눈에 작은 티 하나만 들어가도 불편해서 어쩔 줄 몰라 하면서 다른 이들의 불편함에 둔감해져 있었습니다. 나의 답답함만 강조하고 타인의 답답함에는 침묵했습니다. 많이 아는 것만으로 우리를 채웠음을 고백합니다. 하지만 정말 어려운 것은 아는 만큼 사는 것이 더 중요한 것임을 깨닫습니다. 우리가 사랑하지 못하기에는 주님께 받은 사랑이 너무 큽니다. 사랑도 표현해야 사랑받는 이가 아는 것처럼 익숙하진 않지만 표현하는 사랑을 배우게 하옵소서.

간구와 간청

사랑의 주님, 겨울바람을 맨 얼굴로 맞는 분들처럼 이 순간을 살아내야 하는 분들이 주위에 있습니다. 그들을 향하여 그냥 쳐다만 보며 살지 않고 어떻게 사랑으로 다가갈 수 있을지 고민을 멈추지 않게 도와주시고, 모든 일의 시작과 끝에 주님의 시선이 머무시기를 간청합니다. 좌절과 괴로움을 겪어야 하는 모든 이들이 주님의 안식을 맞이하게 하옵소서.

주님, 간구하기는 마음속에 증오를 품고 사는 자들의 한을 제거하여 주시고, 망각의 은혜를 베푸시어 시간의 약을 맛보게 할 뿐만 아니라, 품는 은혜까지 베풀어 주옵소서. 무엇보다 뜨거운 사랑이 허다한 죄를 덮는다고 말씀하셨으니 작은 사랑을 실천할 수 있도록 기회와 용기와 지혜를 덧입혀 주옵소서.

좋으신 하나님, 그냥 살지 않고 일상을 사랑하며 살고자 하는 마음을 담아 우리 주 예수 그리스도의 이름으로 기도합니다.

4. 약해지고 위축된 이들과 함께

나에게 이르시기를 내 은혜가 네게 족하도다 이는 내 능력이 약한 데서 온전하여짐이라 하신지라 그러므로 도리어 크게 기뻐함으로 나의 여러 약한 것들에 대하여 자랑하리니 이는 그리스도의 능력이 내게 머물게 하려 함이라. (고린도후서 12:9)

감사와 찬양

하늘에 계신 우리 주님, 주님의 선하심을 맛보아 알게 하심을 찬양하며 감사드립니다. 은혜 안에 지혜를 담아 놓으신 주님, 우리 모든 이들에게 각자에게 족한 은혜를 부어 주심을 찬양합니다. 세상에 당연한 것은 아무것도 없게 하셔서 모든 것을 모든 때에 적당하게 경영하시는 주님의 지혜를 찬양합니다.

주님, 우리가 하나님의 영에 감동된 영혼들임을 기억나게 해 주시려고, 친히 나무에 달려 채찍에 맞은 그 몸으로 우리 죄를 담당하셨으니, 우리가 나음을 입어 죄에 대하여 죽고 의에 대하여 살게 하심을 감사드립니다. 주의 인자하심과 베푸신 놀라운 구원 때문입니다.

고백과 회개

하나님 아버지, 우리는 매 순간 인생의 한계들을 절감합니다. 또 몸의 가시가 너무 고통스러워 낫기를 간구합니다. 육체의 약함과 실패에 위축된 삶이 회복되지 못할 것에 마음을 두었습니다. 생각하면 할수록 그리스도의 십자가와 죽음이 굴욕적으로 다가왔음을 고백합니다. 강력하신 부활의 능력으로 다시 살게 하신 은혜도 믿지 못했습니다. 약해질 대로 약해진 우리를 불쌍히 여기시고 교회의 가치가 우리의 승패에 있지 않고 주님이 교회에 비춰주신 영광에 있음을 알게 하옵소서.

간구와 간청

사랑의 주님, 어려운 시련을 겪을 때 마다 마음이 메마르며 황폐해집니다. 그러나 우리가 약해질 때 마다 예수 그리스도께서 걸머쥐신 하나님 의지하는 마음을 우리에게도 베풀어 주옵소서. 우리의 겉 사람은 약해지지만 우리의 속사람은 매일 새로워지기를 소망합니다.

문제보다 더 크신 하나님을 의지합니다. 무명한 자 같으나 유명하고, 아무 것도 없는 자 같으나 다 가졌고, 가난한 자 같으나 많은 사람을 부요하게 하고, 죽은 자 같으나 살아 있는 우리로 살게 하셔서 우리의 약함을 자랑할 때마다 그리스도의 능력이 머물게 하옵소서. 약하지만 강하게 살 것을 간청합니다. 작지만 크게 살 것을 간구합니다. 체험만 요구하지 않고 하나님을 아는 지식에 함께 자라가기를 간구하오니 허락하여 주옵소서. 주님을 더욱 의지할 수만 있다면 약함이 지속되더라도 맞이하게 하옵소서. 무엇보다 주님이 바라고 우리가 구하는 항구로 인도하여 주옵소서.

좋으신 주님, 그리스도의 능력이 우리 안에 머물기 원하시는 예수 그리스도의 이름으로 기도합니다. 아멘.

5. 생기를 잃은 이들과 함께

주 여호와께서 이 뼈들에게 이같이 말씀하시기를 내가 생기를 너희에게 들어가게 하리니 너희가 살아나리라. 너희 위에 힘줄을 두고 살을 입히고 가죽으로 덮고 너희 속에 생기를 넣으리니 너희가 살아나리라 또 내가 여호와인 줄 너희가 알리라 하셨다 하라. 이에 내가 명령을 따라 대언하니 대언할 때에 소리가 나고 움직이며 이 뼈, 저 뼈가 들어 맞아 뼈들이 서로 연결되더라. (에스겔 37:5~7)

감사와 찬양

하늘에 계신 우리 주님, 고난 가운데 생기를 잃은 자들도 주께 부르짖으면 다 들으시고 응답하신 분이심을 찬양합니다. 우리가 아무도 멸망하지 않고 회개하기를 원하시는 주님, 마음의 심지가 하나님께 심긴 자는 평강을 더하신다는 주님 마음을 찬양합니다. 지극히 작은 자 하나에게 한 것이 내게 한 것이라고 말씀해 주셨던 주님 때문에 힘이 납니다.

고백과 회개

하나님 아버지, 우리는 질식된 삶 속에 속해서 생기를 잃었습니다. 감정과 본능을 사방으로 널뛰게 만드는 삶의 격정적인 패턴 속에 들어 있습니다. 혼란에 빠진 사고와 감정은 삶의 생기를 잃게 하고 그저 그런 일상을 흘려보내게 합니다.

그러나 주님은 생명이시오니, 오직 하나님께서 영광 받으시기 위해 모든 것을 이루셨음을 고백하게 하시며, 기록된 말씀대로 이루셨음을 찬양하게 하옵소서. 하나님의 인내는 우리에게 돌이킴의 기회임을 믿습니다. 예수님은 우리의 죄 때문에 죽임을 당하셨고, 우리를 의롭게 하시려고 다시 살아나셨습니다. 예수님의 인내와 주님의 다시 살리신 부활의 생기가 우리의 것이 되게 하소서. 우리가 생명을 사랑하고 좋은 날 보기를 원하므로 가벼운 말을 금하고 악한 말을 그치고 입술로도 범죄하지 않게 하옵소서.

간구와 간청

사랑의 주님, 주님께서는 생기를 북돋지 못할 영혼이 없사오니 마른 뼈와 같은 생기 없는 우리 주위의 사람들과 가까이 관계하는 곁의 사람들에게 작은 생기들을 불어 넣으시어 생명력이 점점 커져 살이 붙고 뼈가 맞추어지며 함께 일어서는 은혜를 불러일으켜 주옵소서.

잃어버린 묵상의 세계와 영혼의 빈자리를 찾고 싶습니다. 주님께 흠뻑 빠지게 하여 주옵소서. 약속된 새 하늘과 새 땅을 마음속으로 간절히 바라며 살기를 간구합니다. 그리스도를 아는 지식과 지혜로 자라나길 간청합니다. 주님이 주권자이심을, 주님이 주관자 되심을, 주님이 우리 아버지이심을, 주님이 재판자 되심을, 주님이 심판자 되심을 깨달게 하옵소서.
좋으신 우리 주 예수 그리스도 이름으로 기도합니다. 아멘.

6. 부족하다고 느끼는 이들을 위해

내 형제들아 너희가 여러 가지 시험을 당하거든 온전히 기쁘게 여기라. 이는 너희 믿음의 시련이 인내를 만들어 내는 줄 너희가 앎이라. 인내를 온전히 이루라 이는 너희로 온전하고 구비하여 조금도 부족함이 없게 하려 함이라. 너희 중에 누구든지 지혜가 부족하거든 모든 사람에게 후히 주시고 꾸짖지 아니하시는 하나님께 구하라 그리하면 주시리라. (야고보서 1:2~5)

감사와 찬양

하늘에 계신 우리 주님, 우리를 너무 사랑하셔서 우리가 상대하는 모든 것과 우리가 마주하는 모든 순간에 부족함 없이 기쁨이 넘치길 원하시는 주님을 찬양합니다. 우리가 잘 되기를 바라시고, 부족함이 없길 바라심을 압니다. 어떤 어려움 속에서도 주께 돌이키기만 하면 모든 위협과 위험에서 건져내실 줄 믿습니다. 그리고 그리스도와 인격적 교제를 나누기 원하기만 한다면 충분한 만족을 누리게 하실 주님이심을 찬양합니다.

고백과 회개 하나님 아버지, 우리의 행동이 늘 급하고 세상의 재촉된 요구에 불안해서 주님의 인도하심과 만지심을 보지도 못하고 느끼지도 못할 때가 많습니다. 천천히, 온유하게, 그리고 고요하게, 걸을 때에도 주님의 충분하심을 만끽하게 하옵소서.

주님 안에는 부족함이 없으시지만, 우리 안에는 열등감과 자괴감, 분열과 불평이 있습니다. 주님은 스스로가 누구이신지 아시고 밝히실 수 있지만, 우리는 주님이 아니면 우리가 누구인지 어디서 와서 어디로 가는지 알 수가 없습니다. 우리의 부족함과 결핍을 모두 주님이 아시오니 우리에게 주님 자신을 부으셔서 주님으로 채워 주옵소서. 주의 영광이 주어짐으로 감당할 수 없는 두려움이 기쁨으로 전환되고 승화되는 성령의 평화를 곁들어 주옵소서.

간구와 간청

사랑의 주님, 물질의 부족함도 채워지길 간구하지만, 매일의 일과 중에 긴장된 시간이 있는데 집중함으로 맡겨진 일을 이루게 하옵소서. 부족함에 낙심하여 길을 잃은 영혼에게 예수님께서 친히 안내자가 되어 주시길 소망합니다.

가난한 사람에게는 그리스도의 마음이 가득한 부자로 만들어 주시고, 가슴이 조려오고 삶이 오그라든 우리가 어떻게 기도해야 할지, 어떻게 구하고 기다려야 할지도 가르쳐 주옵소서.

주님을 전하다 주님을 등한히 여기지 않게 하시고, 주님의 기쁨을 전하다 우리만 기뻐하지 않게 하시며, 주님의 약함을 자랑하다 우리만 강해지지 않게 하옵소서. 부족한 모든 자들에게 동행하시고 역사하시어 함께 하신다는 말씀이 믿어지게 하옵소서.

좋으신 하나님, 부족하다고 느끼는 자들에게 모자람 없는 은혜를 부어 주시는 우리 주 예수 그리스도의 이름으로 기도합니다. 아멘.

7. 빛을 구하는 이들에게

그러나 하나님께서 빛 가운데 계신 것과 같이, 우리가 빛 가운데 살아가면, 우리는 서로 사귐을 가지게 되고, 하나님의 아들 예수의 피가 우리를 모든 죄에서 깨끗하게 해주십니다. (요한일서 1:7)

감사와 찬양

하늘에 계신 우리 주님, 주님은 우리의 빛이십니다. 주님은 우리의 구원이십니다. 우리가 누구를 두려워하겠습니까? 주님이 우리의 생명의 피난처신데, 우리가 누구를 무서워하겠습니까? 하나님이 빛이시기에 우리에게 밝히 비쳐 주신 빛을 찬양합니다.

의인을 위하여 빛을 뿌리고 마음이 정직한 자를 위하여 기쁨을 뿌리시는 주님을 찬미하오며, 주님이 생명이시기에 우리에게 불어 넣으신 숨으로 우리도 생명임에 감사합니다. 성령의 교통하심으로 빛으로 오시고 그 빛을 받아들이는 모든 자들에게 하나님과 교통케 하심을 감사드립니다.

고백과 회개

하나님 아버지, 고난이 겹겹이 쌓여 믿음의 빛을 잃어 버렸습니다. 초심을 생각나게 하셔서서 주님만 붙들게 하옵소서. 우리는 빛이신 주님을 등졌고, 어둠에 모여 불 꺼지고 가려진 방을 좋아했습니다. 어떤 이유에서든 우리에게 피해를 끼친 상대에게 같은 방법으로 응대하려 했음을 용서하시고 앙갚음 하려는 마음을 볼 수 있는 은혜를 베푸시옵소서. 어둠에 물들지 않게 하시고 죄를 자백하면 깨끗하게 하실 주님 앞에 나아갑니다.

사람들이 복음을 거부하는 이유들을 보았습니다. 한 사람의 본질인 그 사람의 고유한 은사를 끌어내어주기 보다는 그들을 착하게만 만들려 했던 것은 아니었는지 생각해 봅니다. 각 사람들에게 의무를 다하도록 독려하려고 새로운 짐을 지우기만 하진 않았는지요? 빛이신 그리스도의 빛이 우리에게 나타난다면, 그리고 주 예수의 빛이 투영된 우리의 삶이 그들에게 읽혀진다면 그것으로 충분한데도 말입니다.

간구와 간청

사랑의 주님, 우리 각 사람이 빛들로 나타나 생명을 말씀을 밝히어 하나님의 꿈을 이루어 드리는 생명의 교회 공동체가 되길 간청합니다. 매일 작은 것들에 부딪힐 수 있는 용기를 주셔서 더 큰 파도를 맞이할 담대함을 허락하옵소서. 주님은 우리의 간구를 기뻐하시는 줄 믿습니다. 우리의 간구에 응답하시는 분임을 믿습니다. 우리의 수치를 제거하셔서 부끄러움을 없애시는 분임을 믿습니다. 우리도 빛 가운데 행하여 신자가 서로 사귐이 있어 서로가 서로의 빛이 되게 하옵소서.

좋으신 하나님, 오늘 전하시는 주님 사자의 설교 말씀에 주님의 찬란한 빛을 비춰주시고, 빛을 구하는 모든 이들에게 꺼지지 않는 불로 역사하시는 우리 주 예수 그리스도의 이름으로 기도합니다. 아멘.

8. 고난에 지쳐 있는 이들과 함께

우리가 환난 중에도 즐거워하나니 이는 환난은 인내를, 인내는 연단을, 연단은 소망을 이루는 줄 앎이로다. (로마서 5:3~4)

감사와 찬양

하늘에 계신 우리 주님, 모든 은혜의 하나님, 그리스도 안에서 우리를 성도라 부르시고, 주님의 영원한 영광에 들어가게 하신 이가 잠깐 고난을 당하는 우리 성도들을 친히 온전하게 하시며, 굳건하게 하시며, 강하게 하시며, 터를 견고하게 하심을 찬양하며 감사드립니다.

고백과 회개

하나님 아버지, 우린 부름 받은 종인데, 아버지께 여쭙지 않고 우리의 열정으로만 강행하다가 지쳤음을 고백합니다. 하나님 아버지, 주님과 가까워지고 싶었지만, 주님 때문에 받을 손해와 고난은 피하고 싶었습니다. 경험의 큰 성과 삶의 여러 분야로 우리의 두려움을 감추었습니다. 주님께서는 즐거운 사람은 찬송하고 고난당하는 사람은 기도하라고 말씀해 주셨는데, 우리가 우리의 주인이 되어 즐거움도 고난도 우리의 힘으로 이겨내려 애썼습니다. 용서하소서.

주님 우리에게는 노출된 외적 고난이 있습니다. 그럴 때마다 잘 다스려지는 것 같고 잘 이기는 것 같아 스스로를 안심시키기도 합니다. 그러나 우리 안에 감춰진 내적 고난은 참으로 견디기 힘듭니다. 혹 주님만 아는 그 힘듦의 원인이 우리 안에 가증한 것을 없애지 않기 때문은 아닌지요. 그동안 왜 그리 교만했는지, 왜 그리 극단적이었는지, 왜 그리 한쪽으로 치우쳤는지 후회됩니다. 주님 우리를 불쌍히 여겨 주옵소서. 새는 바가지처럼 깨진 물동이처럼 왜 채워지지 않았는지 알게 되었습니다. 그것은 주님을 우리 안에 모시지 않고 살기 때문임을 깨닫습니다.

간구와 간청

사랑의 주님, 다른 이들의 걷는 속도에 지쳐 있는 분들이 있습니다. 삶은 빠른 속도가 아니라 바른 방향임을 알려주셔서 갈 바를 알지 못하는 우리들에게 주님의 뜻이 생활 가운데 나타나 그대로 이뤄지도록 인도하옵소서. 이제는 고난을 통해서라도 주님과 가까워질 수만 있다면 기꺼이 감내하며 주를 영접할 믿음도 허락하여 주옵소서. 이 길고도 질긴 어려움의 시절이 지나가면 우리에게 위로와 복으로 되갚아 주옵소서. 이 항해의 끝이 주님께 다다르도록 우리의 유일한 희망인 성령의 돛으로 끌어 주옵소서. 고난을 통해서 우리의 마음 근육을 단련시키심을 봅니다.

주님, 우리에게 단 하나의 소원이 있습니다. 이 세상에 머무는 동안 우리가 주님의 자비를 얻은 게 확실하오니 주님과 함께 동행하면서 주님을 기다리게 하옵소서. 그러므로 강하고 담대히 주님을 기다리겠습니다. 좋으신 주님, 이 모든 감사와 고백과 간구를 우리 주 예수 그리스도의 이름으로 기도 올려 드립니다. 아멘.

9. 새 영과 새 마음 구하는 이들과 함께

또 새 영을 너희 속에 두고 새 마음을 너희에게 주되 너희 육신에서 굳은
마음을 제거하고 부드러운 마음을 줄 것이며. (에스겔 36:26)

감사와 찬양

하늘에 계신 우리 주님, 광야가 변하여 길이 되게 하신 주님, 마른 땅이
변하여 샘이 되게 하시는 하나님, 이 땅의 교회에 생수의 강이 흘러넘
치게 하시는 주님을 찬양합니다.
믿음의 야성을 잃어버린 몽당연필 같은 우리들에게 한없는 은총을 누
리게 하시고 또 사용하여 주심에 감사 올립니다.

고백과 회개

하나님 아버지, 흔들림은 모든 살아 있는 존재들의 숙명임을 압니다.
그러나 우리의 잘못은 그 흔들림 속에 주님의 길을 묻지 못했습니다.
주님이 기뻐하시는 선택을 외면했음을 고백합니다. 때론 침묵과 교묘
함으로 주님을 대적했습니다. 늘 높임받기만을 기다리고 있었습니다.
용서하소서.
주님, 세상에 살면서 쓰레기만 남기는 인생이란 생각이 들 때가 있습
니다. 세상을 창조하시고 우리를 새롭게 하시고 새 하늘과 새 땅을 마
련하신 주님이신데, 우물 안 개구리인 우리는 살기 편한 대로만 생각

했고 번거로움과 수고는 피하여 끼리끼리만 어울렸습니다. 잘못했습니다.

이제는 우리 주님께만 바짝 붙어서 주님이 끌어당길 때도 잡아 챌 때도 떨어지지 않게 하셔서 주님을 가까이 함이 가장 큰 복임을 알게 하옵소서.

간구와 간청

사랑의 주님, 이 시대에 우리의 사명이 있음을 압니다. 예언자적 믿음과 수평적인 교제, 그리고 사회적 책임, 이 틀 안에서 조직하고 이루는 교회공동체가 되게 하옵소서.

지극히 귀한 말씀과 설교로 새 마음 얻기를 소망합니다. 우리 안에 새 영과 새 마음을 주시고 주님을 우리의 삶으로 증언하길 원합니다.

매일 새로워지는 믿음을 선물 받고 싶습니다. 허영이 판치는 세상에서 허영의 시장에 팔리지 않도록 보호하여 주옵소서. 염려 때문에 막혀버린 우리의 영과 마음을 성령께서 기름 부어 주옵소서.

하나님의 의를 전파하는 노아처럼 주님의 식구들을 보호하려는 자들에게 새로운 마음과 새로운 영을 허락하옵소서. 고통당하는 롯을 건지신 것처럼 새 영을 구하는 이들을 주의 의로운 오른손으로 건지셔서 참 아버지가 되어 주옵소서.

하나님의 형상으로 우릴 만드신 주님께서 하나님의 모습을 갖춘 인격으로 다듬어 가시기를 소망하며, 모든 순간, 매 순간 함께 하시는 우리 주 예수 그리스도의 이름으로 기도합니다. 아멘.

10. 주가 함께하심을 갈망하는 이들과 함께

내가 사망의 음침한 골짜기로 다닐지라도 해를 두려워하지 않을 것은 주께서 나와 함께 하심이라 주의 지팡이와 막대기가 나를 안위하시나이다. (시편 23:4)

감사와 찬양

하늘에 계신 우리 주님, 주님은 만물의 주인이십니다. 땅에 존재하는 모든 것의 사용설명서와 작동법을 알고 계시는 유일한 분이심을 찬미합니다. 주님은 다스리시기만 하실 뿐 아니라, 보존하시고 아끼시고 돌보심도 믿습니다. 그러므로 함께 하시기에 충분한 지혜와 권능이 있음을 아오니, 함께 해 주신 주님의 은혜가 우리의 처절한 간구로 그치지 않고, 진리 안에서 자유와 평화를 누리는 것을 알게 하여 주시니 감사를 올려 드립니다.

고백과 회개

하나님 아버지, 우리의 평탄했던 일상에 갑자기 불어오는 폭풍우에도, 우리 일상을 뒤집어 엎을만한 홍수가 넘쳐올 때에도, 고통으로 가슴이 찢길 것 같은 아픔에도 주님은 변함없이 우리와 함께 계시며, 어떤 경우에도 우리를 떠나시거나 모른 체하지 않는 분임을 고백합니다. 이 사실을 기억하고 외로울 때도 생각나게 하셔서 고아와 같이 내버려 두지 않으심을 고백합니다. 주님이 함께 해 주심을 바라다가, 함께 같이 있어줘야 할 사람과 같이 있지 못했음을 고백합니다. 주님이 함께함이 복이지만, 함께 하기에 부족했던 가족과 같이 있겠습니다. 배우자와 함께 주님의 정원으로 일궈야 할 가정을 이야기하고 자녀들과 운동하고 데이트하겠습니다. 느리다며 자주 실수한다고 외면했던 부모님과도 함께 하겠습니다. 함께 해야 할 이웃들과 함께 하지 못했음을 돌이키고 용서를 구하오니, 주님, 우리가 주님과 함께 하길 원하면서 무엇과 가까이 살고 있지 못한지도 보게 하옵소서.

간구와 간청

사랑의 주님께서 우리와 같이 계시니 우리도 주님과 같이 있겠습니다. 함께하신 주님처럼, 주님과 더불어 현재를 사는 법을 배우게 하옵소서. 주님과 함께함의 은혜를 누리지 못한 분들에게 누림의 복이 있기를 축복합니다. 다양한 이유로 국내외 출타중인 교우들의 사정들이 주님 안에서 이뤄지길 간청합니다.

다음 세대들이 사랑의 주님, 긍휼의 주님, 심판의 주님을 경외하게 하셔서, 성령에 충만했던 일곱 집사가 세워진 것처럼 하나님의 영으로 가득 차게 하여 주옵소서. 주와 함께 있기를 갈망하는 이들을 기뻐하시고 그들의 모든 기도에 응답하여 주실 것을 믿습니다.

좋으신 하나님, 지금까지처럼 영원히 함께 하여 주옵소서. 사망의 음침한 골짜기를 걷는다 할지라도, 어떤 해악이 우리를 짓누른다 할지라도 그 어떤 순간에도 우리와 함께 해 주실 주 예수 그리스도의 이름으로 기도합니다. 아멘.

11. 균형과 조화를 잃은 이들과 함께

보라 내가 너희를 보냄이 양을 이리 가운데로 보냄과 같도다. 그러므로 너희는 뱀 같이 지혜롭고 비둘기 같이 순결 하라. (마태복음 10:16)

감사와 찬양

하늘에 계신 우리 주님, 주님은 이 땅 가운데 성육신으로 오셔서, 죽었으나 살아있는 능력이 무엇인지 직접 보여 주셨습니다. 그 부활의 능력으로 하나님은 결코 약한 분이 아니심을 증거 하셨고, 그 증거로 우리가 확증된 믿음으로 살기 원하셔서 그 충만한 능력을 우리에게 부어 주시니 감사합니다.

세상을 창조하실 때 조화롭고 균형 있게 창조하시고, 원리를 다 헤아릴 수 없는 복잡한 세상을 탁월한 지혜로 다스리시는 주님의 섭리를 찬양하오며, 우리도 주님을 닮아 우리의 인격이 조화롭고 균형 잡힌 신앙으로 하나님을 닮아가게 하옵소서.

고백과 회개

하나님 아버지, 주님은 속임수가 통하지 않으신 분이시며, 대충이라는 말이 편하게 들리지 않는 분이심을 압니다. 마음에 없는 것을 사람들의 눈 때문에 마지못해 따르는 걸 원치 않으신 분이심을 압니다. 우리가 예수님의 마음의 결을 따르지 못하며 주님의 마음을 나타내지 못했음을 고백합니다. 또 초심을 잃었음도 고백합니다.

삶의 균형과 조화를 잃은 우리들에게 경건함과 단정함, 그리고 고요와 평안을 얻게 하여 주시길 간청합니다. 진리를 굳게 붙들고 순종함으로 우리의 영혼을 정결하게 하셔서 주께 인도될 영혼들을 위해서도 그들을 어두운데서 불러내어 주님의 기이한 빛에 들어가게 하도록 이루시고, 그들 또한 주님의 선하시고 아름다운 덕을 선포하는 은혜에 갇히길 소망합니다.

간구와 간청

사랑의 주님, 모든 이들이 서로 다름을 들여다 볼 수 있는 마음을 기르게 하옵소서. 우리가 속한 분야의 이론과 정보도 중요하지만 삶을 나누는 신자가 되게 하옵소서. 우리 장래세대들에게 희망을 품을 수 있는 전인적 교육이 이뤄지게 하시며, 가르침 안에 재미와 의미가 곁들인 교육이 되게 하옵소서. 나라를 이끌고 따르는 이들이 서로를 위한 균형적 정책을 내고 따르게 하시며, 문화를 선도하는 지식인들에게는 배움의 기쁨, 성취의 기쁨, 나눔의 기쁨을 갖게 하옵소서. 그렇게 믿음의 어른들에게 균형과 조화를 몸으로 배우고 익힌 다음 세대들이 그들 곁에 있는 사람들의 삶의 흔적들을 먼저 보게 하시므로 그들에게 필요한 여백들을 공급케 하는 놀라운 역사가 일어나게 하옵소서.

좋으신 하나님, 해야 할 일들을 요일별로 균형을 이루어, 한 쪽으로 너무 치우치지 않아서, 일과 쉼과 나눔이 조화로운 일상을 일구게 하옵소서. 이 모든 말씀 우리 주 예수 그리스도의 이름으로 기도합니다. 아멘.

12. 새롭게 되고자 하는 이들과 함께

그런즉 누구든지 그리스도 안에 있으면 새로운 피조물이라 이전 것은 지나갔으니 보라 새 것이 되었도다. (고린도후서 5:17)

보좌에 앉으신 이가 이르시되 보라 내가 만물을 새롭게 하노라 하시고 또 이르시되 이 말은 신실하고 참되니 기록하라 하시고 (요한계시록 21:5)

감사와 찬양

하늘에 계신 우리 주님, 매일의 날들을 새롭게 하신 주님을 찬양합니다. 아침마다 주님을 묵상하며 말씀을 곱씹을 때마다 새롭게 부으시는 은총에도 감사드립니다.

주님은 온갖 다툼을 가라앉히는 평화이시며, 죽음 한가운데서 피어나는 삶이십니다. 그러므로 주님은 창조주이시고 우리는 피조물입니다. 이것을 알게 하시니 감사합니다.

고백과 회개

하나님 아버지, 매일 똑같은 일상에 무디게 살았음을 고백합니다. 우리 영혼이 너무 말라 하늘 기쁨을 잊고 살았지만, 주님께서 새로운 불길을 일으켜 주시길 구합니다.

마음이 높아져 우리 스스로를 속여 왔음을 고백합니다. 어서 빨리 주님께 돌아가 하나님을 아는 지식이 없어 망하지 않도록 자비를 베풀어 주옵소서. 기도해도 변하지 않는 세상에 이 땅의 교회가 주님의 이끄심 안에 있음을 잊고 있었습니다. 주님이 이끄시는 교회는 언제든 돌이키면 새로워질 수 있음을 확신케 하옵소서. 우리가 변하지 못하면 세상이 그대로임을 알게 하시고, 지극히 작은 것에 감사하고 주님의 주님 되심을 인정케 하여 주옵소서.

간구와 간청

사랑의 주님, 교회가 주님의 말씀으로 스스로를 새롭게 할 용기를 주시길 원합니다. 불신과 나태함, 그리고 포기의 이산화탄소가 배출되고 영적 산소 공급이 이뤄지길 소원합니다. 만물을 소생케 하시고 새롭게 하실 주님을 기대합니다. 주님의 일하심을 보게 하옵소서. 주님께서는 새롭게 되고자 하는 모든 피조물을 붙들고 계심을 우리에게 보여 주옵소서.

우리보다 가치 없는 영혼은 없음을 깨닫게 하셔서, 우리 교회 공동체가 곁에 있는 사람들에게 선물이 되게 하여 주옵소서. 살면서 만나는 모든 이들의 미소를 통해 주님께서 영광 받으시며, 열매가 없어 불에 태워지는 일 없이 좋은 열매를 맺도록 새롭게 하옵소서. 새롭게 시작하고자 하는 우리 교우들에게 새 마음을 주시고, 새로움 속에 감당할 수 있는 힘과 넘을 수 있는 지혜를 주옵소서.
좋으신 하나님, 우릴 새롭게 하실 사실을 믿으오며 우리 주 예수 그리스도의 이름으로 기도합니다. 아멘.

13. 새 힘을 얻고자 하는 이들과 함께

피곤한 자에게는 능력을 주시며 무능한 자에게는 힘을 더하시나니, 소년이라도 피곤하며 곤비하며 장정이라도 넘어지며 쓰러지되, 오직 여호와를 앙망하는 자는 새 힘을 얻으리니, 독수리가 날개 치며 올라감 같을 것이요, 달음박질하여도 곤비하지 아니하겠고 걸어가도 피곤하지 아니하리로다. (이사야 40:29~31)

감사와 찬양

하늘에 계신 우리 주님, 피곤한 자에게 활력을 주시고, 무능한 자에게 새 힘을 주시며, 여호와를 앙망하는 자는 기운이 솟아오르게 하시니 감사합니다.

고백과 회개

하나님 아버지, 우리가 아버지 없이도 스스로 알아서 하고자 하는 일들이 많았습니다. 주님과 함께 하면 더디고 주님과 같이 걸으면 불편하다는 이유로 혼자 알아서 해 버릴 때가 너무 많았습니다. 그러나 그럴 때마다 오히려 좌절을 경험했습니다.

그럼에도 불구하고 우리가 힘을 잃었을 때, 믿음 안에 있는지, 그리스도 안에 있는지, 악을 저지르지 않게 되기를 기도하는지 스스로 살펴

보게 하셔서 진리를 위해서 살게 하신 은혜를 고백합니다.

인생 전체가 배움이기에 우리가 배움의 길에 서 있을 때, 마음이 향하는 것을 따라 열의를 다 해 탐구하고픈 욕심을 내진 않았는지 돌아봅니다.

간구와 간청

사랑의 주님, 때론 독수리처럼 날개 치며 올라가야 할 때 신속한 결단력과 용기를 더하여 주시고, 때론 걷고 멈춰야 할 때도 아까워하거나 조급함을 쫓아내시어 주님의 원하는 속도와 방향을 맞추게 하옵소서. 우리들이 좋아하는 것이 우리의 일상이 되게 하시어 일이 즐겁게 하옵소서. 또한 맡겨진 일을 묵묵히 해내도록 주님이 세우시고 자랑하실 때까지 겸허히 감당하게 하옵소서.

일을 잘 하고자 하는 이들에게는 특수성과 차별성을 부여하여 주셔서, 인생의 목적이 주님이어야 함을 알게 하시고, 무엇을 위해 고단한 생을 부여잡고 있는지, 누구를 위해 피곤함을 감수하고 있는지, 무엇 때문에 주님 주신 자유를 누릴 수 없는지 진지하게 고만하고 답을 얻는 우리가 되게 하옵소서.

좋으신 하나님, 우리는 하나님 주권 안에 들어 있사오니, 신앙이 최적화 되도록 역사하시는 주님 앞에 무릎 꿇게 하옵소서. 주님께서 우리를 넘어뜨리기 위해서 애쓰시는 것이 아니라 우릴 세우기 위해 애쓰심을 배우게 하옵소서. 우리의 믿음이 고단함에 눌려 변질되지 않길 원합니다. 우리 주 예수 그리스도의 이름으로 기도합니다. 아멘.

14. 두려워하는 이들과 함께

두려워하지 말라. 내가 너와 함께 함이라. 놀라지 말라. 나는 네 하나님이 됨이라. 내가 너를 굳세게 하리라 참으로 너를 도와주리라. 참으로 나의 의로운 오른손으로 너를 붙들리라. (이사야 41:10)

감사와 찬양

하늘에 계신 우리 주님, 한 주간 우리 앞에 펼쳐진 세상에 두려움이 컸습니다. 그러나 사랑 안에 두려움이 없게 하신 주님을 찬양합니다. 두려움이 진해질 때 마다 주의 교훈이 비처럼 내리고 이슬처럼 맺히나니, 연한 풀 위의 가는 비 같고 채소 위 단비 같게 하셔서 두려움이 덮이도록 하신 주의 성호를 찬미합니다.

삶의 이런저런 이유와 알 수 없는 미래 때문에 매 순간 두려움이 엄습하지만, 사랑과 진리의 길잡이가 되시는 주님을 찬양합니다. 우리의 절망의 무게보다 하나님의 위대하심의 크기를 느끼게 하옵소서.

고백과 회개

하나님 아버지, 복음의 적들에게 당당히 맞서지 못했음을 용서하소서. 하나님과 가까이 있지 못했습니다. 옷을 맵시 나게 입는 것에 온 신경을 기울이고 맛을 맛깔스럽게 내는 음식은 천 리 길도 마다치 않지만, 주님 앞에 사는 솜씨가 살맛나게 살지는 못했습니다. 우리들 사는 솜씨가 서툰 이유가 처음 살아보는 삶이며, 처음 가보는 초행길이기 때문에 서툽니다. 하지만, 두려워 지칠 때 주님이 쉼을 주시고, 일상의 여백을 마련하여 주셔서 몸 둘 바를 모르겠습니다. 우리는 이뤄질 줄 모르고 기도하고, 자아만을 위해서 기도하고, 우리 힘으로만 기도하고, 말씀 없이 기도하고, 마음의 길을 잃어버린 상태에서 기도하고, 우리 혼자만 말하는 기도하고, 생활과 신앙이 분리된 기도를 올렸지만, 하나님의 말씀이 기도의 날개가 되어 우리 영혼에 내려 앉아 향기를 부어주시니 그 한량없는 사랑이 가득한 주님 앞에 돌이킵니다.

간구와 간청

사랑의 주님, 모든 것들이 끝났다고 생각이 드는 바로 그 때에 두려워하지 말고 믿기만 하게 하옵소서. 하늘의 별들로 인류의 모든 이들에게 비추셔서 희망을 갖게 하신 주님의 은총이 두려움에 갇힌 우리들 모두에게 주의 빛나는 자비를 비춰주시길 간구합니다.

실체가 없는 두려움이 우리들을 다스리지 못하게 하옵소서. 두려움이 비집고 들어와 우리 안에 움트지 않고 보금자리를 마련하지 않도록 주님이 막아주옵소서. 두려움에 갇힌 자들을 이끌어 형통케 하옵소서.

절망에 빠진 우리를 물리치지 말아 주시고, 버리지 마시오며, 외면하지 말아 주십시오. 어떤 비참한 때에라도 주님은 우리를 버리지 않으시고 돌보심을 믿습니다. 좋으심 하나님, 부자나 가난한 자나 골고루 해를 비치시고, 어른이나 어린이나 똑같이 달을 비춰주시는 우리 주 예수 그리스도의 이름으로 기도합니다. 아멘.

15. 기쁨을 구하는 이들과 함께

비록 무화과나무가 무성하지 못하며 포도나무에 열매가 없으며 감람나무
에 소출이 없으며 밭에 먹을 것이 없으며 우리에 양이 없으며 외양간에 소
가 없을지라도 나는 여호와로 말미암아 즐거워하며 나의 구원의 하나님
으로 말미암아 기뻐하리로다. (하박국 3:17~18)

감사와 찬양

하늘에 계신 우리 주님, 오직 여호와로 말미암아 즐거움을 허락하셔서
유일한 기쁨을 알게 하시니 감사합니다.

꽃들도 사람도 저마다 피는 계절이 다르게 하셔서 서로 다름 속에서
조화를 이뤄 철따라 맺으시는 주님의 열매를 바라보게 하시니 감사합
니다. 다른 이들과 함께 있을 때에도 홀로 지낼 때도 여전히 찾아와 주
시는 주님을 환영하고 사랑합니다.

고백과 회개

하나님 아버지, 항상 기쁠 순 없지만, 매 번 기쁘지 않다고 한탄만 하는
우리의 우매함을 아십니다. 주님 앞에서 우리의 마음을 숨길 수 없습
니다. 우리는 스스로의 경건함에 감탄하고 어리석은 자고함에 탐닉해
서 기쁨의 물줄기인 주님을 거리로 내보내고 우리는 안전한 방 안에
있었습니다.

그런데 안전한 곳에 머물면서도 말씀의 비밀한 계시 능력을 무시했습

니다. 기도하는 시간 홀로 지낼 때 우린 누구였는지 돌아봅니다. 하나님 아버지, 자비로 가득한 주님의 은혜를 맛보았음에도 자비 없고 기쁨 없는 사역에 매진하고 있었음에 용서를 구합니다. 맞닥뜨린 위험에 열정이 가려지고 부딪힌 한계에 멈출 수 있는 용기도 주셔서 사라진 기쁨을 구하게 하옵소서.

간구와 간청

주님이 우리에게 주신 기쁨을 증거로 곁의 사람들을 기쁨으로 물들이게 하시며, 나아가서는 세상을 물들이게 하옵소서. 우리 안에 들어 있게 하신 우주를 모두 맞이하게 하옵소서. 생명이 움틀 때 가장 아름다운 것처럼 우릴 만드시고 가장 기뻐하신 기쁨이 우리 삶에 새롭게 피어나게 하옵소서. 기쁨의 움이 돋고 기쁨의 싹이 나고 기쁨의 줄기에 열매 맺는 우리의 한 주간을 다시 살피셔서 싹틔움의 신비를 이루게 하옵소서. 못되게 굴어서 괴롭히는 쪽보다는 착해서 당하는 쪽이 되는 기쁨을 부어 주옵소서. 항상 채우기에만 급급했던 우리들에게 비움의 기쁨도 느끼게 하셔서 비우고 나누는데도 기쁨이 사라지지 않음을 경험하게 하옵소서.

좋으신 하나님, 우리 안에 노폐물처럼 쌓여 있는 영적 잡동사니 때문에 누려야 할 기쁨을 누리지 못하는 우매함에서 건지시옵소서. 어두운 밤에 별이 더 밝게 보이는 것처럼, 기쁨을 잃은 세대에 우리가 기쁨의 북극성이 되어 사람들에게 진정한 기쁨의 이정표가 되게 하여 주옵소서. 우리에게 기쁨을 던지시기 위하여 열심을 내시는 우리 주 예수 그리스도의 이름으로 기도합니다. 아멘.

16. 염려하는 이들과 함께

아무 것도 염려하지 말고 다만 모든 일에 기도와 간구로, 너희 구할 것을 감사함으로 하나님께 아뢰라. 그리하면 모든 지각에 뛰어난 하나님의 평강이 그리스도 예수 안에서 너희 마음과 생각을 지키시리라. (빌립보서 4:6~7)

감사와 찬양

하늘에 계신 우리 주님, 우리를 신실한 영혼 삼아 주셔서 그리스도와 결합되어 순결한 신부로 신랑을 맞이하게 하시니 주님의 사역에 찬미 올립니다. 더 나아가 하늘에 계신 아버지의 뜻을 행할 때 우리가 형제 되게 하시니 참 고맙습니다. 우리 안에 거짓 양심이 자리 잡지 않도록 부지런히 애쓰시며, 거룩한 생활이 무엇인지 깨닫도록 깨우치시니 주의 성실하심을 찬양합니다.

고백과 회개

하나님 아버지, 우리의 염려가 우리 스스로를 속이기도 합니다. 5분 뒤의 인생도 모르는 주제에 주님의 일하심을 아는 것처럼 주님을 기만했습니다. 현재 우리의 고난이 우리의 교만과 위선 때문에 이르게 된 당연한 결과임을 고백하오니 한없는 주의 자비로 우리를 긍휼히 여겨 주옵소서. 누군가는 눈이 많이 내려 걱정이라고 염려하지만, 누군가는 하얗고 깨끗한 눈을 보며 정결한 영혼이길 갈망하는 이들이 있습니다.

혹 예상 할 수 없는 질병이 다가온다 해도 우리 몸과 화해하는 시간이 되게 하시고, 몸을 가벼이 여길 기회로 여기며, 하나님과 친밀해진 계기로 삼게 하옵소서.

간구와 간청

사랑의 주님, 이제는 주님의 말씀 앞에 엎드리길 간구합니다. 어떤 특별한 일로 주님을 감동 시키는 것이 아니라, 제 자리를 지키게 하옵소서. 염려 가득할 때에도 저희의 본분을 수행하게 하옵소서. 일평생 우리의 몸과 생각이 굳지 않고 우리 자신에게 고립되지 않도록 자비를 베풀어 주옵소서. 염려가 짓누를 때에는 주님의 말씀이 더 가슴에 와 닿기를 소원하오니 처절한 아픔 뒤에 주님의 만지심으로 시원해질 수 있도록 자비를 베풀어 주옵소서. 이 세상에 살면서 염려가 없을 수는 없지만, 진짜 부유한 사람은 많이 가진 사람이 아니라, 하나님을 경외하여 다른 이들의 염려에 함께 아파해줄 수 있는 영혼임을 아오니 그 자리에 우리가 서게 하여 주옵소서.

좋으신 하나님, 염려가 덮칠 때 침묵으로 일관하면서 외면하지 않게 하시고, 염려 많은 상대에게 걱정하지 말라고 호언장담하는 감정폭력을 가하지 않고, 함께 울고 함께 웃는 주님 닮은 자녀 되게 하옵소서. 나를 위한 삶 때문에 나만으로 채워졌던 우리에게서 하나님으로 채워주시고 원래 우리의 것이 아니었던 염려를 거둬주옵소서. 우리를 염려에서 이탈 시키셔서 주님의 평안의 항구에 정착하도록 끌어주실 우리 주 예수 그리스도의 이름으로 기도합니다. 아멘.

17. 권세를 잃은 자들과 함께

참 빛 곧 세상에 와서 각 사람에게 비추는 빛이 있었나니, 그가 세상에 계셨으며 세상은 그로 말미암아 지은 바 되었으되 세상이 그를 알지 못하였고, 자기 땅에 오매 자기 백성이 영접하지 아니하였으나 영접하는 자 곧 그 이름을 믿는 자들에게는 하나님의 자녀가 되는 권세를 주셨으니. (요한복음 1:9~12)

감사와 찬양

하늘에 계신 우리 주님, 단순하고 순수한 마음으로 하나님의 자녀된 권세를 사랑함으로 사랑의 힘을 발휘하고자 하는 자들을 기뻐해주시는 주님을 찬양합니다. 권위 없는 아이들을 기뻐하시고 어린아이와 같이 되고자 하는 자들에게 거룩함을 부여하시는 주님이 아기로 오셨으니 그 실천하신 사랑에 찬미 올립니다.

고백과 회개

하나님 아버지, 거룩하신 이시여. 스스로 계시는 사랑의 권위를 부여받게 하시고 침묵 중에도 느끼게 하시는 주님의 권능을 맛보며 살기를 고백합니다. 자녀된 권세를 회복하도록 주의 음성을 듣게 하실 이는 오직 주님이시니, 성령의 능력과 권능으로 땅 끝까지 복음을 전하게 하실 그 권세에 굴복하게 하옵소서.

단단해져 가야 하는데 점점 굳어져 버립니다. 깊어져야 하는데 점점 좁아집니다. 넓어져야 하는데 점점 높아만 집니다. 주님 주신 권세를 덧입지 않고 스스로 높아지려 할 때마다 우리가 앞서 나오게 됩니다. 하늘과 바다를 다스리시는 주님의 권능 앞에 순복케 하옵소서.

간구와 간청

사랑의 주님, 오늘 다시 권능의 주님을 맞이합니다. 우리의 믿음의 여정 가운데 승리했던 감격에 젖었을 때만이 아니라, 아무것도 가진 것 없는 지금 이 때도 주님을 우러릅니다. 또한 주님의 권세를 힘입어 세계 곳곳에서 복음의 심부름꾼들로 일하는 주님의 군사들을 위해서 간구합니다. 복음 때문에 갇힌 환경과 갇힌 문화에 놓여진 사역자들을 위해서 기도합니다. 잃어버린 권세를 회복하시고 담대한 믿음과 신앙으로 돌파하게 하옵소서. 무력같은 대단하고 위력적인 세력이 아니라, 약한 것 같은 십자가에 죽은 그리스도를 다시 살리신 주님의 권능만을 의지하는 담대한 군사로 사용하옵소서.

좋으신 하나님, 세상 끝 날까지 함께 하여 주시겠다고 약속하셨으니, 예수님의 마음을 품고, 서로 다름을 인정하고, 모든 이를 건축할 수 있는 힘 있는 권세를 부어 주옵소서. 성령께 기름 부음을 받은 자는 주님의 특별한 돌보심을 받을 텐데, 주의 은혜를 목격한 자로 머무르지 않고 모든 이들이 하나님께 깃들도록 주님 주신 자녀의 권세를 사용하게 하여 주옵소서. 넘어뜨리려고 주의 권세를 쓰지 않고 세우려고 사용되는 권세를 힘입게 하옵소서. 이 모든 말씀 우리 주 예수 그리스도의 이름으로 기도합니다. 아멘.

18. 주님의 위로를 기다리는 이들과 함께

(이 기도문은 시 25편을 새번역 버전 말씀으로 재배열해서 기도문을 작성 하였습니다)

여호와의 친밀하심이 그를 경외하는 자들에게 있음이여 그의 언약을 그 들에게 보이시리로다. 내 눈이 항상 여호와를 바라봄은 내 발을 그물에서 벗어나게 하실 것임이로다. 주여 나는 외롭고 괴로우니 내게 돌이키사 나 에게 은혜를 베푸소서. 내 마음의 근심이 많사오니 나를 고난에서 끌어내 소서. 나의 곤고와 환난을 보시고 내 모든 죄를 사하소서. 내 원수를 보소 서 그들의 수가 많고 나를 심히 미워하나이다. 내 영혼을 지켜 나를 구원 하소서 내가 주께 피하오니 수치를 당하지 않게 하소서. 내가 주를 바라오 니 성실과 정직으로 나를 보호하소서. 하나님이여 이스라엘을 그 모든 환 난에서 속량하소서. (시편 25:14~22)

하늘에 계신 우리 주님, 주를 경외하는 자들에게 친밀히 대해 주심을 감사드립니다.

고백과 회개

하나님 아버지, 먼 옛날부터 변함없이 베푸셨던 주님의 긍휼하심과 한 결같은 사랑을 기억하여 주십시오. 우리가 젊은 시절에 지은 죄와 반 역을 기억하지 마시고, 주님의 자비로우심과 선하심으로 우리를 기억 하여 주옵소서.

주님은 선하시고 올바르셔서, 죄인들이 돌이키고 걸어가야 할 올바른 길을 가르쳐 주십니다. 겸손한 사람을 공의로 인도하시며, 겸비한 사람에게는 주님의 뜻을 가르쳐 주십니다. 그리고 주님의 언약과 계명을 지키는 사람을 진실한 사랑으로 인도하십니다.

주님, 주님의 이름을 생각하셔서라도, 우리가 저지른 큰 죄악을 용서하여 주시고, 우리의 괴로움과 근심을 살펴주셔서 우리의 모든 죄를 용서하여 주옵소서. 주님께서는 주님을 경외하는 사람과 의논하시며, 그들에게서 주님의 언약이 진실하심을 확인해 주시는 분임을 믿습니다.

간구와 간청

사랑의 주님, 우리의 영혼이 주님을 기다립니다. 우리가 주님께 의지하였사오니, 우리가 부끄러움을 당하지 않게 하시고 우리의 원수가 우리를 이기어 승전가를 부르지 못하게 하여 주옵소서. 주님을 기다리는 사람은 수치를 당할 리 없지만, 함부로 속이는 자는 수치를 당하고야 말 것임을 보여 주옵소서.

주님, 주님의 길을 우리에게 보여 주시고, 우리가 마땅히 가야 할 길을 가르쳐 주십시오. 주님은 우리의 구원의 하나님이시니, 주님의 진리로 우리를 지도하시고 가르쳐 주옵소서. 우리는 계속 주님만을 기다리겠습니다. 오직 우리의 피난처는 주님뿐이오니 올바르게 살아가도록 지켜 주옵소서. 좋으신 하나님, 우리나라를 이 모든 고난에서 건져 위로하시고 매일 주님의 구원을 경험하게 하실 우리 주 예수 그리스도의 이름으로 기도합니다. 아멘.

19. 지친 영혼들과 함께

여호와는 나의 목자시니 내게 부족함이 없으리로다. 그가 나를 푸른 풀밭에 누이시며 쉴 만한 물 가로 인도하시는도다. 내 영혼을 소생시키시고 자기 이름을 위하여 의의 길로 인도하시는도다. 내가 사망의 음침한 골짜기로 다닐지라도 해를 두려워하지 않을 것은 주께서 나와 함께 하심이라 주의 지팡이와 막대기가 나를 안위하시나이다. 주께서 내 원수의 목전에서 내게 상을 차려 주시고 기름을 내 머리에 부으셨으니 내 잔이 넘치나이다. 내 평생에 선하심과 인자하심이 반드시 나를 따르리니 내가 여호와의 집에 영원히 살리로다. (시 23:1~6)

감사와 찬양
하늘에 계신 우리 주님, 삼손이 마지막이라 생각하고 부르짖던 외침을 들어주셔서 하나님의 원수를 갚게 해 주셨던 역사의 하나님이 우리의 하나님 되심을 찬양합니다.

고백과 회개
하나님 아버지, 교회를 위해 주님께 빕니다. 우리가 지쳤을 때 위로해 줄 이들을 곁에 두시고 위로 받은 우리가 다시 위로자가 되게 하여 주옵소서.
삼손은 보지 말아야 할 것을 보았고 듣지 말아야 할 것을 들었습니다. 우리가 보지 말아야 할 것에 호기심을 멈추지 않고 보려 했던 것을 회개합니다. 우리가 듣지 않아도 되는 것을 들으려 애썼던 것을 후회합니다.

우리 안에 지나침과 부족함, 남음과 모자람을 보여 주셔서 주님과 함께 하는 시간의 리듬을 회복하여 주시길 소망합니다. 큰 걸음으로 많이 걸으려다 넘어졌다면 이제는 한 발자국 한 발자국, 다져가며 걸을 수 있도록 작은 만족감과 자족함을 주옵소서.

간구와 간청

사랑의 주님, 목회자가 살아야 교회가 살고, 가장이 살아야 가정이 살고, 어른들이 살아야 다음 세대들이 살아남을 기억하게 하옵소서.
동역자가 없으면 쉽게 부패할 수 있사오니 우리 곁에 깨어 있는 동역자들을 붙이시어 쉽게 범죄 하지 않도록 굽어 살피시고 우리에게 함께 할 신실한 동역자를 붙여 주옵소서.

우리가 달리며 살아오다가 놓친 것이 무엇인지 보게 하시고, 잃은 것이 무엇인지 찾아보게 하옵소서. 신앙의 자태가 곱고 결이 고운 믿음을 유지하려고 주님이 원하시는 부름에 외면하진 않았는지 살피게 하시고, 진리를 경험하는 앎에 이르러 어디서부터 지치기 시작했는지 짚어보아 회복하실 하나님을 기대하게 하옵소서.
그냥 지쳤다고 다 내려놓고 포기하지 않고 왜 그랬는지 진지하게 살펴 동기와 목적이 그르진 않았는지 정직하게 물으며 원위치를 찾게 하옵소서. 이 모든 말씀 우리 주 예수 그리스도의 이름으로 기도합니다. 아멘.

20. 앞일이 걱정되는 이들과 함께

사자가 이르시되 그 아이에게 네 손을 대지 말라 그에게 아무 일도 하지 말라. 네가 네 아들 네 독자까지도 내게 아끼지 아니하였으니, 내가 이제야 네가 하나님을 경외하는 줄을 아노라. 아브라함이 눈을 들어 살펴본즉 한 숫양이 뒤에 있는데, 뿔이 수풀에 걸려 있는지라. 아브라함이 가서 그 숫양을 가져다가 아들을 대신하여 번제로 드렸더라. 아브라함이 그 땅 이름을 여호와 이레라 하였으므로 오늘날까지 사람들이 이르기를 여호와의 산에서 준비되리라 하더라. (창세기 22:12~14)

감사와 찬양

하늘에 계신 우리 주님, 주님께서는 우리를 위해 영혼을 위한 안식의 날을 주셨지만, 우리는 주님께 다시 주님의 날을 올려 드립니다. 주님의 거룩하신 이름에 어울리는 영광을 주님께 돌려 드리오니 오직 주님만 송축 받으시옵소서.

고백과 회개

하나님 아버지, 주님께서는 우리에게 필요한 모든 것은 항상 준비하고 계셨는데, 우리는 먼저 의심부터 하고 우리의 사사로운 지혜를 발휘하여 주님의 도움 없이 우리가 나서서 준비하고 애썼던 시간들을 긍휼히 여겨 주옵소서. 허락되지 않은 방법과 수단에 걱정이 앞설수록 더 붙잡았으며, 걱정이 될수록 더 놓지 못했습니다. 주님이 기뻐하시는 것이 무엇인지 묻지 않고 주님을 가지려고만 했습니다. 우리를 불쌍히 여겨 주시고 주님의 영광을 구하는 이들에게 힘과 평화의 복을 내려 주옵소서.

간구와 간청

사랑의 주님, 우리의 믿음을 갉아 먹는 걱정은 우리 순례의 여정에 얼마나 치명적인지 모르겠습니다. 주님은 아브라함에게는 어린 양을 준비시켜 주셨고, 노아에겐 방주를 준비해 주셨고, 모세에게는 여호수아와 성막을 준비해 주셨고, 다윗에게는 솔로몬을 준비해 주셨습니다. 그리고 예수 그리스도를 위해서 세례요한을 준비 시켜 주셨습니다. 시대가 암울해서 미래에 무엇이 준비되어 있는지 아무도 알 수 없을 때에도 오직 주님만은 스스로 움직이고 계심을 확신하며, 우리에게 주를 향한 믿음이 있는지 확증하게 하옵소서. 걱정 때문에 우리가 해야 할 일을 포기하지 않게 하시고, 사라지지 않고 주저 앉지 않는 반석의 주님이 우리의 주님이심을 선포하며 나아가게 하옵소서. 걱정은 귀를 막고 눈을 가리고 손과 발을 숨기지만, 주님을 바라며 두 손을 들고 부르 짖을 때 우리의 애원하는 목소리를 경청해 주시기를 간청합니다.

우리에게 걱정을 불어 넣는 사악한 자들을 내동댕이 쳐 주시고, 걱정으로 인해 위축시킨 악한 자들에게 주님의 심판이 이르게 하옵소서. 좋으신 하나님, 염려로 가득 찰 때라도 주님의 임재를 포기하지 않는다면 언제든 역사하시는 우리 주 예수 그리스도의 이름으로 기도합니다. 아멘.

21. 잘되고 강건하기를 구하는 이들과 함께

사랑하는 자여 네 영혼이 잘됨 같이 네가 범사에 잘되고 강건하기를 내가 간구하노라. (요한 3서 1:2)

감사와 찬양

하늘에 계신 우리 주님, 새 날, 새 생명, 새 호흡, 새 마음 주심을 찬양합니다. 주님을 믿는 우리 성도들이 주님을 찬양하며, 주의 거룩한 이름을 찬미합니다.

옛날에 선지자들을 통하여 여러 부분과 여러 모양으로 우리 조상들에게 말씀하신 하나님이, 이 모든 날 마지막에 아들을 통하여 우리에게 말씀하여 주심을 찬양합니다. 우리가 잘 되기를 바라고 강건하기를 원하시는 주님은, 진노는 잠깐이고 은총은 영원하시오니, 밤새도록 눈물을 흘려도 새벽이 오면 기쁨이 넘치게 하시니 감사합니다.

주님은 우리를 위하여 자신을 내어 주시고 우리를 모든 불의에서 해방하여 주셔서 선행에 열성을 기울이는 당신 소유의 백성이 되게 하시니 감사드립니다.

고백과 회개

하나님 아버지, 코로나 19 감염병이 전 세계를 위협하는 가운데서도 하나님은 우리가 잘 되기를 바라십니다.

사람들은 새로운 존재 방식을 배우기도 하고 그동안 느끼지 못하고 누리지 못한 시간을 갖기도 했습니다. 가족 간의 시간을 더 많이 가졌고, 이전에는 전혀 생각하지 못하고 준비하지 못했던 것을 준비하기도 했습니다. 대기 오염이 줄어 공기가 맑아지고 새로운 표준과 방식이 도래함을 인지하지 못한 사람들도 경각심을 갖게 했습니다.

우리가 편히 지낼 때, "이제는 영원히 흔들리지 않겠지?" 하였지만, 주님께서 우리를 외면하시자마자 우리는 두려움에 빠질 수밖에 없음을 고백합니다(시30:6~7). 태산보다 더 든든한 은총으로 우리를 지켜주옵소서.

간구와 간청
사랑의 주님, 주님께서 우리를 빠져 나올 수 없는 구덩이에서 건져주시길 간구합니다. 우리의 원수 같은 자들이 우릴 비웃지 못하도록 주님 가만히 계시지 마옵소서.
우리는 주님의 자녀들 아닙니까? 우리가 주님을 우러르며 찬양하려 합니다. 울부짖어 주의 이름을 외쳐 부를 때 우릴 고쳐 주옵소서. 지옥 같은 고통에서 고쳐 주시고 회복시켜 주옵소서. 주님은 시험을 받아 고난을 당하셨으니 시험 받는 우리들을 능히 도우실 수 있습니다.

좋으신 하나님, 우리를 당신께 모두 바칩니다. 보람과 시간, 재미와 의미, 유쾌하고 통쾌한 감정, 시작과 마침을 모두 드리오니 강건하길 원하시는 주님의 지혜를 주옵소서. 모든 기도를 우리 주 예수 그리스도의 이름으로 기도합니다. 아멘.

22. 갈 바를 알지 못하는 이들과 함께

수고하고 무거운 짐 진 자들아 다 내게로 오라 내가 너희를 쉬게 하리라.
나는 마음이 온유하고 겸손하니 나의 멍에를 메고 내게 배우라 그리하면
너희 마음이 쉼을 얻으리니, 이는 내 멍에는 쉽고 내 짐은 가벼움이라 하
시니라. (마태복음 11:28~30)

감사와 찬양

하늘에 계신 우리 주님, 하나님의 영을 그리스도에게 두셔서 모든 나
라에 정의를 선포하고, 소리 지르거나 목소리 높이지 않고 그 누구의
감정도 짓밟지 않으며 또 궁지에 몰아넣지도 않아 모든 이들이 주의
이름만 듣고도 희망을 품게 하심을 찬양합니다.

고백과 회개

하나님 아버지, 주의 이름은 이 땅 모든 곳에 새겨져 있는데, 발견하지
못하고 보지 못해 파랑새를 좇는 것 같아 바보같이 느껴집니다. 단풍
과 과실은 한여름 태양열의 기운을 버티고 견딘 열매들인데, 우리는
너무 쉽게 주님의 동산에 오르려 했습니다. 너무 가볍게 세상을 이기
려 했습니다. 하나님이 최선을 다하시니 우리도 최선을 다해야 하는
데, 하나님께서 최선을 다하시니 우린 게을러져 버렸습니다.
주님의 품으로 끌어당기시는 손을 외면하도록 놔두지 마시고, 주님 내

민 손 덥석 잡아 위로와 안식의 시간을 만끽하게 하옵소서. 우리 눈이 눈물이 없어 안구 건조증을 앓게 하심이 웬 말입니까? 우리 눈물이 말라 주 앞에 '꺼억 꺼억' 울어 본 적이 언제입니까? 갈 바를 알지 못해서, 주님의 뜻을 헤아리지 못해서, 뜻은 알지만 용기 내지 못해서, 용기 내어 걷다가 길을 잃어서, 모두 짓누르는 짐이 되어 오직 주님 밖에 없음을 알고 갈망하던 때가 언제입니까?

주님 우리는 채찍을 맞아야 겨우 말을 듣는 짐승이 아니고, 던져주는 먹이 하나만을 위해 길들여짐 당하는 동물원의 동물들이 아니오니, 주님의 인격을 따라 성령의 인도하심 따라 주의 품에 안기게 하옵소서.

간구와 간청

사랑의 주님, 주님을 되찾고 싶습니다. 갈 바를 알지 못해 헤매는 우리들의 꼴이 우습지만, 수고하고 무거운 짐을 진 자를 부르시는 주님의 온유함에 파묻히고 싶습니다.

세상은 더 까다로워지고 더 힘든 길을 통과 시켜서 살아남은 자만 축배를 들지만, 그들의 성공도 영원히 온전하진 못한다고 하셨으니, 밀알 하나가 땅에 떨어져 죽어야 열매 맺는 것처럼 일상에서 주의 순종을 배워가는 지극히 작은 겨자씨 같은 주님 나라의 그루터기들에게 참 쉼과 안식을 허락하여 주시길 간구합니다. 좋으신 우리 주 예수 그리스도의 이름으로 기도합니다. 아멘.

23. 하나 되기를 원하는 이들과 함께

나는 세상에 더 있지 아니하오나 그들은 세상에 있사옵고 나는 아버지께로 가옵나니 거룩하신 아버지여 내게 주신 아버지의 이름으로 그들을 보전하사 우리와 같이 그들도 하나가 되게 하옵소서. (요한복음 17:11)

감사와 찬양
하늘에 계신 우리 주님, 우리의 머리가 되어 주시고 진리를 가슴에 심어 주셔서 주님을 경외하게 하심에 찬양 드립니다. 성부성자성령 하나님께선 세 분이시면서 하나이심을 우리에게 보여주시고 주를 따를 자들에게도 동일한 은총을 허락하시니 감사합니다.
주님은 모든 존재하는 것들의 목적이 되어 주셔서 영혼도 살리시고, 악한 양심도 일깨우시고, 분열된 자들을 하나 되게 하시니 감사합니다.

고백과 회개
하나님 아버지, 사랑은 온유하며 시기하지 아니하며 사랑은 자랑하지 아니하며 교만하지 않는다고 말씀하시므로 우리가 하나 되길 원하셨는데, 하나 되길 원하지만 사랑하길 원하지 않았던 우리의 모습을 보게 되었습니다.
주님이 없는 공동체는 다툼과 분열 밖에 생기지 않지만, 주님을 모시고 사는 공동체는 아낌과 배려가 살아 숨 쉬오니 우리 교회 공동체가 나뉘지 않고 하나 되는 길을 모색하여 서로 사랑할 수 있도록 은총을 허락하여 주옵소서.

밤 낮 주님을 닮고자 말씀을 묵상하고 예배자로 살아가지만, 주님의 형상을 닮아 주님의 꼴대로 산다는 것이 매우 어렵습니다. 우리의 분열은 주님의 하나 되게 하실 능력이 나타나실 좋은 기회이오니 우릴 활용하셔서 주님의 나라를 세워가옵소서.

간구와 간청

사랑의 주님, 다른 교파 형제자매들을 배척하지 않기 위해 기도합니다. 그리스도계의 하나 됨을 위해 기도합니다.

우리가 기도로써 하나님의 나라와 그의 의를 구하게 하시고 끊임없는 탐구로 주님의 하나 되심을 실천해 가게 하옵소서.

주님은 우리 가까이 계셔서 우리가 왜 서로를 힘들게 하는지 다 아시고 우리가 왜 미움의 구덩이에서 자멸의 길을 걷는지 아시오니, 해와 달과 별이 서로의 영광이 다르지만 빛나야 할 하나의 사명을 주신 것처럼 우리에게도 하나 됨의 사명을 감당하게 하여 주옵소서.

좋으신 하나님, 우리의 뜻이 순수했다면 싸우지 않았을 것입니다. 우리의 거짓말이 들통나지 않았다면 불쾌하지 않았을 것입니다. 우리의 순수함이 원위치를 찾게 하셔서 모든 불통의 원인이 바로 나일수 있음을 자각하고 주님의 하나 되심을 구하는 모든 이들에게 은총을 막지 않으실 우리 주 예수 그리스도의 이름으로 기도합니다. 아멘.

24. 한계 앞에 놓여 있는 이들과 함께

나는 비천에 처할 줄도 알고 풍부에 처할 줄도 알아 모든 일 곧 배부름과 배고픔과 풍부와 궁핍에도 처할 줄 아는 일체의 비결을 배웠노라. 내게 능력 주시는 자 안에서 내가 모든 것을 할 수 있느니라. (빌립보서 4:12~13)

감사와 찬양

하늘에 계신 우리 주님, 주님은 당신의 아드님을 통하여 생명과 평화의 사랑을 몸소 가르쳐 주셔서 그 어느 것도 끊을 수 없는 사랑을 주시니 주님의 뜻을 찬양합니다. 때론 들꽃 같았고 때론 잡초 같았던 고독한 광야의 순례자처럼 사셨던 그리스도를 다시 피게 하셔서 죽었던 꽃이라 여겼던 모든 이들의 심장에 새겨주셔서 하나님의 살아계심을 증명하시고, 한계가 없고 불가능을 가능케 하신 모든 것이 능하신 주님을 뵙게 하시니 감사합니다.

고백과 회개

하나님 아버지, 우리는 한계에 부딪힐 때 마다 주님을 소유하려 했습니다. 그리고 주님은 소유를 당해 주셨습니다. 그러나 이제 알았습니다. 주님은 우리가 소유하려는 욕심을 그대로 보게 하시고 이제는 우리가 주님의 소유가 되길 원하신다는 무언의 가르침을 말입니다. 우리를 소유하려고 중독시키려 하는 우상들에는 쉽게 동화 되어 버리면서, 우리를 진정 자유하게 하시려는 하나님께는 왜 그리 함부로 대했는지 용서하여 주옵소서.

한계를 맞닥뜨릴 때 마다 극복하려 했습니다. 그러나 극복하려고 하면 할수록 하나님을 조종하고 싶어졌습니다. 주님 가짜로 다가온 욕망의 신기루에서 상하고 가난한 영혼을 찾으시는 주님을 다시 찾게 하셔서 주님 곁에 머물 수 있도록 안배하시니 제가 뜨겁게 사랑했을 때처럼 오직 주님만 바라봅니다.

간구와 간청

사랑의 주님, 살다가 만나는 한계에서 우리를 수치스럽게 여기지 않도록 다독여 주시고 수없이 넘어졌던 믿음의 선배들을 주님이 어떻게 일으키셨는지 알 수 있도록 우리가 새 힘 얻게 말씀으로 남겨 놓으셨으니 그 말씀에 성령의 기름부음과 감동을 밀어 올려 주옵소서.

우리가 한계에 있을 때 주님이 인류에게 선물하신 음악과 그림과 자연과 곁의 사람들도 치유하여 주심을 감사하오며, 이제 우리가 그 위로와 치유의 자리에서 한계에 부딪힌 이들에게 희망의 다리가 되게 하여 주옵소서.

좋으신 하나님, 우리가 맞은 한계로 겸손하게 하셨으니, 이제 더욱 순결한 자로 살 수 있도록 돌보시고 우리가 부르짖을 때 귀먹은 것처럼 침묵하지 마시옵소서. 샛강이 강이 되고 강물이 바다를 이루듯 지금 맛 본 주님의 은혜가 우리의 생애 전체에 흐르길 소망하오며 그리스도 안에서 사는 일체의 비결을 배우게 하시는 우리 주 예수 그리스도의 이름으로 기도합니다. 아멘.

25. 어지러운 세상을 사는 이들과 함께

보라 내가 너희를 보냄이 양을 이리 가운데로 보냄과 같도다 그러므로 너희는 뱀 같이 지혜롭고 비둘기 같이 순결 하라. (마태복음 10:16)

감사와 찬양

하늘에 계신 우리 주님, 힘에 겨워 잠들 때에라도 잠시도 우리에게서 시선을 떼지 않으시는 주님을 찬양합니다. 우리가 누울 때 주님께 기대게 하시고, 우리가 일어설 때 주님을 붙잡고 일어서게 하시는 그 한량없는 은혜가 우리의 기쁨이 되고 행복이 되게 하시니 감사합니다. 밤새 눈물 흘리며 잠자리에 들지만 아침엔 새롭게 하시어 이슬이 마르고 안개가 걷히듯 새 날 새로운 해를 떠오르게 하시니 감사합니다.

고백과 회개

하나님 아버지, 세상은 핵무기로 경쟁을 하고 있고 위협의 도구로 사용하고 있습니다. 미쳐 돌아가는 세상에 주님이 바로 잡아 주시지 않는다면 우린 어디에 소망을 두겠습니까? 정치인들은 표에 목숨 걸지만 나라에 목숨 걸지 않고, 의료인은 환자를 위한 진료가 아닌 환자가 돈벌이가 되기도 하고, 복지사들은 사명 없이 일을 수행하고, 교육가는 지식과 정보만 전달하는데 급급합니다. 사역자들은 사랑 없이 사역을 해나가고, 그리스도인들은 배우는 데만 그쳐서 세상에서 주의 군사로 살지 못합니다. 주님 우리가 서로 죽이는 파멸의 경쟁에서 돌이키고 서로 살리고 서로 세우는 상생의 공동체로 거듭나게 하여 주옵소서. 죽음까지 담보로 살아가면서 안전하길 원하는 세상이 정상은 아닌데, 우리가 그 파도에 휩싸여 순결함도 분별력도 다 같이 잃을까봐 걱정됩니다. 우리가 잃었던 웃음을, 우리의 표정에 밝음을, 우리의 말에 온유함을, 우리의 손과 발에 정직함을 회복하여 주옵소서.

간구와 간청

사랑의 주님, 복잡하고 어지러운 세상에서 단순하고 올곧은 지향점을 갖고 살게 하옵소서. 당면한 문제만을 해결하는데 급급하지 않고, 중요한 목적이 있는 것을 분별할 수 있는 지혜를 주옵소서.

악한 힘들이 우리를 꾀어 복잡하고 헛된 소망을 품게 하는 것에서 멀리 설 수 있도록 자비를 베푸시옵소서. 이 땅의 지도자와 선생들, 그들 중에 하나님을 경외하는 단 한 사람의 간구하는 목소리 때문에라도 주님의 긍휼을 얻기를 소망합니다. 우리에게 잘 사는 법도 가르쳐 주신 주님, 잘 죽는 법도 가르쳐 주셔서 우리의 죽음이 절망의 끝이 아니라, 영원한 안식의 첫걸음이게 하옵소서.

좋으신 하나님, 복잡하고 답답한 세상 가운데 때론 온통 잿빛 구름 같은 마음에 모든 희망이 사라질 때에도 오직 주만 바라보게 하옵소서. 그리하여 우리가 먹든지 마시든지 무엇을 하든지 하나님의 영광을 위하여 하길 소망하오며 사랑이신 우리 주 예수 그리스도의 이름으로 기도합니다. 아멘.

26. 외로운 이들과 함께

내가 너희를 고아와 같이 버려두지 아니하고 너희에게로 오리라 조금 있으면 세상은 다시 나를 보지 못할 것이로되 너희는 나를 보리니 이는 내가 살아 있고 너희도 살아 있겠음이라 그 날에는 내가 아버지 안에, 너희가 내 안에, 내가 너희 안에 있는 것을 너희가 알리라. (요한복음 14:18~20)

감사와 찬양

하늘에 계신 우리 주님, 어두운 세상에 촛불처럼 그윽하게 비추시고 부드러운 달빛과 영롱한 별빛으로 신비하신 주님을 대망하게 하심을 찬양합니다. 당신의 영광을 가리시지 않고 영광을 구하는 이들에게 평화라 말씀하여 주시고 생명으로 살려 주시고 사랑 안에 품어 주시니 참 감사합니다. 오직 유일하게 스스로 존재하시는 주님, 주님은 외로움을 모르시지만 우리 때문에 외로움을 경험하셔서 외로운 이들을 도우실 수 있으시니 그 은혜가 넘치고 넘칩니다.

고백과 회개

하나님 아버지, 우리는 많은 사랑을 받았음에도 여전히 힘들고 외롭습니다. 그래서 주님이 계속 주님 되어 주시길 원합니다. 우리의 가슴이 불타게 하옵소서. 우리를 버려두지 않으시는 주님의 한결 같으신 사랑에 감동되어 주님 때문에 살게 하옵소서. 우리의 매일이 송두리째 주님의 것이 되게 하시며, 외로움에 절어 있는 우리는 어디로 가야 할지 누구의 소유가 되어 가는지 헤매고 있지만, 주님의 부재가 우리 외로움의 근원임을 알게 하셔서 새로운 봄날을 준비하실 주님을 기억하게 하옵소서.

간구와 간청

사랑의 주님, 믿음의 선배들의 기도처럼 우리로 하여금 어려울 때 인내를, 평안할 때 깨어 있음을, 유혹 앞에서 벗어남을, 두려움 앞에서 그리스도의 길을, 은혜 안에선 감사를, 심판에는 두려움과 경외심을, 주님의 긍휼에는 사랑을, 주님의 임재에는 진지하고 진정한 사귐을 갖게 하옵소서. 우리에게 주님의 지성을 선물하여 주셔서 말씀이 이해되고 주의 교훈을 묵상하게 하옵소서. 우리에게 용기를 선물하여 주셔서 주님 걸으신 고난의 길을 마저 걸을 수 있게 하옵소서. 우리에게 영성을 가지도록 삶이 단순하게 조합되도록 하셔서 더 많은 일 때문에 더 많이 외로워지지 않도록 역사하여 주옵소서.

좋으신 하나님, 우리를 주님의 형상으로 만드시고자 하실 때, 믿음의 짝이 없는 이들에게는 동역자를, 인생의 동반자가 없는 이들에게는 우정 어린 친구를, 무조건적인 사랑을 부어줄 가족이 없는 이들에게는 새로운 가족을 주셔서 끊어지지 않는 세 겹줄의 든든함이 먼저 교회 공동체에서 이뤄지게 하여 주옵소서. 영원한 삼위일체 하나님께 모든 간구를 의탁하오며 우리 주 예수 그리스도의 이름으로 기도합니다. 아멘.

27. 기도가 어려운 이들과 함께

그러므로 너희는 이렇게 기도하라 하늘에 계신 우리 아버지여 이름이 거룩히 여김을 받으시오며 나라가 임하시오며 뜻이 하늘에서 이루어진 것 같이 땅에서도 이루어지이다 오늘 우리에게 일용할 양식을 주시옵고 우리가 우리에게 죄 지은 자를 사하여 준 것 같이 우리 죄를 사하여 주시옵고 우리를 시험에 들게 하지 마시옵고 다만 악에서 구하시옵소서 (나라와 권세와 영광이 아버지께 영원히 있사옵나이다). (마태복음 6:9~13)

감사와 찬양

하늘에 계신 우리 주님, 하늘에 계셔서 우리를 두루 보살펴 주시고 우리와 다른 공간에 계시지만, 당신이 만드신 인류를 여전히 우렁찬 소리와 끌 수 없는 빛을 비추셔서, 깊은 숲 가운데 암사슴도 당신의 우렁찬 목소리로 낙태케 하실 수도 있고, 당신의 역사로 산림을 말갛게도 하실 수도 있으신 주님을 찬양합니다.

고백과 회개

하나님 아버지, 우리가 하나님의 뜻을 구하면서 늘 우리의 뜻을 펼치길 원했습니다. 우리가 종이면서 하나님을 종 부리듯 했습니다. 하나님의 의를 구하면서 우리의 이름이 창대케 빛나길 기대했습니다. 복받기를 원하면서 받은 복을 가볍게 여겼습니다. 화평케 해 주기를 원하면서 불협한 곳에 마음을 빼앗겨 버렸습니다. 이 모든 과정의 목격자 되신 주님 앞에 우리의 부끄러움을 내려놓습니다. 하나님의 나라가 우리에게 임하시길 소망하오니, 우리 안에 이뤄진 주님이 다스리시는 주의 나라가 천국임을 누리게 하옵소서. 우리 작은 상처들을 보느라 주님 당하신 아픔을 외면하지 않게 하시고, 우릴 향한 주님 쏟으신 마음을 헤아릴 때 가득차고 풍성한 주님 손길이 우릴 살려 주옵소서.

간구와 간청

사랑의 주님, 우리가 구하는 기도가 채우고도 넘치는 공급원을 구하는 것이 아니라, 우리 일생을 책임지시고, 살리시고, 일으키시고, 돌아가게도 하시는 주님임을 압니다. 매일의 공급하시는 모든 은혜의 요소들을 잃지 않도록 기억하게 하시며 어루만지시는 우리 생활의 모든 이룸이 오직 선하신 주님의 뜻이었음을 기억하오니, 우리가 어둠에 휩싸이거나 불의에 젖어 하나님의 불신하고 배반하는 위치에 머물지 않도록 벗어날 용기와 은총을 허락하여 주옵소서.

먼저 주님의 나라와 주님의 의를 구하면 의식주뿐만 아니라 우리 영혼의 모든 것을 공급하실 주님임을 알게 하시어 오직 주님만 자랑하게 하옵소서. 성도의 죽음도 하나님께 영광이오니 죽음의 두려움에서 우릴 건지시어 하늘에 계신 우리 아버지만 사랑하게 하옵소서.
좋으신 하나님, 하나님의 나라와 하나님의 권능과 하나님의 영광이 영원히 주님의 것임을 우리 주 예수 그리스도의 이름으로 기도합니다. 아멘.

28. 즐거움을 잃은 자들과 함께

주의 얼굴을 내 죄에서 돌이키시고 내 모든 죄악을 지워 주소서 하나님이
여 내 속에 정한 마음을 창조하시고 내 안에 정직한 영을 새롭게 하소서
나를 주 앞에서 쫓아내지 마시며 주의 성령을 내게서 거두지 마소서 주의
구원의 즐거움을 내게 회복시켜 주시고 자원하는 심령을 주사 나를 붙드
소서. (시 51:9~12)

감사와 찬양

하늘에 계신 우리 주님, 주를 경외하는 사람에게 아무런 부족함이 없
게 하시는 주님을 찬양합니다. 슬기로우신 주님, 한결 같으신 주님 사
랑에 우린 오늘도 무릎 꿇으며 찬미 올립니다. 우릴 위해 그늘을 드리
우셔서 당신의 자녀들을 모아들이시고 쉬게 하시니 감사합니다.
생명수가 되셔서 흐르시니 주님을 맞이하는 우리들은 생명이 유지되
며 새롭게 되어 변함없이 베푸신 은총에 감사 올립니다. 우리에게 마
음이 청결한 자들이 주님을 뵐 수 있도록 허락하셨으니 우리가 복된
사람들 되게 하심을 감사합니다.

고백과 회개

하나님 아버지, 우린 뼈 속까지 주님을 찬양하며 사랑한다고 고백했지
만, 약해지는 몸과 떠나가는 우리 곁의 사랑하는 이들 때문에 즐거움
을 찾는 기회는 더욱 줄어들고 밋밋하고 그저 그런 하루하루를 보내곤

합니다. 우리의 심령을 지켜 주시고 주의 구원의 기쁨을 다시 회복시켜 주옵소서. 착한 아이 콤플렉스 때문에 주님에게도 이중 모습으로 설 때가 얼마나 많았는지요. 우리에게 반역의 충동만 남아 이제는 하나님을 두려워하는 기색조차 하지 않지만, 기만당하신 주님은 여전히 침묵하시며 오직 우리의 즐거움이 다시 시작되길 원하시니 죄악을 지우며 주의 얼굴을 뵙도록 돌이키게 하신 주의 은총이 바다보다 깊고, 하늘보다 높고, 세상보다 크심을 고백합니다.

간구와 간청

사랑의 주님, 주님은 마음이 상한 자를 가까이 하시고 낙심한 사람을 건져 주시니 즐거움을 잃은 자들을 구원하여 주셔서 삶의 진정한 행복을 발견할 수 있는 자비를 베풀어 주시고, 주님의 진노는 잠깐이고 은총은 영원함을 베풀어 주옵소서. 밤새도록 눈물이 마르지 않게 하시고 뜬 눈으로 잠 한 숨 못 자도록 하셨지만, 날이 새고 빛이 밝아 하루를 다시 시작할 때면 또 다시 우리의 정한 마음을 재창조 하시고 정직한 영을 구하는 이들에게 친근하게 하여 주실 것을 간청합니다.

주님 우리에게 마음에서 우러나오는 기도를 가르쳐 주시고, 멈추지 않을 찬미의 노래를 부르게 하옵소서. 우리가 시작한 일들 속에 즐거움이 사라졌다면 다시 흘러간 시간을 짚어보는 시간을 갖게 하시고 무능함에서 유능함으로, 무책임함에서 책임짐으로, 아무도 없음에서 모두 관계함으로 즐거움을 만들어 주옵소서. 좋으신 하나님, 회복하실 우리 주 그리스도의 이름으로 기도합니다.

29. 인생이 허무하다고 느끼는 이들과 함께 [I]

동이 서에서 먼 것 같이 우리의 죄과를 우리에게서 멀리 옮기셨으며 아버지가 자식을 긍휼히 여김 같이 여호와께서는 자기를 경외하는 자를 긍휼히 여기시나니 이는 그가 우리의 체질을 아시며 우리가 단지 먼지뿐임을 기억하심이로다 인생은 그 날이 풀과 같으며 그 영화가 들의 꽃과 같도다 그것은 바람이 지나가면 없어지나니 그 있던 자리도 다시 알지 못하거니와 여호와의 인자하심은 자기를 경외하는 자에게 영원부터 영원까지 이르며 그의 의는 자손의 자손에게 이르리니. (시103:12~17)

감사와 찬양

하늘에 계신 우리 주님, 하나님을 송축합니다. 우리 속에 있는 것들이 다 주를 송축합니다. 주의 택하신 은혜를 잊지 않겠으며 모든 것을 파멸에서 속량하시고 거듭 일으키신 주의 은총을 찬미합니다. 주님의 가장 좋은 것으로 우리를 만족시키시고 가장 합당한 영광을 비추시오니 긍휼이 많으시고 노하기를 더디 하시고 당신의 노여움을 영원히 품지 않으심에 감사드립니다.

고백과 회개

하나님 아버지, 동이 서에서 먼 것처럼 우리의 죄와 과실을 멀리 옮겨 주옵소서. 아버지 하나님께서는 아버지가 자식을 안타까워하시는 것처럼 우리를 불쌍히 여기시오니 우리를 아는 이는 오직 주님 밖에 없음을 고백합니다. 우리의 성품, 우리의 연약함, 우리의 성질머리, 우리의 열등감, 우리의 낮은 자존감, 쉽게 포기하고 어려운 길을 곁에도 가지 않으려는 나약함을 아십니다. 우리는 단지 먼지뿐임을 고백하오니 여호와의 인자하심만이 영원함을 구하오니 영원까지 이르게 하옵소서.

간구와 간청

사랑의 주님, 한 주간 힘든 시간을 보냈습니다. 당장 해결해야 할 일이 쌓여 있고, 치러야 할 시험이 있고, 중대한 결정을 내려야 하고, 벗어나야 할 문제와 유혹들이 있으며, 내려야 할 결단이 있고, 맡아야 할 임무가 있으며, 주어진 기회를 잘 활용해야 할 지혜가 필요합니다.

우리는 들의 풀처럼, 시들고 있는 꽃처럼, 금방 사라지는 안개처럼 허무하게 사라지는 인생이오니, 우리는 다 지나가지만 주의 이름만 영원히 남아 당신의 자녀들을 번성케 하시기를 간구합니다. 주님 우리의 허무한 눈물들을 보시고 더 이상 잠잠히 계시지 말아주옵소서. 우리는 주님과 더불어 살아가는 나그네 여정 길에 있음에도 불구하고, 허무한 인생이 우리를 자꾸 채찍질 하지만, 주의 음성에 민감하고 주의 뜻에 민첩할 수 있도록 역사하여 주옵소서.

좋으신 하나님, 우리 모두가 이 허무함에서 미소 지을 수 있도록 주님의 눈길이 우릴 향해 주시길 소망하오며 우리는 실로 한 오라기 그림자일 뿐임을 고백하며, 우릴 통해 우리와 함께 장차 큰일을 행하실 우리 주 예수 그리스도의 이름으로 기도합니다. 아멘.

30. 인생이 허무하다고 느끼는 이들과 함께 [Ⅱ]

주께서 나의 날을 한 뼘 길이만큼 되게 하시매 나의 일생이 주 앞에는 없는 것 같사오니 사람은 그가 든든히 서 있는 때에도 진실로 모두가 허사뿐이니이다(셀라) 진실로 각 사람은 그림자 같이 다니고 헛된 일로 소란하며 재물을 쌓으나 누가 거둘는지 알지 못하나이다 주여 이제 내가 무엇을 바라리요 나의 소망은 주께 있나이다. (시편 39:5~7)

감사와 찬양

하늘에 계신 우리 주님, 우리가 소망하게 하셨습니다. 주님의 날개 보호 아래 우릴 가두시고 보이지 않는 공기와 바람처럼 우리와 항상 함께 하시는 주님의 성실하심을 찬미합니다.

주님은 홀로 전능하시고 홀로 온유하시며 홀로 영광 받으십니다. 세상에서 가장 좋은 것으로 우릴 먹이시고 가르치셔서 진리가 무엇이지 알게 하실 뿐만 아니라 진리 안에서 자유하게 하시고 진리를 위해 살아가게 하시니 참 감사하고 고맙습니다.

고백과 회개

하나님 아버지, 주님을 뺀 우리의 인생은 헛되고 헛되며 헛될 뿐입니다. 온갖 보물을 찾아 헤매는 가련한 인생들을 더 이상 도시와 사이버의 광야에서 허송세월 보내지 않게 하셔서 참 진리로 물들여 주실 은총을 원합니다. 가족을 위해서 사랑하는 이를 위해서 살아가지만 사는 날이 쌓일수록 허무하고 공허한 가슴 한 구석이 점점 커집니다. 인생사에 치우치다가 소망을 잃지 않게 하시고 영적 목마름의 갈증에서 헤매지 않도록 우릴 받아주옵소서. 우리말을 귀담아 들어 주셔서 두 손을 틀어막고 안 들으시는 것 같은 비참함이 없게 하옵소서.

간구와 간청

사랑의 주님, 주님의 사랑을 애타게 간청합니다. 늪에서 빠져나오려고 하면 할수록 더욱더 깊은 늪으로 빨려 들어가는 것처럼 세상이 주는 달콤함과 사랑에 취해 주님 향기를 잃어버리지 않고 기억하도록 우리를 불쌍히 여겨 주옵소서. 받은 복을 차 버리지 않고 받은 복을 잘 간직하여 받은 복으로 충분히 살아갈 수 있는 믿음을 더하여 주옵소서.

언제 우리의 심장이 뛰었는지, 언제 우리가 설레었는지, 언제 우리 눈을 부리부리하게 뜨고 받은 소명과 이룰 사명에 간절했는지 까마득합니다. 우리에게 주신 그리스도를 닮고 그리스도를 품고 그리스도를 따르는 목적과 지향점에서 멀어져 우리의 시작이 어디였는지 무엇을 하고 있는지 어디로 향하고 있는지 분별하고, 둘러보게 하셔서, 절망이 아닌 소망의 사람들이 되게 하여 주옵소서.

좋으신 하나님, 허무하고 환난 당할 때만 기도하는 것이 아니라 언제나 주님을 의식하고 하나님 앞에서 하나님을 대하듯 살아가길 바라오며 우리 주 예수 그리스도의 이름으로 기도합니다. 아멘.

[2]

월별 주일예배
대표기도문

1. 거룩한 기업에 참여하게 하소서

"여호와께서 온전한 자의 날을 아시나니 그들의 기업은 영원하리로다"(시편 37:18)

감사와 찬양 |

영원히 영광받으실 하나님,

첫 사람 아담의 불순종으로 하나님을 향한 경건함을 잃어버리고, 티끌처럼 타락한 저희를 예수님의 보혈로 회복케 하시며 거룩한 기업에 참여케 하여주심에 감사드립니다.

고백과 회개 |

주님의 거룩한 기업에 참여 하면서도 하나님을 향한 거룩과 경건함에 소홀했음을 회개합니다. 저희의 회개를 받으시고, 영원한 기업에 참여하는 자로 부끄럽지 않게 하옵소서.

중보와 간구 |

이 시간 저희 마음과 정성을 다해 하나님께 온전히 예배드리기 원합니다.

영원하신 하나님, 저희들의 예배의 잔치에 찾아와 주옵소서. 오직 성삼위일체 하나님께 영과 진리로 거룩한 예배드리기 원합니다. 부족한 저희를 기억하시고 하늘의 신령한 복을 내려주옵소서.

또한 하나님의 은혜를 잊고 거룩하고 영원한 기업에 참여하지 못한 자들을 불쌍히 여기시고, 그들도 거룩한 기업에 참여하게 이끌어 주옵소서.

단위에 세우신 목사님을 기억하옵소서. 온전히 하나님의 말씀을 선포하셔서 말씀을 통해 우리에게 소망을 얻게 하옵소서.
각 부서와 제직들도 늘 경건함으로 인도하시고, 영원하고 거룩한 기업에 참여하는 일에 하나님의 놀라운 지혜를 더하도록 인도하여 주옵소서.

예수님의 이름으로 |

세상의 모든 만물을 주관하시는 하나님, 교회들이 거룩한 주님의 기업에 참여함을 소중히 여기고, 경건함으로 다시 회복되게 하옵소서. 감사드리며 예수님 이름으로 기도드립니다. 아멘.

2. 비교할 수 없는 그리스도

"거룩하신 이가 이르시되 그런즉 너희가 나를 누구에게 비교하여 나를 그
와 동등하게 하겠느냐 하시니라"(이사야 40:25)

감사와 찬양 |

우리를 온전하게 하시는 하나님,
우리를 그리스도의 사랑 안에 거하게 하심을 감사드립니다. 이 시
간, 주님께 값없이 받은 사랑에 감사하여 주를 노래하기 원하오니
우리의 찬양을 기뻐 받아주옵소서.

고백과 회개 |

사랑의 주님, 우리는 주님을 사랑한다고 하면서도 세상을 더 사랑
하였고 주님을 멀리할 때가 많았습니다. 그러다 세상에서 넘어질
때, 그제서야 우리의 이기적인 욕심으로 주님을 찾게 됩니다.
주님, 우리의 어리석은 모습을 용서하여 주옵소서. 우리가 항상 주
님 앞에 거함으로 세상가운데 모든 죄악과 탐욕에서 벗어나게 하
옵소서.

중보와 간구 |

이 시간, 그 무엇과도 비교할 수 없는 주님 앞에, 우리의 마음과 뜻과 정성으로 온전히 예배드립니다. 영과 진리로 주님을 예배하게 하옵시고 주님의 아름다우심을 찬양하는 시간이 되게 하옵소서. 또한 주께서 우리를 당신의 흡족한 복음의 도구로 사용하여 주옵소서.

교회에 여러가지 기도의 제목들이 있습니다. 하나님께서 함께하셔서 당신의 사명을 이루기에 부족함 없도록 채워 주옵시고 늘 우리의 삶 가운데 주님의 놀라운 은혜를 알게 하옵소서.

말씀을 전하시는 목사님의 입술을 주관하셔서서 은혜의 말씀이 대언되도록 인도하여 주옵소서. 말씀을 받는 우리들도 세상 가운데 주님의 거룩함을 나타내도록 인도하여 주옵소서.

예수님의 이름으로 |

무엇과도 바꿀 수 없는 주님의 복음을 담대히 전하게 하옵소서. 사랑이 충만하신 예수님의 이름으로 기도드립니다. 아멘.

3. 믿을 때 일어나는 기적

"그들이 믿지 않음을 이상히 여기셨더라"(마가복음 6:6)

감사와 찬양 |

우리의 믿음을 보시는 하나님,

우리가 온전히 주를 믿을 때, 우리의 믿음을 통하여 불가능을 가능케 하심을 믿습니다. 이 세상 만물을 창조하시고 다스리시는 주님 앞에 겸손히 엎드리오니 우리의 예배를 받아주옵소서.

고백과 회개 |

우리는 하나님의 놀라운 능력을 안다고 하지만 지식으로만 알고 마음으로 깨닫지 못할 때가 너무도 많습니다. 이런 믿음이 부족한 저희를 용서하여 주옵소서.

간절히 바라옵기는 이 시간 이후로 우리가 누구 앞에서라도 당당한 믿음을 갖게 하옵시고 살아계신 예수님을 믿음으로 증거하는 일에 부족함이 없게 하옵소서.

중보와 간구 |

믿음의 주님, 주님께 엎드려 경배합니다.

주님 앞에 신실과 충실함으로 예배드리오니, 우리에게 믿음을 주옵소서. 그리하여 우리가 참 좋으신 예수님의 성품과 인격을 소유하는 사람이 되게 하옵소서.

우리의 중심을 보시는 주님, 기적은 믿는 만큼 이루어진다고 하였사오니, 우리에게 믿음을 주시어 광야에서도 길을 내게 하옵소서. 이 나라와 민족이 이 시대에 풍요를 누리는 것도 선진들의 믿음의 기적이었사오니, 저희도 그와 같이 믿음과 기적으로 주님의 기쁨이 되게 하소서.

목사님께서 말씀을 선포하실 때 믿음의 기적으로 앉은 자가 일어서는 것과 같은 놀라운 주님의 기적이 나타나도록 인도하여 주옵소서.

또한 교회 내의 시기, 질투, 다툼이 사라지고, 모든 믿음의 가족들이 믿음의 기적을 가지고 한 마음 한 뜻으로 협력하게 하옵소서.

예수님의 이름으로 |

믿음으로 평화와 안정을 이루는 교회와 모든 가정이 되길 원하오며 예수님의 이름으로 기도드립니다. 아멘.

4. 그리스도의 겸손

"사람의 모양으로 나타나사 자기를 낮추시고 죽기까지 복종하셨으니 곧 십자가에 죽으심이라"(빌립보서 2:8)

감사와 찬양 |

겸손의 왕이신 주님,

예수 그리스도께서 인간의 몸을 입으시고 가장 낮고 천한 곳으로 임하시어 죄인인 우리를 구속하여 주시고 영생의 길로 이끌어주심에 감사드립니다. 값없이 받은 사랑에 감사하며 주님의 은혜와 영광을 찬양하오니 홀로 영광받으소서.

고백과 회개 |

우리의 삶을 돌아보면 티끌과 같이 작은 우리가 겸손하신 주님 앞에 높아지려고 했던 모습을 기억합니다.

이 시간 간절히 회개하오니 용서하여 주옵소서. 우리의 교만한 마음이 무릎을 꿇게 하시며 우리의 강팍한 마음을 깨뜨려 주옵소서.

우리가 어디서 와서 어디로 가는지 알고 우리가 어떠한 존재인지 깨닫게 하시고 주님 앞에 더욱 겸손히 나아가게 하옵소서.

중보와 간구 |

우리는 여전히 부족하고 연약하오나 이 시간, 온 맘과 정성으로 하나님께 예배드리기 원합니다. 기뻐받으시는 예배가 되게 하옵소서. 우리의 예배 가운데 진리의 성령님이 임하셔서 진리를 깨닫게 하시고 진리의 길로 인도하여 주옵소서.

예수님의 이름으로 |

우리를 구원하시기 위해 자신을 죽기까지 낮추신 예수님, 우리도 자신을 낮추어 겸손함으로 십자가를 지게 하소서.

하나님께 인정받는 겸손으로 무릎을 꿇게 하시고, 주님 앞에 겸손한 사랑으로 선을 이루게 하옵소서.

경건과 충성으로 교회 교우들을 돌아보게 하시고, 목사님의 말씀 선포를 통해 하나님 말씀에 순종하며 당신의 겸손함을 잘 배우게 하옵소서.

성도들에게도 겸손함으로 먼저 섬기는 지혜가 있게 하시고, 교회의 터가 겸손으로 채워지게 하소서. 감사드리오며 예수님의 이름으로 기도드립니다. 아멘.

5. 진리로 거룩하게 하소서

"그들을 진리로 거룩하게 하옵소서 아버지의 말씀은 진리니이다"(요한복음 17:17)

감사와 찬양 |

은혜가 충만하신 하나님,

우리를 이 땅의 삶을 살게 하시고 당신의 진리의 말씀을 붙들게 하여 주심에 감사드립니다. 또한 그리스도 안에서 은혜의 풍성함을 따라 우리를 구원하시고 인도하심에 감사드립니다. 날마다 부어주시는 은혜로 우리 입술이 감사의 고백으로 끊이지 않게 하옵소서.

고백과 회개 |

진리되시는 주님, 우리는 말씀으로 하나님을 알아가지만, 저희의 생활은 진리를 떠나 산 적이 너무 많았음을 고백합니다. 용서하여 주옵소서. 더욱 진리의 말씀에 우리 심령이 깨어 있게 하시고 진리되신 주님과 늘 동행하며 언제나 진리 가운데 살아가게 하옵소서.

중보와 간구 |

이 시간, 저희가 진리의 말씀으로 회복되기 원하며 주님 앞에 나왔습니다. 이 시간 저희를 진리로 거룩하게 하여 주옵소서. 또한 이 진리의 말씀이 세상 끝까지 전파되게 하옵소서.

드려지는 예배 가운데 성령님이 임재하여 주셔서 저희의 굳은 마음이 풀어지고 주님의 겸손과 온유로 채워지는 기적의 시간이 되게 하옵소서.

그리하여 말씀을 들은 저희가 세상과 구별된 사람으로 세상 가운데 빛과 소금의 역할을 온전히 감당할 수 있도록 붙들어 주옵소서.

예수님의 이름으로 |

바라기는 이 땅에 세워진 모든 교회가 하나님의 진리의 등대가 되길 소망합니다. 이 땅의 모든 교회가 어둠 속에서 빛을 비추는 당신의 사명을 감당하게 하소서. 단 위에 세우신 목사님께 진리의 충만함을 부어 주옵소서. 목사님을 통하여 하나님의 말씀이 선포되어 진리가 이 예배당에 가득하게 하옵소서.

더불어 함께하는 성도들이 진리로 거룩하게 하옵시며 아버지의 말씀이 선한 열매의 보고가 되어 세상에서도 거룩한 진리의 파수꾼이 되게 하옵소서. 예수님 이름으로 기도드립니다. 아멘.

1.여호와의 전을 아름답게 하는 생활

"우리 열조의 하나님 여호와를 송축할지로다 그가 왕의 마음에 예루살렘 여호와의 전을 아름답게 할 뜻을 두시고"(에스라 7:27)

감사와 찬양 |

교회의 머리가 되시는 하나님,

당신의 이름을 송축하며 무한 감사와 찬양을 올려 드립니다. 그 사랑으로 인하여 저희가 이 자리에 모여 감사히 주님을 예배드릴 수 있음에 감사드립니다. 주님 앞에 감사와 찬송을 올려드리오니 기뻐 받아주옵소서.

고백과 회개 |

온 천하를 보시며 땅 끝까지 감찰하시는 하나님, 한주간에 우리의 모든 죄를 용서하여 주옵소서.

주님 앞에 저희 스스로 눈을 가리고 나태함과 안일함으로 기도와 말씀을 멀리했음을 고백합니다. 그로 인하여 여호와의 전을 아름답게 하지 못했음을 회개하오니 용서하옵소서. 저희를 묶고 있는 나태와 안일을 예수 그리스도의 이름으로 끊고 말씀과 기도로 충만하여져서 여호와의 성전을 더욱 아름답게 채우게 하소서.

중보와 간구 |

은혜의 하나님, 거룩하게 구별하여 주신 이 날에 예배드리기 원합니다. 저희들의 예배를 통하여 온전히 여호와의 전이 예배로 충만하여지게 하소서. 또한 저희가 하나님께 예배드림으로 당신 앞에 온전히 서게 하소서.
저희의 마음이 기도로 인하여 아름다운 성전지기가 되기 원합니다. 성전에서 드리는 저희의 기도가 하나님을 기쁘시게 하고, 하나님께서 받으시는 합당한 기도가 되길 원하오니, 저희의 기도를 들으시고 축복하여 주옵소서.

말씀을 전하시는 목사님을 위해 기도합니다. 생명을 구원하는 말씀을 전하실 수 있도록 붙들어 주시고 말씀을 듣는 저희의 마음에도 하나님의 말씀이 깊게 심겨지게 하소서.

예수님의 이름으로 |

성전에 함께 하시는 하나님, 모든 제직들이 하나님을 송축함으로 성전을 아름답게 채워가게 하시고, 맡겨진 부서가 사명으로 순복하게 하소서.
모든 교회의 전도사역에 함께하시고, 세계선교 위에도 축복하여 주실 것을 믿습니다. 주님을 섬기는 모든 성도들의 범사에도 함께 하실 줄 믿사오며 예수님의 이름으로 기도드립니다. 아멘.

2. 말씀에 순종하는 복이 임하게 하소서

"네가 네 하나님 여호와의 말씀을 청종하면 이 모든 복이 네게 임하며 네게 이르리니"(신명기 28:2)

감사와 찬양 |

전능하신 하나님,

주의 말씀을 듣기 원하는 자에게 말씀하여 주시고 늘 충만한 은혜를 베풀어주심에 감사합니다. 매일 삶속에서 하나님의 말씀을 청종하게 하시고 감사를 잊지 않는 삶이 되게 하옵소서.

고백과 회개 |

자비하신 하나님, 이 시간 한주간의 알고 지은 죄, 모르고 지은 죄를 주 앞에 내려놓고 회개합니다. 저희들의 더러워진 마음을 살펴주옵소서. 먹고 살아가는 일들에 분주하게 지내며 살아왔습니다.

저희의 죄악된 모습을 성령의 불로 태워주시고 더욱 주님의 말씀을 청종할 수 있는 은혜를 주시옵소서.

중보와 간구 |

하나님께 드려지는 예배를 위해 기도합니다. 하나님을 높이는 예배 되게 하옵소서. 이 예배로 하나님과 동행하는 시간이 되게 하시고 주님의 인도하심 앞에 저희 모든 것을 맡기는 믿음을 허락하소서. 또한 말씀을 전하시는 목사님 위에 성령님의 은혜를 나타내 주시기 원합니다. 말씀을 듣는 저희들이 그 말씀을 사랑하며 진리를 지키기 위해 힘쓰는 자들이 되게 하옵소서.

이곳에 모인 모든 자들이 한 사람도 그냥 왔다가 그냥 가지 않게 하시고 말씀을 통해 주님의 은혜를 풍성히 덧입는 시간 되게 하소서. 또한 저희가 섬기는 이 교회에 뜨거운 헌신이 이루어지게 하옵소서. 서로를 섬기며 서로 사랑하라는 주님의 말씀에 순종하는 저희가 되게 하옵소서.

예수님의 이름으로 |

은혜가 충만하신 하나님, 저희가 뒤로 물러가 말씀의 침윤에 빠지지 않게 하시고, 세상에 들어가 말씀 축복의 요새가 되게 하옵소서. 교회를 섬기는 제직들이 말씀의 청종으로 성도들의 본이 되게 하시어 교회의 각 부서가 발전하는 축복을 얻게 하소서. 예수님의 이름으로 기도드립니다. 아멘.

3. 떠나지 아니하시는 하나님

"그리하면 여호와 그가 네 앞에서 가시며 너와 함께 하사 너를 떠나지 아니하시며 버리지 아니하시리니 너는 두려워하지 말라 놀라지 말라"(신명기 31:8)

감사와 찬양 |

영원하신 하나님,

저희를 버리지 아니하시고 영원히 함께하여 주심을 감사드립니다.

저희를 돌아보시는 주님 앞에 겸손히 엎드려 찬양과 영광을 올려드립니다. 이 시간, 하나님께 영광을 올려드리는 예배가 되게 하시고 저희에게 새로이 거듭나는 은혜가 되게 하옵소서.

고백과 회개 |

자비하신 하나님, 저희의 마음이 하나님께 속해 있지 못했음을 회개합니다. 세상과 구별되어 살아가지 않고 세상에 물들어 살아가면서 하나님을 멀리하는 저희 모습을 용서하옵소서.

저희가 다시 하나님 앞에 나아와 하나님 한분만 붙잡고 나아감으로 분쟁, 시기, 다툼, 욕심에서 벗어나게 하옵소서. 또 주님과 함께 살아가는 기쁨을 누리도록 인도하여 주옵소서.

중보와 간구 |

이 귀한시간 허락하신 복된 날에 주님의 이름으로 예배드리기 원합니다. 저희가 입술을 벌려 주를 찬양하며 기도할 때에 받아 주옵소서. 저희 예배를 기쁘게 여기시고, 다시 삶의 자리로 돌아갔을 때에 영원한 찬양과 예배의 기쁨으로 살게 하옵소서.

예수님의 이름으로 |

하나님의 한결 같은 은혜로 살아감을 알기에 저희는 세상을 두려워하지 않습니다. 늘 우리보다 먼저 가셔서 준비하여 주시니, 범사에 하나님의 은혜가 한량없음을 고백합니다. 이러한 하나님의 사랑과 은혜를 이웃에게도 전하는 자가 되게 하옵소서. 또한 저희 교회가 부흥하는 교회가 되게 하시고 모든 성도들이 서로 영원한 동역자가 되게 하소서.

목사님이 전하시는 말씀으로 교회에 주님의 영광과 은총이 충만하게 하옵소서. 교회에서 이루어지는 모든 사역 위에 주님께서 함께 하여 주옵소서. 나아가 나라와 민족의 복음화에도 횃불이 되게 하옵소서. 예수님의 이름으로 기도드립니다. 아멘.

4. 지혜를 얻는 자와 명철을 얻는 자

"지혜를 얻는 자와 명철을 얻는 자는 복이 있나니"(잠언 3:13)

감사와 찬양 |

찬양받기에 합당하신 하나님,

저희가 말씀을 통하여 지혜와 명철을 얻게 하여 주시니 감사드립니다. 저희가 세상의 어떤 지식보다 하나님을 아는 지혜를 더욱 사모하게 하시고 주님이 주신 지혜와 명철로 축복의 근원이 되게 하소서.

고백과 회개 |

저희가 세상 가운데 말할 수 없는 어리석음과 무지함으로 살아온 것을 고백합니다. 하나님 앞에 무딘 마음으로 살아감으로 죄를 멀리하지 못한 것을 용서하여 주옵소서.

또한 하나님의 말씀을 붙들고 기도하지 못한 모습들과 죄인 것을 알면서도 눈 앞에 이익 때문에 저질렀던 죄를 회개하오니 용서하여 주옵소서.

오직 주님의 지혜와 명철을 얻는 말씀대로 살게 하옵소서.

중보와 간구 |

왕되신 주님 앞에 나아와 우리의 입술로 찬양하기 원합니다. 하나님을 경외함으로 예배드리는 시간이 되게 하옵소서.

인간의 생각으로 주님의 이름을 부르지 않게 하시고 오늘 예배의 자리가 성령님의 임재 가운데 하나님의 영광만을 선포하게 하옵소서. 아버지 앞에 나아와 무릎 꿇는 저희들이 말씀에서 얻은 지혜와 명철로 하나님을 기쁘시게 하옵소서.

우리를 아시는 주님, 저희가 말씀과 더불어 하나님 나라에 거룩한 욕심을 갖게 하옵소서. 또한 민족의 복음화를 위해 기도합니다. 각 나라에 있는 교회들이 명철과 지혜로 거듭나서 하나님이 보시기에 기뻐하시는 교회가 되게 하시고, 이 나라 곳곳에 부흥의 물결이 일어나게 하소서.

예수님의 이름으로 |

교회를 섬기는 모든 가정의 문제들에 지혜의 말씀이 열쇠가 되게 하소서. 목사님이 저희가 듣고 '아멘'으로 순종해야 할 말씀을 선포하게 하옵소서. 예수님의 이름으로 기도드립니다. 아멘.

1. 온 몸으로 선교하는 삶

"나는 그들이 병들었을 때에 굵은 베 옷을 입으며 금식하여 내 영혼을 괴롭게 하였더니 내 기도가 내 품으로 돌아왔도다"(시편 35:13)

감사와 찬양 |

사랑이 많으신 하나님,

오늘도 우리를 사랑하여 주심에 감사드립니다. 이시간 주님의 권세와 영광에 합당한 찬양과 예배를 드리기 원합니다. 우리들이 온전히 주님만을 찬양하며 영광 돌리게 하옵소서. 또한 마음과 뜻을 다해 감사와 찬양으로 예배하는 일을 소홀히 하지 않게 하옵소서.

고백과 회개 |

하나님 아버지, 온 몸으로 선교를 감당하는 가운데, 뜻대로 되지 않을 때, 오래 인내하지 못한 것을 회개합니다. 높으신 하나님의 계획보다 저희의 계획을 더 앞세우기도 했습니다. 우리의 무지와 교만함을 용서하시고, 인내와 순종으로 온전히 감당하게 하옵소서. 또한 저희가 회개함으로 더 깊은 진리에 도달하게 하옵소서.

중보와 간구 |

영원하신 하나님 앞에 나아와 경배드리기 원합니다. 주님의 높고 위대하심을 찬양하며, 그 손길로 저희를 보살피시는 주의 인자하심을 찬송합니다. 찬양의 이유되시는 주님을 저희 모든 삶을 통하여 노래하기 원하오니 기뻐받아 주옵소서. 또한 찬양과 예배로 이루어지는 생활에서의 모든 삶이 선교로 이어지게 하옵소서.

예수님의 이름으로 |

선하신 주님, 우리의 중심을 아버지께 드립니다.
목사님의 말씀 시간에도 저희의 온 마음과 뜻을 드리게 하시고, 말씀의 선교가 이루어지는 시간 되게 하소서.
모든 계절마다 각 교회의 행사들을 성도들의 온 몸과 뜻을 모아 이루게 하시고, 행사의 모든 열매가 헌신하는 성도들에게 은혜와 축복으로 돌아오게 하옵소서.

심방을 받는 성도들의 가정이 하나님께서 허락하신 사역들을 잘 감당하게 하옵소서. 그들이 온 몸과 뜻을 바쳐 이루어 내는 사역이 하나님 앞에 기쁨으로 열납 되게 하소서. 예수님의 이름으로 기도드립니다. 아멘.

2. 우리를 구원하신 아버지께

"나 곧 나는 여호와라 나 외에 구원자가 없느니라"(이사야 43:11)

감사와 찬양 |

사랑과 은혜가 충만하신 하나님,

창세 전부터 우리를 구속하여 주시며 성령의 인치심으로 하늘나라에 소망두게 하심에 감사드립니다. 죄로 인하여 죽을 수 밖에 없던 저희를 구원하신 은혜를 잊지 않게 하소서. 우리의 모든 삶에 함께 하셔서 인도하여 주시고 간섭하여 주옵소서.

고백과 회개 |

무엇보다 이시간 하나님께 한 주간의 모든 죄짐은 내려놓고 사함받기원하며 간절히 회개 하오니 우리의 기도를 들어주옵소서. 거룩하신 아버지 앞에 저희가 성결하지 못했음을 고백합니다. 또한 육신이 원하는 대로, 육신을 위하여 살아갔습니다.

저희의 무지함을 용서하여 주옵소서. 하나님의 마음을 알기에 힘쓰지 못한 저희를 용서하여 주옵소서.

하나님이 통치자임을 알게 하시고, 하나님께 모든 것을 맡기는 자들이 되게 하소서.

중보와 간구 |

우리를 창조하신 여호와 하나님, 여전히 믿음을 갖지 못한 자들이 있습니다. 그들에게 당신의 긍휼을 내려주옵소서.
하나님의 인도하심 가운데 예수 그리스도를 주라 시인하게 하옵소서. 믿음으로 구원을 얻는 놀라운 은혜가 임하게 하옵소서.

값없이 저희를 구원하신 하나님께 감사하며 저희가 주님의 은혜를 믿지 않는 자들에게 흘려보내게 하시고 눈물로 복음의 씨앗을 뿌리는 자들이 되게 하소서. 복음의 귀한 사역에 사용되게 하옵소서.

예수님의 이름으로 |

이 시간 말씀을 들고 단 위에서 서신 목사님께 성령의 능력으로 덧입혀 주시고 선포되는 하나님의 말씀을 통해 저희의 둔한 귀가 열리게 하시고 굳은 마음이 풀어지게 하옵소서.
이 땅에 있는 모든 교회들이 하나님의 뜻을 이루도록 하시며, 하나님의 목적에 맞는 사역을 온전히 감당하게 하옵소서. 예수님의 이름으로 기도드립니다. 아멘.

3.확신 있는 신앙

"우리가 그리스도로 말미암아 하나님을 향하여 이 같은 확신이 있으니"(고린도후서 3:3)

감사와 찬양 |

자비로우신 하나님,

우리가 그리스도의 향기가 되게 하심에 감사합니다. 그리하여 어디를 가든 확신 있는 신앙생활의 향기가 뿜어지게 하심을 감사합니다. 저희가 전에는 죄인이었지만 예수님의 십자가의 피로 인하여 죄를 사하여 주셨음을 고백합니다.

이 은혜에 감사하여 저희가 매일의 삶을 통하여 주님의 사랑을 노래하기 원하오니 기뻐 받아 주옵소서.

고백과 회개 |

하나님의 긍휼하심을 간절히 원하며 기도합니다. 저희가 입술로는 주님을 사랑한다고 하면서도 어리석음으로, 알게 모르게 지은 죄들이 많습니다. 눈에 보이는 것들에게 마음을 내어주며 지낸 저희를 용서하여 주옵소서. 또한 저희가 교회에서 헌신하고 있는 각 부서들을 위하여 기도하지 못했던 것을 회개합니다.

한 마음과 한 뜻을 가지고 기도함으로 교회가 더욱 강건히 세워지게 하시고, 저희들이 이기적인 욕심은 제거되게 하옵소서.

중보와 간구 |

소망으로 넘치게 하시는 하나님, 저희의 마음 속 깊은 곳에서부터 우러나오는 감사와 기쁨으로 하나님을 예배하기 원합니다.

찬양받기에 합당하신 주님 앞에 무릎을 꿇어 경배하오니 예배를 받아주옵소서.

또한 하나님께 예배하는 사라질 세상의 것에 억눌리지 말고, 하늘의 소망으로 충만하게 하옵소서.

예수님의 이름으로 |

저희가 우리 자신의 이기심과 삶을 내려놓고 주님의 뜻을 구합니다. 그리스도의 보혈로 우리를 깨끗하게 하옵소서. 성도간의 교제로 하늘나라의 기쁨을 맛보게 하옵소서.

말씀을 전하시기 위해 헌신하시는 목사님의 건강을 지켜주옵시고 목사님의 가정에도 주님의 보호하심이 있게 하옵소서.

해외에 파송된 선교사님들이 맡겨진 사역을 주님의 능력으로 온전히 감당하게 하시며 그곳에 세워진 교회들이 예수님으로 인하여 확신 있는 신앙생활을 하게 하소서. 예수님의 이름으로 기도드립니다. 아멘.

4. 다시 회복되는 기적

"그의 마음에는 하나님의 법이 있으니 그의 걸음은 실족함이 없으리로 다"(시편 37:31)

감사와 찬양 |

우리를 은혜로 회복시키시는 하나님,

인간의 끝이 하나님의 기적의 시작임을 깨닫게 하여주심에 한 없는 감사와 찬양을 드립니다. 저희가 감사로 드리는 찬양의 제사를 받으시고, 높고 위대하신 주님의 사랑이 만민 가운데 선포되게 하옵소서.

고백과 회개 |

이 시간에 주님께서 주시는 은혜로 말미암아 우리의 죄를 돌아보게 하시니 감사합니다. 세상 가운데 살면서 거룩하지 못한 저희의 마음을 용서하여 주시고 주님의 인자하심과 긍휼하심으로 말미암아 저희의 죄를 깨끗하게 하시옵소서. 또한 주님의 말씀을 듣고 깨닫는 것에 소홀히 했음을 회개합니다.

말씀으로 저희의 영육이 다시 회복되게 하옵소서.

중보와 간구 |

하나님 아버지, 거룩하신 주님 앞에 나아와 예배하기 원합니다. 주님만이 홀로 영광받으시는 예배가 되게 하시고 우리의 영이 회복되는 시간이 되게 하옵소서. 또한 이 시간, 저희에게 임하시어 진리의 길로 이끌어 주소서. 우리가 경배할 때, 하나님 아버지와 하나임을 잊지 않게 하시고, 온전한 산 제물로 드려지는 희생의 예배가 되게 하옵소서.

예수님의 이름으로 |

이 땅 위에 세워진 교회들 위에 하나님의 영광이 임하시고, 몸 되신 주님의 교회에 주님의 사랑이 가득하게 하옵소서. 주님의 자녀들이 세상이 아니라 돌아갈 본향을 소망하게 하시고, 우리의 삶이 주님으로 인하여 회복되게 하옵소서.

언제나 성도들을 위하여 애쓰시는 목사님이 주님의 주시는 힘과 능력으로 더욱 강건케 하옵소서. 또한 교회의 각 부서가 하나님의 뜻에 순종하여 회복되는 기적이 일어나게 하옵소서. 모든 것이 주의 뜻 안에서 순조롭게 이루어지길 소망하며 예수님의 이름으로 기도드립니다. 아멘.

1. 여호와를 경외함으로 즐거움을 삼는 신앙

"그가 여호와를 경외함으로 즐거움을 삼을 것이며 그의 눈에 보이는 대로 심판하지 아니하며 그의 귀에 들리는 대로 판단하지 아니하며" (이사야 11:3)

감사와 찬양 |

자비로우신 하나님,

저희가 드리는 부족한 예배도 거절치 않으시고 받아주심을 감사드립니다. 저희들이 여호와를 경외함으로 즐거워 하게 하옵소서. 그리하여 천국의 기쁨을 누리며 하나님으로 인하여 항상 기뻐하는 저희가 되게 하소서.

고백과 회개 |

사랑의 하나님, 저희들의 삶이 세상 것들에 더 많이 치우쳐 있었음을 고백합니다. 저희들의 생활과 마음이 주님 앞에 정결하게 하시고, 육신의 것을 도모하기 보다 하나님의 마음을 닮아가는 것에 더욱 힘쓰고 애쓰는 자들이 되게 하옵소서.

하나님의 공의로 저희를 이끄시고 인도하시며 어느 때에든지 주님과 동행하게 하소서.

중보와 간구 |

인자하심이 끝이 없으신 하나님 앞에 나아와 예배합니다. 저희들의 찬양과 예배를 받으시고, 흠향하옵소서. 저희들의 삶에 주님으로부터 오는 새로움이 있게 하시고 거룩한 주의 자녀로 살아가게 하옵소서. 이 자리가 하나님을 만나는 자리가 되게 하시고 하나님과의 만남을 통하여 마음이 변화되고 삶이 변화되는 시간이 되게 하옵소서.

예수님의 이름으로 |

은혜로우신 하나님, 강단에서 말씀을 전하시는 목사님의 건강을 보호하여 주시고 목사님께서 전해주는 말씀에 순종하게 하시며 새롭게 하옵소서. 그 말씀을 즐거움으로 삼아 더욱 여호와를 경외하는 시간이 되게 하옵소서. 또한 주님의 말씀을 통해 새생명을 얻음으로 기쁨과 감사 속에서 살아가는 저희가 되게 하옵소서.

긍휼과 은혜를 더하사 저희 교회의 섬기는 가족들에게 함께 하시고, 섬기는 모든 가정을 기억하여 주옵소서. 서로가 주님의 사랑으로 사랑하며 섬기는 교회가 되길 원합니다. 예수님의 이름으로 기도드립니다. 아멘.

2. 여러 가지 시험을 이겨내게 함

"네가 나의 인내의 말씀을 지켰은즉 내가 또한 너를 지키어 시험의 때를 면하게 하리니 이는 장차 온 세상에 임하여 땅에 거하는 자들을 시험할 때라" (요한계시록 3:10)

감사와 찬양 |

인내의 말씀으로 시험을 이기게 하시는 하나님,

이 땅에 사는 우리가 여러 가지 시험을 만나지만 지켜주시고 보호하여 주시는 하나님으로 말미암아 인내하며 살아가게 하심에 진정으로 감사드립니다. 저희가 하나님의 은혜를 기억함으로 더욱 감사의 생활이 차고 넘치도록 이끌어 주옵소서.

고백과 회개 |

은혜로우신 하나님, 한 주간 우리의 삶을 돌아봅니다. 주님께서 주신 은혜와 사랑 가운데 늘 감사하는 삶을 살기에도 부족합니다. 그러나 저희는 감사보다는 불평과 원망이 가득한 삶을 살았습니다.

하나님께 드리기에 온전하지 못한 삶의 모습들을 회개하오니 용서하여 주옵소서. 늘 저희의 부족함으로 실족하는 실수를 용서하시고 받아주옵소서.

중보와 간구 |

하나님, 주님을 예배하는 이 시간에 함께하여 주시고 주께서 주시는 인내의 말씀을 받는 시간이 되게 하여 주옵소서. 예배 시간동안 저희의 마음이 활짝 열려지게 하옵소서.

강단에 세우신 목사님께 성령의 능력을 더하여 주시고 주시는 생명의 말씀을 받아 저희의 심령이 배부르게 하옵소서.

예수님의 이름으로 |

온 세상에 임하시는 주님, 이 땅에 세워진 모든 교회와 섬기는 자녀들을 축복하여 주옵소서. 섬기는 교회 위에 말씀의 빛으로 임하여 주시고, 섬기는 주의 백성들이 인내의 때를 누리게 하옵소서. 또한 이 교회의 성도들이 시험을 참을 수 있는 오래참음의 열매를 맺게 하옵소서.

저희들이 예수님의 인내를 닮아 하나님의 영광을 나타내는 소망을 갖게 하옵소서. 예수님의 이름으로 기도드립니다. 아멘.

3. 저희의 등불이 되어 주옵소서

"주의 말씀은 내 발의 등이요 내 길의 빛이니이다"(시편 119:105)

감사와 찬양 |

저희의 소망이시며 등불이 되어주시는 하나님,

온 천하가 주님의 말씀 아래 있음을 고백하며 감사드립니다. 또한 이 땅 위에 세워진 교회가 주님의 말씀으로 세상의 나아갈 바를 비추는 등불이 되게 하심도 감사드립니다. 저희 모두가 주님의 말씀으로 세상의 빛과 소금 역할을 온전히 감당하게 하옵소서.

고백과 회개 |

거룩하신 하나님, 주님의 말씀이 저희의 등불이 되어주시고, 빛이 되어 주심에도 저희는 그것을 깨닫지 못할 때가 많이 있습니다. 그리하여 저희의 생각과 계획을 앞세웠음을 회개하오니, 용서하시옵소서. 저희가 인간적인 생각과 경험과 지식에 의지하지 않게 하시고 하나님의 말씀에 순종함으로 나아가게 하옵소서.

중보와 간구 |

찬양받기에 합당하신 주님 앞에 예배드리기 원합니다. 말씀은 저희 모든 것의 빛이요 등불이오며, 이 시간 저희를 예배로 인도하는 길입니다. 예배시간을 통하여 저희에게 주시는 말씀을 온전히 깨닫는 지혜를 허락하시고 저희의 예배가 하나님께서 흠향하는 예배가 되게 하옵소서.

말씀의 등불이신 주님, 주님의 말씀은 세상과 구별된 빛이오며, 저희 또한 그 말씀의 빛 안에서 걷길 원합니다. 세상 모든 이들이, 말씀의 등불로 인도되어지게 하옵소서.

말씀을 전하시는 목사님께 크신 은총이 임하게 하시어 말씀을 듣는 하나님의 자녀들이 말씀을 소중히 여기게 하옵소서. 각 교회의 선교 사역에도 함께하시고 영광스러운 빛의 열매가 맺어지도록 축복하여 주옵소서.

예수님의 이름으로 |

빛 되신 주님, 이 시간 병석에 누워있는 하나님의 교우들을 기억하여 주시고, 교우들이 말씀의 빛을 잃지 않도록 성령께서 도와주옵소서. 각 교회의 제직들을 축복하시고, 모든 부서들이 말씀의 등불로 어둠을 몰아내고 승리케 하옵소서. 예수님의 이름으로 기도드립니다. 아멘.

4. 중보자되신 예수님

"하나님은 한 분이시오 또 하나님과 사람사이에 중보자도 한 분이시니 곧 사람이신 그리스도 예수라"(디모데전서 2:5)

감사와 찬양 |
영광과 찬송을 받으시기에 합당하신 하나님,
저희를 향한 한결같은 사랑에 진실로 감사드립니다. 저희가 주님의 사랑 앞에 더욱 겸손하게 하시고 주님께 받은 사랑을 나누어줄 수 있도록 저희의 마음을 이끌어 주옵소서.

고백과 회개 |
자비하신 하나님, 죄로 인해 죽을 수 밖에 없던 저희를 위해 이 땅에 그리스도를 보내시고 저희의 죄를 사하여 주셨음을 기억합니다. 그러나 저희는 예수님께서 주신 값진 은총 속에서도 부질없는 분쟁과 시기와 탐심으로 진실하지 못했음을 회개합니다.
주님의 사랑을 기억하기 보다 나 밖에 모르는 이기적인 마음을 용서하여 주옵소서. 저희를 의로우신 예수님의 진리로 이끌어 주옵소서.

중보와 간구 |

지금도 저희를 위해 일하시는 중보자 그리스도를 예배합니다. 주님의 구원의 은총을 예배하오니 받아주옵소서. 이 예배의 주인은 주님 한 분이시오니 주님만 영광받아 주시고 우리의 온 마음이 주님을 향하오니 우리를 만나주시고 함께하여 주소서.

사랑이 많으신 하나님, 중보자 예수님을 통하여 저희의 필요를 채워주시니 감사드립니다. 저희가 주님의 마음을 닮아가게 하시고 주의 사랑으로 인하여 저희의 모난 모습이 다듬어지고 깎이게 하옵소서. 또한 한 분 하나님 아래 중보자도 한 분이시오니, 저희가 기도할 때에 성령 하나님께서 찾아와 주시어 저희의 믿음을 따라 일하심을 알도록 하옵시고, 열매 맺게 하옵소서.
목사님께서 말씀을 전하시는 시간 가운데 함께하시고, 듣는 모두가 한 마음이 되어 함께 하나님의 나라를 이루어 가게 하옵소서.

예수님의 이름으로 |

교회를 위해 헌신하는 모든 일꾼들이 주님의 은혜 가운데 행하게 하옵소서. 또한 저들이 성도로서 더욱 온전해져가는 기쁨을 맛보게 하옵소서. 함께 영생의 기업을 이어갈 수 있는 중보의 능력도 허락하시옵소서. 선교사역을 감당하는 모든 교회 위에 함께 하옵시고, 충성스런 열매가 맺어져 하나님을 기쁘시게 하도록 하옵소서.
예배의 시작부터 마침까지 주님께 의탁하오며 예수님의 이름으로 기도드립니다. 아멘.

1. 오직 그리스도로 살게하소서

"나의 간절한 기대와 소망을 따라 아무 일에든지 부끄러워하지 아니하고 지금도 전과 같이 온전히 담대하여 살든지 죽든지 내 몸에서 그리스도가 존귀하게 되게 하려 하나니"(빌립보서 1:20)

감사와 찬양 |

큰 소망의 하나님,

우리의 기도를 들으시며 가장 선한 것으로 응답하여 주시는 주님을 찬양합니다. 예수님을 주로 고백하게 하신 하나님을 송축하며 성령님께서 언제나 저희를 인도하셨음에 감사를 드립니다.

고백과 회개 |

자비로우신 하나님, 이 시간 죄로 얼룩진 저희의 마음을 살펴주옵소서. 세상 속에 살면서 세상에 속한 사람처럼 지냈던 저희입니다. 저희의 안일함과 나태함, 교만함을 성령의 불로 태워주소서.

저희의 죄를 깨끗이 씻어주실 것을 믿습니다. 저희가 다시 주님 앞에 회복됨으로 주님 앞에 온전해지게 하여 주옵소서.

중보와 간구 |

이 시간 간절한 기대와 소망으로 하나님을 예배합니다.

아무 일에도 부끄러워하지 아니하고 예수님을 예배하게 하시고, 저희의 예배 가운데 그리스도가 존귀케 되게 하여 주옵소서. 주님의 이름만 높여 드립니다. 홀로 영광받아 주옵소서.

우리의 간절한 기대와 소망을 이루시는 하나님, 아무 일에든지 주님을 위하여 행하게 하시고 주님의 존귀하심이 나타나게 하옵소서. 또한 저희의 모든 생활에 그리스도의 향기가 나타날 수 있도록 인도하여 주옵소서.

예수님의 이름으로 |

복음의 열매를 귀히 보시는 하나님, 이 시간 목사님의 말씀으로 주님이 주시는 열정과 힘을 얻게 하시고 선포되는 말씀을 들을 때 주님이 주시는 담대함을 얻게 하옵소서.

각 부서가 준비하는 모든 사역이 주님이 보시기에 기뻐하시는 것들이 되게 하시고 그로 인하여 풍성한 열매를 맺게 하소서.

이 시대에 침체된 교회들이 있습니다. 그 교회들이 그리스도로 회복되게 하시고 소망이 없는 삶 가운데 소망되신 주님을 전하는 주님의 도구로 귀하게 사용하여 주옵소서. 예수님의 이름으로 기도드립니다. 아멘.

2. 새 사람이 됨

"하나님을 따라 의와 진리의 거룩함으로 지으심을 받은 새 사람을 입으라" (에베소서 4:24)

감사와 찬양 |

겸손한 자를 소성케하시고 통회하는 자의 기도를 들으시는 하나님, 하나님의 의와 진리의 거룩함을 힘입어 새로운 사람으로 거듭나게 하심을 감사드립니다. 저희가 주님의 대속의 은혜를 기억하게 하시고 주를 바라볼 때에 주님이 주시는 은혜와 평강이 넘치게 하여 주옵소서.

고백과 회개 |

의로우신 하나님, 저희가 높이 계신 하나님의 뜻을 알고, 의와 진리의 거룩함으로 새 사람의 몸을 입었음에도 옛 습성을 버리지 못했습니다. 그리하여 경건함과 거룩함을 상실할 때가 얼마나 많은지 모릅니다. 저희의 죄를 회개하오니 용서하여 주옵소서. 저희가 새 사람다운 삶을 살 수 있도록 도와주시옵소서.

주님오실 때가 가까워질수록 변화하는 삶을 살 수 있도록 도와주시옵소서. 단지 주일에 교회를 다니는 것뿐만 아니라 영적으로 변화가 있어 신앙적으로 성숙한 삶을 살 수 있게 해주옵소서.

중보와 간구 |
하늘의 문을 여시는 아버지, 의와 진리의 거룩함으로 아버지를 예배합니다. 저희의 마음을 크게 열고 주님을 예배하오니 믿음으로 드리는 저희의 예배를 받아주옵소서. 이 자리에 모인 주의 자녀들이 신령과 진정으로 예배하게 하소서.

예수님의 이름으로 |
목사님을 통하여 하나님의 말씀을 듣는 이 시간, 말씀으로 새 사람이 되게 하시며, 하늘 문이 열려지는 귀한 시간이 되게 하옵소서.
각 교회의 세계 선교사역과 언어사역에도 함께하여 주옵시고, 아름답고 충성스런 풍성한 열매가 맺어지게 하옵소서.

각 부서의 드려지는 헌물이 백배의 결실을 맺어 의로우신 하나님께 기쁘게 드려지는 헌물이 되게 하옵시고, 충성스럽게 헌신하는 각 부서의 제직들을 축복하여 주옵소서. 예수님의 이름으로 기도드립니다. 아멘.

3. 그리스도를 얻게 함

"대저 나를 얻는 자는 생명을 얻고 여호와께 은총을 얻을 것임이니라"(잠언 8:35)

감사와 찬양 |

만유의 주 하나님,

저희가 예수님을 믿어 생명을 얻고, 은총을 얻도록 축복하여 주심에 감사드립니다. 또한 저희를 자녀 삼아 주시고 주님의 보호하심 가운데 살게 하심에 저희가 감사하지 않을 수 없습니다.

저희가 미처 알지 못했을 때에도 저희를 사랑하심으로 함께 하여 주시고 사랑으로 품어주시니 감사합니다.

고백과 회개 |

생명이신 하나님, 저희는 그리스도로 인하여 생명을 얻었음에도 미련하고 우둔하여서 그 은혜를 잊어버릴 때가 너무나 많습니다. 또한 주님의 은혜에 감사하지 못하고 나의 의만 드러낸 채 나의 수고만 생각하는 어리석은 죄를 범하기도 했습니다.

이러한 저희의 어리석음을 예수 그리스도의 보혈로 깨끗게 하여 주옵소서. 보혈로 말미암아 주님 앞에 정결한 모습으로 나아가도록 인도하여 주소서.

중보와 간구 |

하나님을 예배하는 이 시간 이곳에 임하시는 성령님의 충만하심을 마음에 받게 하소서. 또한 저희가 사람의 생각은 내려놓고 주님 앞에 엎드림으로 겸손하게 하옵소서. 이 시간 하나님께서 저희의 예배 가운데 운행하여 주시고 예배를 기뻐받아 주옵소서.

말씀을 전하시는 목사님께 영육간의 강건함을 허락하여주셔서 독수리가 날개치는 것과 같은 새힘을 더하여 주소서.
또한 목사님을 통하여 하나님의 말씀이 선포될 때에 모든 성도가 아멘으로 화답하게 하소서. 말씀의 능력으로 영혼의 치료가 이루어져 생명을 얻는 시간이 되게 하옵소서.

예수님의 이름으로 |

생명이신 하나님, 저희에게 여호와의 은총을 주시고 이 나라와 이 민족에게도 사랑을 허락하셨습니다. 저희에게 세계선교에도 희망을 갖게 하시어 열방 가운데 영광돌리게 하옵소서.
교회를 섬기는 모든 성도들에게 여호와의 은총이 임하여 뜨거운 열정과 섬김의 도를 다하는 삶이 되도록 축복해주시길 바라며 예수님의 이름으로 기도드립니다. 아멘.

4. 행동을 낳게 됨

"네가 보거니와 믿음이 그의 행함과 함께 일하고 행함으로 믿음이 온전하게 되었느니라"(야고보서 2:22)

감사와 찬양 |

믿음을 주시는 하나님,

이 세상 만물이 다 하나님의 통치 안에 있으며, 또한 저희에게 풍성한 생명을 주셨음에 감사드립니다. 하나님으로 인하여 늘 감사하는 생활이 끊이지 않게 하여 주옵소서.

고백과 회개 |

행동하게 하시는 하나님, 하나님을 향한 저희의 믿음이 하나님 앞에서 행동하는 데에 부족함이 있었음을 회개하오니 용서하여 주옵시고, 저희가 더욱 깨어 기도하므로 믿음과 행함이 하나로 이루어질 수 있도록 용기와 축복을 더하여 주옵소서.

중보와 간구 |

함께 일하여 주시는 하나님, 하나님을 예배합니다. 이 예배가 믿음과 행함의 열매가 되게 하시고, 이 시간 저희의 예배가운데 믿음을 통해 함께하여 주시고, 이 예배가 하나님을 찬양하고 영화롭게 하는 시간으로 드려지게 하옵소서.

믿음을 온전케 하시는 하나님, 하나님의 백성들이 앞에 나와 믿음을 드리오니 받으시옵고, 하나님이 보시기에 흡족한 행함이 이루어지도록 지혜와 명철을 주옵소서.
말씀을 전하시는 목사님이 믿음과 행함으로 말씀과 함께 일하게 하시옵고, 교회를 섬기는 모든 성도들에게도 강건한 믿음의 생활이 이루어지게 하옵소서. 각 부서와 제직들도 믿음과 행함으로 다시 서게 하옵소서.

예수님의 이름으로 |

교회의 모든 선교 계획들이 하나님의 축복 안에서 열매 맺고, 선교사로 파송되어 현지에 나가있는 사역자들이 믿음과 행함으로 든든한 결실을 맺고 기쁨으로 돌아오게 하옵소서.
하나님을 섬기는 모든 교회들이 믿음과 행함으로 온전하게 되게 하옵소서. 예수님의 이름으로 기도드립니다. 아멘.

5. 구하는 것을 이루게 하여 주옵소서

"너희가 내 안에 거하고 내 말이 너희 안에 거하면 무엇이든지 원하는 대로 구하라 그리하면 이루리라"(요한복음 15:7)

감사와 찬양 |

원하는 것을 이루어 주시는 하나님,

저희에게 늘 충만함으로 채워주시고 영육간에 늘 강건케 하여 주심에 감사를 드립니다.

고백과 회개 |

인자하신 하나님, 언제나 풍성하게 베푸시는 주님의 은혜를 깨닫지 못하여 감사하지 못하고 불평한 저희를 돌아봅니다.

주신 것에 만족하지 못했음을 회개하오니 용서하여 주소서. 저희가 더욱 하나님의 말씀 안에 거하게 하시고 주님께서 주신 복을 세어 보며 자족할 수 있는 믿음을 허락하여 주소서.

중보와 간구 |

이시간 우리마음과 정성으로 하나님께 예배드릴수 있는 은혜주심에 감사합니다. 전심으로 주를 예배하기 원하오니 저희의 예배를 받아주옵소서. 저희의 악함을 버리고 하나님의 말씀과 예배 안에 충만히 거하여 축복을 누리는 시간이 되도록 이끌어 주옵소서.

간절히 구하옵기는, 하나님을 섬기는 주의 자녀들에게 산적한 많은 문제들이 있습니다. 삶의 문제, 가정의 문제, 직장의 문제, 학업의 문제 등 사람의 힘으론 감당할 수 없는 일이지만 주님 앞에 내려놓으니 응답하여 주옵시고, 주님께서 합력하여 선을 이루어 주옵소서. 이를 통해 내 뜻이 아닌 하나님의 뜻에 우리의 마음을 두게 하시고 주님 앞에 겸손히 순종하는 믿음을 허락하여 주소서.

예수님의 이름으로 |

특별히 이 시간 말씀을 전하시는 목사님께 말씀의 능력을 주시어 저희가 말씀을 들음으로 욕심을 버리고 평화를 이루어 주님의 말씀 안에 거하게 하옵소서.

또한 이 교회에 기쁨으로 섬기는 제직들을 세워주시니 감사합니다. 모든 성도가 거룩한 몸의 한 지체로서 교회의 일꾼이 되어 서로 섬기는 은혜를 허락하여 주소서. 예수님의 이름으로 기도드립니다. 아멘.

6월 1주

1. 열매를 맺음

"그러므로 내가 너희에게 말하노니 무엇이든지 기도하고 구하는 것은 받은 줄로 믿으라 그리하면 너희에게 그대로 되리라"(마가복음 11:24)

감사와 찬양 |

구하는 것을 주시는 하나님,

저희가 하나님께 구하는 것을 믿음의 열매로 허락하시며 주님이 보시기에 가장 선한 것으로 응답하시니 감사합니다.

저희는 믿음이 연약하여 넘어질 때도 있지만 그럼에도 하나님을 더욱 신뢰하며 담대히 살아갈 수 있도록 믿음의 풍성한 열매를 맺게 하옵소서.

고백과 회개 |

사랑이 풍성하신 하나님, 저희의 믿음 대로 열매를 맺으시며 저희가 구할 때에 풍성히 채워주심에도 저희는 미련하여 하나님의 뜻을 먼저 세우지 못했습니다. 저희의 고집과 생각에 휩싸여 불평하기도 하고 원망하기도 했습니다.

저희의 죄를 회개하오니 용서하여 주옵소서.

중보와 간구 |

찬양받기에 합당하신 주님, 우리의 죄를 용서하시고 다시는 기억지 않으시는 주님의 은혜에 감사하며 주님을 예배하기 원합니다. 오직 주님 한분만 영광받아 주옵소서. 하나님을 예배하는 저희를 축복하여 주옵시고, 저희의 예배가 주님의 은혜 가운데 풍성한 예배가 되게 하옵소서. 예배를 위해 헌신하는 모든 손길을 기억하시고 그들의 수고가 오직 주님의 영광을 위한 것이 되게 하옵소서.

예수님의 이름으로 |

부족한 저희를 부르시어 믿음에 부요하게 하셨음에 감사합니다.
이 시간, 하나님의 말씀을 전하시는 목사님께 성령의 능력을 더하여 주시고 말씀의 강한 능력을 칠 배나 더하여 주옵소서.
말씀을 전하시는 목사님께 영육간의 강건함을 허락하시고 하나님의 말씀을 대언하실 때, 저희들은 아멘으로 화답하게 하소서.
교회 공동체가 예수 그리스도를 머리로 하는 믿음의 공동체가 되게 하시고 서로가 주님의 사랑으로 사랑하며 권면하고 섬기게 하소서. 또한 각 가정이 말씀으로 하나되는 가정이 되게 하옵소서.
감사드리오며 예수님의 이름으로 기도드립니다. 아멘.

2. 마음의 쉼을 얻게 하소서

"나는 마음이 온유하고 겸손하니 나의 멍에를 메고 내게 배우라 그리하면 너희 마음이 쉼을 얻으리니"(마태복음 11:29)

감사와 찬양 |

늘 불꽃같은 눈동자로 보호하해 주시는 하나님,

한주간 주님의 온유하신 사랑 가운데 저희를 살게 하심에 감사드립니다. 베풀어 주신 은혜에 감사하며 저희가 이 자리에 모였사오니 이 예배를 통하여 주님의 이름이 높여지게 하시고 영광받아 주옵소서. 저희가 주님의 이름으로 모였사오니 하나님께 합당한 예배를 드리게 하소서.

고백과 회개 |

온유하고 겸손하신 하나님, 언제나 저희를 살피시고 보호하시는 주님 앞에 저희는 너무나 악한 모습으로 살아갔습니다.

저희의 교만함으로 주님의 온유함과 겸손함을 가리웠던 것을 회개하오니 용서하여 주옵소서. 더불어 이 땅에 주님의 가르침을 전하는 모든 자들이 온유함과 겸손함으로 가르치게 하소서.

중보와 간구 |

우리의 찬양의 이유가 되시는 주님, 성령님께서 좌정하셔서 저희의 마음을 붙들어주시고 하나님이 기뻐하시는 예배를 드리게 하옵소서. 또한 이 예배가 주님과 교통하는 시간이 되게 하소서.

이른 시간부터 봉사하는 귀한 지체들이 있습니다. 오직 주님의 은혜 가운데 늘 충만한 기쁨으로 채워주시고 마음의 쉼을 얻기 하옵소서.

예수님의 이름으로 |

온유함과 겸손함으로 저희 마음의 쉼을 얻게 하시는 주님, 저희가 유일하신 참 하나님과 그의 보내신 자 예수님을 닮아감으로 이 땅에 주님의 뜻이 이루어지게 하옵소서.

저희의 마음이 온유하신 주님을 닮아가게 하시고, 게으르지 않고 주님의 멍에를 메고 힘써 나아가게 하옵소서.

목사님을 통하여 하나님의 말씀이 선포될 때, 저희가 마음의 문을 열고 듣게 하시고 저희의 마음에 말씀이 심겨지게 하시고 열매맺게 하옵소서.

저희에게 소망을 주시는 주님, 주님께서 주의 자녀에게 맡기신 복음 전파의 사명을 저희가 온전히 감당하기 원합니다. 주님의 복음을 온전히 알고 깨달아 믿지 않는 자녀들에게 전할 수 있는 은혜를 허락하옵소서. 예수님의 이름으로 기도드립니다. 아멘.

3. 참고 기다리게 하소서

"여호와 앞에 잠잠하고 참고 기다리라 자기 길이 형통하며 악한 꾀를 이루는 자 때문에 불평하지 말지어다"(시편 37:7)

감사와 찬양 |

은혜가 풍성하신 하나님,

저희를 사랑하여 주시고 거룩한 주의 백성으로 삼아주시니 감사드립니다. 주님의 이름을 높여 드리오니 이 시간이 오직 주님 기뻐하시는 예배가 되게 하옵소서. 또한 늘 저희 입술에 주님을 향한 감사와 경배가 떠나지 않게 하옵소서.

고백과 회개 |

참고 기다리시는 하나님, 저희는 기도할 때 빨리 응답해 주시지 않는다고 불평했습니다. 저희의 마음과 계획을 더욱 중요시 여겼음을 회개하오니 용서하여 주옵소서. 참고 기다려 형통함의 결실을 맺는 저희가 되게 하소서. 우리의 뜻과 계획에 하나님을 맞추려고 하는 것이 아니라 하나님의 뜻과 계획에 저희의 마음과 생각을 온전히 내어드리게 하옵소서. 그리하여 하나님의 선하신 인도하심 가운데 평안을 누리게 하옵소서.

중보와 간구 |

우리의 모든 것 되시는 주님을 예배합니다. 찬양합니다. 언제나 저희를 지켜주시고 날마다 좋은 것들로 저희를 채우심에 감사드립니다. 저희의 삶의 주인이 되시는 주님께 저희의 모든 것을 드리길 원하오니 기뻐받아 주옵소서.

여호와 하나님 앞에 잠잠히 참고 기다림으로 불평이 사라지게 하시고, 악한 꾀를 이루어 형통하는 자들을 부러워하지 않게 하옵소서. 오직 주님만이 저희의 모든 생활에 진리가 되시며 인도자가 되어 주옵소서. 이 시간 말씀을 전하시는 목사님께 성령의 능력이 더해지기 원합니다. 주님의 말씀을 듣는 저희들은 귀를 열어 듣게 하사 삶을 통하여 주님을 예배하도록 하옵소서. 주를 위하여 살겠다는 다짐을 허락하옵소서.

예수님의 이름으로 |

오늘이 지나면 다시 한주간의 삶이 시작됩니다. 세상 속에서 살아갈 때에 하늘에 속한 자로서 보냄을 받은 일꾼으로 순종하는 저희가 되게 하옵소서. 예수님의 이름으로 기도드립니다. 아멘.

4. 불평함을 버리게 하소서

"분을 그치고 노를 버리며 불평하지 말라 오히려 악을 만들 뿐이라"(시편 37:8)

감사와 찬양 |

늘 우리를 좋은 것으로 채워 주시는 하나님,
저희가 늘 주신 것에 감사하며 또한 잘 관리하여 복이 되는 생활이
되도록 하옵소서. 주께서 주신 온유함으로 범사에 감사를 잊지 말
게 하시고, 늘 감사하는 생활로 복이 되게 하옵소서. 범사에 감사가
끊이지 않게 하시며 불평을 멀리하고 평화로 감사를 이루도록 하
옵소서.

고백과 회개 |

온유함으로 불평 버리게 하시는 주님, 분을 그치고 노를 버려 생활
에서 불평이 사라지길 원하시는 주님께 저희의 깨달음이 부족하여
범죄 하였음을 회개합니다. 불평함을 만들어 악을 행치 않게 하옵
소서. 분을 그치고 노를 버리는 생활습관을 가지게 하소서.

또한 늘 하나님의 말씀을 가까이 하여 불평함의 악을 버리도록 하옵소서.

중보와 간구 |

이 예배 시간 하나님 앞에서 모든 불평과 분노를 내려놓게 하여주옵소서. 저희의 부족함으로 인한 불평도 사라지게 하옵소서.
어린아이처럼 아버지께 나와 엎드려 예배하는 시간으로 축복하시고, 하나님의 품성에 맞는 기쁨의 예배가 이루어지게 하옵소서.

예수님의 이름으로 |

온 땅에 평화를 원하시는 주님, 저희가 생활의 부족함으로 불평함과 분노의 시간을 허락하지 말게 하옵소서. 항상 주님의 뜻을 먼저 생각하여 분노를 버리게 하시고, 온유함으로 불평을 다스리게 하옵소서.

말씀을 전하시는 목사님께 한량없는 은혜와 축복을 내리어 교회가 창대케 하시고, 묵은 땅을 기경하는 토대가 되도록 하옵소서.
세워진 주님의 개척교회들을 위하여 기도합니다. 열악한 환경 속에서 복음의 열정 하나만을 가지고 나아가게하시고 범사에 지치지 않도록 축복하옵소서. 또한 전도의 열매가 충만하게 이루어지게 하옵소서. 예수님의 이름으로 기도드립니다. 아멘.

1. 하나님의 뜻을 이룸

"이르시되 아버지여 만일 아버지의 뜻이거든 이 잔을 내게서 옮기시옵소서 그러나 내 원대로 마시옵고 아버지의 원대로 되기를 원 하나이다"(누가복음 22:42)

감사와 찬양 |

사랑이 많으신 살아계신 주 하나님,

태초부터 저희를 택하시고 예정하신 뜻대로 저희를 구속하시며 성령으로 인치심에 감사드립니다.

우리를 사랑하시는 주님 앞에 겸손히 나아가오니 이 시간 저희의 예배를 받으시옵소서. 또한 이 땅에 하나님의 말씀이 이루어지게 하옵시고, 저희가 그리스도의 뜻 안에서 늘 감사하게 하옵소서.

고백과 회개 |

참 좋으신 하나님, 저희가 입술로는 하나님의 뜻을 구한다고 하면서도 아버지의 뜻을 구하기 보다 저희의 계획을 앞세웠습니다. 욕심과 고집으로 저희의 기준을 세우기에 바빴습니다.

주님 용서하여 주옵소서. 저희가 온전히 하나님의 뜻을 먼저 이루어 가게 하시고 저희가 원하는 대로가 아니라 하나님의 뜻대로 이루어 주옵소서.

중보와 간구 |

왕 되신 주님을 찬양하기 원합니다. 모든 성도들이 성령님의 임재를 사모하며 예배하게 하시고 여러 자리에서 묵묵히 예배를 섬기는 자들에게 은혜를 내려 주옵소서. 예배를 통하여 이 자리에 모인 저희 모두가 주님의 뜻을 구하고 깨닫는 시간이 되게 하시고 주님의 뜻에 순종할 수 있는 저희가 되게 하옵소서.

이 시간 목사님께서 말씀을 선포하실 때 권능이 있는 강단이 되게 하옵소서. 주님의 교회가 하나님의 말씀과 함께 하게 하소서. 말씀을 듣기 위해 모인 모든 성도들에게 은혜를 베푸셔서 말씀을 깨닫는 지혜를 허락하시고 각자 살아가는 삶에서도 말씀을 되새기며 말씀의 능력으로 모든 것을 넉넉히 이기는 힘을 주옵소서.

예수님의 이름으로 |

이 나라와 이 민족을 축복하시는 주님, 대한민국을 사랑하시고 지금까지 보호하시며 이끌어주심에 감사드립니다. 이 나라가 세상을 향한 평화의 도구가 되게 하여 주옵소서. 예수님의 이름으로 기도드립니다. 아멘.

2. 그리스도의 사람이 됨

"그리스도 예수의 사람들은 육체와 함께 그 정욕과 탐심을 십자가에 못 박았느니라"(갈라디아 5:24)

감사와 찬양 |

영광과 존귀의 하나님,

구원의 은혜에 기뻐하며 또한 감사하며 주님께 예배드리기 원하오니 홀로 영광받아 주옵소서. 날이 갈수록 주님을 닮아감으로 그리스도의 사람이 되게 하시고 그리스도의 향기를 뿜어내는 저희가 되게 하옵소서.

고백과 회개 |

은혜가 풍성하신 하나님, 두렵고 떨리는 마음으로 저희의 죄를 주님 앞에 내려놓습니다. 저희에게 하나님의 자녀가 되는 은혜를 허락하셨음에도 저희는 만족하지 못하고 탐심을 자제하지 못했습니다. 또한 주님을 떠난 말과 행동으로 살아왔습니다. 저희의 죄를 회개하오니 용서하여 주옵소서.

중보와 간구 |

이 시간을 통하여 저희의 정욕과 탐심을 십자가에 못 박게 하시고 오직 주님만 경배하게 하옵소서. 예배의 모든 순서 가운데 주님의 은혜가 있게 하시고 모든 성도들이 감사로 하나님을 영화롭게 하옵소서. 성령님의 임재가 충만한 예배로 이 교회가 기쁨이 넘치기를 간절히 바랍니다.

예수님의 이름으로 |

목자되시는 주님, 독생자 그리스도로 인하여 저희의 모든 탐심과 욕심을 버리게 하시고 교만을 낮추게 하옵소서. 저희를 그리스도의 사람으로 만들어 가시는 하나님의 뜻을 따라 아버지를 향한 순종의 모습이 있게 하옵소서.

열심을 품고 말씀을 전하시는 목사님께도 이 시간 말씀의 은총을 내리시고, 목사님의 모든 사역이 주님의 뜻 가운데 복을 누리게 하옵소서. 교회의 모든 제직들이 주님이 주신 사명감을 가지고 선교에 앞장서게 하시고, 그 열정이 세계선교의 가교가 되게 하옵소서. 또한 각 부서에서 섬기는 성도들이 교회사랑에 솔선수범이 되게 하시고, 더불어 교회에 기도의 등불이 식어지지 않게 하옵소서. 예수님의 이름으로 기도드립니다. 아멘.

3. 헛된 영광을 구하지 않음

"헛된 영광을 구하여 서로 노엽게 하거나 서로 투기하지 말지니라" (갈라디아서 5:26)

감사와 찬양 |
인자하신 하나님,
주님을 믿고 구원받은 자녀에게 성령으로 인을 쳐 주시고 하나님의 영원한 생명을 주시니 감사드립니다. 이 시간에 불의한 길에서 돌이켜 하나님께로 나아와 찬송을 올려드리오니 저희의 찬양을 받아주옵소서.

고백과 회개 |
저희가 범사에 분별력이 부족하여 하나님의 은혜를 구하기보다 세상의 썩어질 헛된 영광을 추구하였습니다. 또한 서로 노엽게 하고 다툼과 시기를 허용하였음을 고백하고 회개하오니 용서하여 주옵소서. 저희가 감사함으로 예배드리게 하시고 저희의 마음과 생활이 절제되어 하나님의 영원한 것들을 좇게 하여 주소서.

중보와 간구 |

예배를 주관하시는 주님, 저희가 드리는 예배가운데 거룩한 성령으로 함께하여 주옵소서. 예배를 통하여 진리를 깨닫게 하시고 진리로 인도하여 주옵소서. 시기와 다툼과 노여움이 사라지게 하시고 주님의 은혜가 충만한 예배에서 이곳에 모인 모두가 한 마음, 한 뜻으로 주님께 영광 드리게 하시옵소서.

이 시간 말씀을 전하시는 목사님께 진리의 열매가 맺어지게 하시고, 듣는 저희는 순종함으로 말씀을 받게 하옵소서. 생명의 말씀으로 우리의 영혼이 살아나고 진리를 올바로 분별할 수 있는 지혜를 허락하옵소서.

예수님의 이름으로 |

세상의 썩어질 헛된 영광을 버리고 하나님의 은혜의 영광을 구하게 하옵소서. 주께서 주신 영원한 생명의 영광을 소유하였음에도 그것을 소중히 여기지 못했사오니, 부족한 저희에게 긍휼을 베풀어 주옵소서.

세워진 주님의 교회가 세상의 빛이 되게 하시고, 어두움에 있는 자들에게 등불이 되게 하여 주옵소서.

저희가 새 마음과 새 생각으로 하나님을 온전히 섬기기 원하오니 주님께서 축복해 주신 교회 공동체를 주님의 사랑으로 더욱 사랑하게 하시고 공동체에게 주신 사명을 잘 감당하게 하옵소서. 예수님의 이름으로 기도드립니다. 아멘.

4. 경건의 열매를 맺게 함

"늙은 남자로는 절제하며 경건하며 신중하며 믿음과 사랑과 인내함에 온전하게 하고"(디도서 2:2)

감사와 찬양 |

우리의 찬송이 되시는 여호와 하나님,

저희를 향한 놀라운 사랑으로 인하여 죄를 용서받고 주를 예배하게 하심에 감사드립니다. 주님의 은혜에 감사하며 매 순간 감사가 끊이지 않는 저희의 인생되게 하옵소서. 또한 저희는 주의 것이오니 주님을 위해 쓰임받게 하옵소서.

고백과 회개 |

능력의 하나님, 저희가 하나님의 은혜 안에서 많은 축복을 누리며 살아가면서도 은혜를 잊어버리며 살아왔습니다. 또한 경건하지 못하고 신중하지 못하며 믿음과 사랑과 인내를 경홀히 여겼음을 고백하오니 용서하여 주시고 저희의 연약함을 다스려 주옵소서.

자비하신 은혜로 저희 가운데 더러운 죄악을 깨끗히 씻어주시고 주님으로 인하여 온전하게 하옵소서.

중보와 간구 |

주님의 높고 위대하심을 찬양하오며 그 인자하신 손길로 저희를 만족하게 하신 하나님의 은혜에 감사합니다. 저희를 온전하게 하시는 주님을 예배하오니 받으실만한 예배가 되게 하옵소서. 또한 하나님을 예배함으로 저희의 삶이 시작되게 하시고 예배를 통하여 하나님의 말씀을 듣게 하소서.

말씀을 전하시는 목사님께 성령의 충만함으로 채워 주시고 선포되어지는 말씀으로 영혼의 피곤함이 사라지게 하시고, 믿음과 사랑과 인내의 온전함이 갑절로 열매 맺게 하옵소서.

예수님의 이름으로 |

교회를 위해 섬기는 제직들이 한 마음이 되어 살아계신 하나님을 두려워하게 하시고, 하나님을 사랑함으로 기쁨으로 섬기게 하옵소서. 또한 성도들을 제 몸처럼 여기며 섬기는 일꾼들이 되게 하소서. 예수님의 이름으로 기도드립니다. 아멘.

1. 평강의 길로 인도하여 주옵소서

"그 길은 즐거운 길이요 그의 지름길은 다 평강 이니라"(잠언 3:17)

감사와 찬양 |

평안을 주시는 주님,

이 세상을 살아갈 때 언제나 함께하시고 주님이 주시는 평강으로 살게 하시니 감사합니다. 저희가 모인 이곳에 인자하심이 영원하신 하나님의 영광이 가득하기를 소망합니다. 주님의 이름으로 모인 성도들이 주의 선하심을 찬양할 때 기뻐받아 주옵소서.

고백과 회개 |

저희 삶에 지름길 되시는 주님, 주님이 인도하여 주시는 길이 가장 선하고 좋은 길임을 알면서도 때때로 인간적인 정욕에 휩싸여 하나님을 외면할 때가 있습니다. 그리고 인간의 욕심에 따라 다른 길로 갈 때가 많았음을 고백합니다. 용서하여 주소서.

주님의 길은 즐거운 길이요, 지름길이오니 깨닫는 지혜를 허락하시고 믿음 안에서 주님의 뜻에 귀기울여 듣고 순종하게 하옵소서.

중보와 간구 |

저희 삶에 주인이 되어주시는 주님을 예배합니다. 저희가 영과 진리로 예배드릴 때 주님만 홀로 영광받아 주옵소서. 또한 거룩한 옷을 입은 주의 자녀들이 기쁨으로 주님을 예배하게 하시고 우리를 새롭게 하시는 하나님께 감사와 찬송을 올려드리게 하소서.

특별히 이 시간 생명의 말씀을 전하시는 목사님께 성령의 능력이 함께하여 주시고 저희들은 전해주시는 말씀을 사모함과 순종함으로 듣게 하옵소서.
그리하여 저희의 삶에 주의 말씀이 가득하여 말씀의 능력으로 살아가는 인생이 되게 하소서. 예배를 위하여 수고하는 모든 손길 위에 함께하시고 기억하여 주옵소서.

예수님의 이름으로 |

이 시간 교회를 위해 기도합니다. 교회의 모든 행사를 주관하여 주시고 모든 행사가 주님의 영광을 위하여 진행되게 하옵소서. 또한 모든 성도들이 한 영혼이 천하보다 귀하다는 마음을 가짐으로 전도에 열심을 내게 하시고, 전도를 통해 모든 사람들이 진리의 즐거움을 맛보며 주님의 평강의 길로 인도되게 하소서. 예수님의 이름으로 기도드립니다. 아멘.

2. 하나님의 언약

"그러므로 말하라 내가 그에게 내 평화의 언약을 주리니"(민수기 25:12)

감사와 찬양 |

감사와 찬양을 받기에 합당하신 하나님,
저희를 사랑하여 주셔서 언약의 말씀을 주시고 언약을 성취하시며
깨닫게 하시니 감사드립니다. 또한 이 자리에 나아와 주님을 예배
하는 은혜를 허락하심에 감사드립니다. 주님의 놀라운 은혜에 감사
하며 저희의 입술에서 늘 감사가 떠나지 않게 하옵소서.

고백과 회개 |

은혜의 하나님, 항상 저희를 돌보시며 하나님의 은혜가 저희를 떠
나지 않도록 하셨음에도, 저희는 만족하지 못하고 절제하지 못했음
을 회개하오니 용서하여 주옵소서. 또한 주님을 진심으로 사랑하기
보다 종교적인 행위로만 예배드리기도 했음을 고백합니다. 저희의
잘못된 믿음생활을 용서하시고 긍휼히 여겨 주시며 저희가 하나님
의 화평의 언약을 놓치지 않기를 원하오니 도와주소서.

중보와 간구 |

언약의 주인 되시는 주님, 이 교회와 함께하여 주시고 모인 성도들을 은혜의 자리로 인도하시니 감사합니다. 주님을 향한 감사의 마음으로 주님을 예배하시고 예배하는 이 시간이 저희를 새롭게 해주시는 축복의 시간이 되게 하옵소서. 그리하여 세상 가운데 나갔을 때 주님의 빛과 소금의 역할을 온전히 감당하게 하옵소서.

은혜의 말씀을 전하시는 목사님과 함께하여 주셔서 주님이 주시는 힘과 능력으로 생명의 말씀을 전하게 하시고 그 말씀을 듣는 모든 성도들에게는 깨닫는 지혜를 허락하옵소서. 그리하여 하나님의 음성을 더욱 가까이하며 즐거워하는 자들이 되게 하소서.

예수님의 이름으로 |

이 교회를 사랑하시고 때마다 넘치는 은혜를 부어주시니 감사드립니다. 하나님의 손길을 기억하며 감사를 잊지 않는 저희가 되게 하옵소서. 또한 주님의 교회를 위하여 귀한 일꾼들을 세워주심에 감사드립니다.

저들의 수고와 헌신으로 교회가 든든히 세워져나감을 아오니 주님께서 그 수고를 갚아주시고 축복하여 주옵소서. 예수님의 이름으로 기도드립니다. 아멘.

3. 평안의 도구가 되게 하소서

"네가 어떤 성읍으로 나아가서 치려 할 때에는 그 성읍에 먼저 화평을 선언하라"(신명기 20:10)

감사와 찬양 |

저희에게 생명을 주시는 하나님,

통회하는 자의 눈물을 기억하시고 그 마음을 소성케 하시는 은혜를 기억하여 하나님의 이름을 높여드립니다. 우리가 미처 깨닫지 못했을 때에도 저희를 바른 길로 인도하시고 지키셨음에 감사하며 예배를 드리게 하옵소서.

고백과 회개 |

죄를 용서하시는 하나님, 모든 평화의 기준이 되시는 하나님을 바라보면서도 저희는 만족하지 못하고 범사에 불평하고 살았습니다. 또한 세상의 것을 좇아 살며 살아왔던 저희였사오니 용서하여 주옵소서. 저희의 죄를 성령의 불로 태우시고 죄를 말끔히 씻어주실 것을 믿습니다.

주님의 긍휼하심으로 저희가 정결케 됨을 고백하오니 붙들어주옵소서.

중보와 간구 |

주님과 함께하는 이 시간에 감사와 찬양으로 영광돌리며 예배하기 원합니다. 우리의 죄를 사하시고 구속하신 은혜에 감사하며 주님을 높여드리는 예배가 되게 하시고 이곳에 모인 모든 성도들이 전심으로 주를 찬양하게 하옵소서.

말씀을 전하시는 목사님께 성령의 감동하심이 있기 원합니다. 목사님이 하나님의 말씀을 전하시도록 이끌어 주시고 듣는 저희는 하나님의 음성을 듣는 은혜의 시간이 되게 하옵소서. 또한 이 땅에 세워진 교회로 인하여 어두움의 세력들이 물러가게 하시며 시기와 분쟁, 다툼의 지역에 평화가 임하게 하옵소서.

예수님의 이름으로 |

사랑의 하나님, 저희가 누구에게든지 평안의 도구가 되게 하시고, 저희가 밟는 모든 땅이 화평의 매는 줄이 되게 하옵소서. 병석에 누워있는 자에게도, 좌절하며 낙망한 자에게도 축복의 통로가 되게 하소서. 나아가 교회를 섬기는 모든 주일학교 학생들을 축복하시고, 이들이 자라 영원한 교회의 평화의 기둥이 되게 하옵소서. 예수님의 이름으로 기도드립니다. 아멘.

4. 주님의 이름

"이르되 찬송하리로다 주의 이름으로 오시는 왕이여 하늘에는 평화요 가장 높은 곳에는 영광이로다 하니"(누가복음 19:38)

감사와 찬양 |

길과 진리와 생명이신 주 하나님,

이 땅에 주님의 이름이 닿는 곳마다 평강이 임하게 하여 주심을 감사드립니다. 언제나 저희를 진리와 생명의 자리로 이끄심에 감사드리며 주님의 이름을 높여드리오니 기뻐받아 주시옵소서.

오늘 이 시간을 통하여 하나님을 더욱 깊이 경험하고 더욱 사랑하는 시간이 되길 원합니다. 저희를 이끌어 주옵소서.

고백과 회개 |

자비하신 주님, 주님이 주시는 평안 가운데 살면서도 저희는 불평과 불만으로 감사를 잃고 살아왔습니다. 또한 주님을 예배한다고 하면서도 저희의 마음이 깨끗하지 못함을 깨닫게 됩니다. 주님을 온전히 의지하지 못하고 죄를 지으면서도 그것이 죄인지도 깨닫지 못한 우둔하고 미련한 저희를 용서하여 주옵소서. 저희에게 긍휼을 베푸셔서 예수 그리스도의 보혈의 피로 정결하게 씻어 주옵소서.

중보와 간구 |

모든 이름 위에 뛰어난 주님을 예배합니다. 주님께 올려드리는 찬송이 저희의 영혼 깊은 곳에서부터 흘러나오는 찬송이 되게 하시고 마음과 정성과 뜻을 다하여 주님을 예배하게 하옵소서.
이 예배를 주장하여 주시고 주님을 향한 사랑과 감사가 넘쳐흐르는 시간이 되게 하옵소서.

목사님을 통하여 하나님의 말씀이 선포될 때에 이곳에 모인 모든 성도가 아멘으로 화답하게 하옵소서. 또 입술의 고백으로 끝나는 것이 아니라 저희의 삶에서 말씀으로 살아내도록 이끌어주옵소서. 오늘 세상에 마음을 빼앗겨 예배의 자리에 나오지 못한 성도들이 있습니다. 그들을 기억하시고 그 무엇보다 소중한 것이 주의 말씀임을 깨닫게 하셔서 주님께 더욱 가까이 나갈 수 있는 믿음을 허락하소서.

예수님의 이름으로 |

교회를 섬기는 모든 지체들이 주변 이웃에게 화평의 도구가 되게 하시고 더불어 다음세대 아이들이 올바른 복음의 말씀을 든든히 세워짐으로 하나님 나라의 백성으로 자라나게 하여 주옵소서. 예배의 시종을 주님께 의탁하오며 예수님의 이름으로 기도드립니다. 아멘.

5. 모든 사람에게 화목을 전함

"할 수 있거든 너희로서는 모든 사람과 더불어 화목 하라"(로마서 12:17)

감사와 찬양 |

화목하게 하시는 주님,

복 되고 거룩한 날 주를 앙망하며 주님을 만나게 하시니 감사합니다. 또한 이 시간을 통하여 모든 사람을 화목하게 하는 진리가 예수님이심을 알게 하여 주심에 감사드립니다. 저희에게 향하신 주님의 섭리와 사랑을 발견할 때 오직 감사뿐입니다. 저희가 주님께 받은 사랑을 가지고만 있는 것이 아니라 주변에 어려운 이웃과 나누며 화목하는 자들이 되게 하옵소서.

고백과 회개 |

은혜의 주님, 저희가 주님의 택함받은 백성임을 알면서도 너무나도 부끄럽고 악한 모습들 뿐이었습니다. 저희들의 생각과 행위는 죄악된 요소들로 가득했고 하나님의 영광을 가리는 모습 뿐이었음을 고백합니다. 이 시간 저희의 죄를 회개하오니 용서하여 주옵소서. 또한 저희가 주님의 죄 사함의 은혜를 힘입어 감사하게 하시고 주님께 영광돌리며 할 수 있는 한 모든 이들과 더불어 화목하는 주의 자녀들이 되게 하소서.

중보와 간구 |

왕되신 주님 앞에 나와 예배드리기 원합니다. 온 마음과 정성을 다하여 주님을 경배하게 하옵소서. 주님에게 예배드릴 때에 우리의 생각이 오직 주님께로 향하게 하시고 기쁨과 감사가 넘치는 은혜의 시간이 되게 하옵소서.

강단에 서신 목사님께 성령의 능력을 더하여 주시고 능력의 말씀을 전하시기에 조금도 부족함이 없도록 붙들어 주옵소서. 또한 목사님을 통하여 화평이 전달될 때, 말씀을 듣는 모든 성도들의 영혼을 울리게 하옵소서. 그리하여 모든 성도들이 주님의 화평을 전하며 주님의 화평을 세상 가운데 흘려보내는 귀한 축복의 통로가 되게 하옵소서.

예수님의 이름으로 |

주님의 몸 된 교회를 위해 섬기고 헌신하는 모든 지체들에게 믿음에 믿음을 더하여 주셔서 사람의 것을 바라는 것이 아니라 오직 주님의 은혜만을 바라며 주님이 주시는 축복을 누리게 하옵소서.
세계복음화를 위해 헌신하는 모든 교회 위에 주님의 이끄심과 도우심이 있게 하시고 이곳에 모인 모두가 진리의 평화가 되게 하옵소서. 예수님의 이름으로 기도드립니다. 아멘.

1. 치유를 위한 영적 돌봄을 이룸

"병든 자를 고치며 죽은 자를 살리며 나병환자를 깨끗하게 하며 귀신을 쫓
아내되 너희가 거저 받았으니 거저 주라"(마태복음 10:8)

감사와 찬양 |

저희를 이끄시는 하나님,

우리의 생사화복을 주장하시고 우리를 지켜주시니 감사합니다. 또
한 저희를 사랑하셔서 이 복된 예배의 자리를 지키게 하심에 감사
합니다. 다른 무엇보다 주님과 함께하는 것이 저희 인생에 최고의
복임을 깨닫게 하옵소서.

고백과 회개 |

사랑의 주님, 주님의 오묘한 진리 앞에 저희가 무릎을 꿇고 회개하
오니 들어 주옵소서. 생명을 치유하는 치유의 도구로 부름 받은 저
희가 믿음이 부족하여 풍족히 수행하지 못했음을 진정으로 회개합
니다.

바라옵기는 하나님의 치유의 능력이 병든 자와 함께 이루어지게 하

시고, 죽은 자도 일으켜 세우고 환자들을 고칠 수 있는 권능이 되게 하옵소서.

중보와 간구 |

이 시간 아픈자가 있습니까? 주님 치유하여 주옵소서. 예배를 통해 환자들이 치유되게 하시고, 주님을 거부하는 사단마귀의 세력은 사라지게 하여 주옵소서.

주님, 저희 교회가 주님이 계시기에 합당한 교회가 되길 원합니다. 이곳에 주님의 임재가 이루어지게 하시고, 주님의 자비와 양선으로 모든 질병을 가진 자들을 깨끗케 하여 주옵소서. 앓는 이들이 고침 받게 하시고 마귀가 쫓겨 가게 하옵소서.

말씀을 전하시는 목사님에게 말씀치유의 능력이 이루어지게 하시고, 말씀을 전해 듣는 이 시간 듣는 성도들이 영적으로 돌보는이가 되게 하옵소서.

예수님의 이름으로 |

병원심방을 담당하는 모든 교역자에게 깊은 자비와 양선으로 치유 사역이 갑절로 이루어져 지쳐 죽어있던 영혼들이 살아나게 하옵소서. 예수님의 이름으로 기도드립니다. 아멘.

2. 용납하는 너그러움

"누가 누구에게 불만이 있거든 서로 용납하여 피차 용서하되 주께서 너희를 용서하신 것같이 너희도 그리하고"(골로새서 3:13)

감사와 찬양 |

자비로우신 하나님,

주님의 사랑으로 저희의 모든 허물을 덮으시며 예수 그리스도의 십자가 사랑으로 용납하여 주셨음에 감사드립니다. 저희 모두가 하나님의 놀라우신 사랑과 은혜를 생각하며 감사하게 하시고 감사를 기억하며 하나님만을 경배하게 하옵소서.

고백과 회개 |

은혜의 주님, 저희는 주님께 놀라운 사랑을 받은 자이면서도 그 사랑에 감사하지 못했습니다. 또한 진리 안에서 저희 자신을 돌아보며 자비와 양선의 용서가 부족했습니다.

이 시간 주님의 긍휼하심을 바라보며 회개하오니 용서하여 주옵소서. 우리의 힘으로는 사랑할 수도, 용납할 수도 없음을 고백하오니 오직 주의 사랑으로 사랑하게 하시고 용납하게 하옵소서. 그리하여 오직 주의 사랑만을 나타내며 주의 사랑만이 드러나게 하옵소서.

중보와 간구 |

이 시간 주님께 예배드리기 원합니다. 예배 가운데 임재하여 주셔서 주님을 만나는 시간이 되게 하시고 예배를 통하여 주님의 사랑을 깨닫게 됨으로 피차 용납하고 용서하는 시간이 되게 하옵소서.

말씀을 선포하시는 목사님을 기억하시고 증거하실 말씀에 성령의 기름을 부어주옵소서. 그리하여 사람은 알 수 없지만 말할 수 없는 아픔에 휩싸인 자들 가운데 임하여 주셔서 주님께서 치료하시고 주님의 선한 길로 인도하여 주옵소서.

또한 말씀을 듣는 저희들이 주님의 말씀에 순종함으로 서로 너그러이 용서하게 하시고 허물을 감싸주며 사랑하게 하옵소서. 저희의 모든 즐거움이 용납과 용서의 사랑으로 나타나게 하옵소서.
보이는 곳에서, 보이지 않는 곳에서 묵묵히 주님을 위해 섬기는 모든 지체들에게 주님의 위로와 기쁨이 가득하게 하시고 주님의 은혜가 가득하게 하옵소서.

예수님의 이름으로 |

예배의 시작부터 마치는 시간까지 온전히 주님께 올려드립니다. 주님께서 인도하여 주옵소서. 예수님의 이름으로 기도드립니다. 아멘.

3. 탐욕을 버림

"탐욕이 지혜자를 우매하게 하고 뇌물이 사람의 명철을 망하게 하느니라"
(전도서 7:7)

감사와 찬양 |

은혜로우신 하나님,

저희에게 주님의 자녀가 되는 특권을 허락하시고 주님의 날에 주님을 예배할 수 있도록 은혜를 베푸시니 감사드립니다. 우리의 입술에서 주님 한 분이면 족하다라는 고백이 있게 하시고 세상의 욕심을 버리고 주님이 주신 것에 자족하는 삶이 되게 하옵소서. 늘 감사로 저희의 삶을 채우게 하시고 저희의 입술에서 감사가 떠나지 않게 하옵소서.

고백과 회개 |

사랑이 많으신 주님, 주님의 자비와 양선 안에는 탐욕을 버리는 명철함이 포함되어 있음에도 저희가 그것을 깨닫게 하지 못했습니다. 그리하여 좀 더 가지고 싶어 하고, 좀 더 누리고 싶어하며, 좀 더 욕심을 부리는 모습을 보인 저희입니다. 저희의 어리석음을 용서하여 주옵소서.

저희가 진리 가운데 바로 서게 하시고 주님의 말씀으로 옳고 그름을 분별하는 지혜를 얻게 하옵소서.

중보와 간구 |

이 시간, 우리의 구원자 되신 주님께 찬송과 영광을 올려 드립니다. 이 예배 가운데 충만하게 임하여 주셔서 이곳에 모인 모든 성도가 주님의 은혜를 맛보아 알게 하옵소서.

말씀을 전하시는 목사님께 명철을 부어주시고 독수리가 날개치며 올라감 같이 영육간의 강건함을 허락하여 주옵소서. 말씀을 듣는 모든 성도들이 아멘으로 화답하게 하시고 그 말씀에 순종하는 믿음을 허락하여 주소서.

예수님의 이름으로 |

교회의 머리가 되시는 주님, 저희는 너무나 연약하고 둔하여 주님이 없이는 한순간도 살 수 없음을 고백합니다. 주께서 언제나 저희 삶에 앞서가시며 인도하여 주시고 주님만 의지하며 나아갈 때에 주님께서 가장 좋은 것으로, 좋은 길로 인도하여 주실 줄 믿습니다. 주님을 아는 것이 가장 큰 지혜임을 고백하오니 저희를 선한 길로 이끌어 주옵소서.

세계 곳곳에서 주님의 복음을 들고 복음의 씨앗을 뿌리고 있는 모든 선교사님들 가운데 주님의 위로하심이 있게 하시고, 때에 따라 주님의 도우시는 손길 가운데 부족함이 없도록 인도하여 주옵소서. 예수님의 이름으로 기도드립니다. 아멘.

4. 노를 발하지 않음

"급한 마음으로 노를 발하지 말라 노는 우매한 자들의 품에 머무름이니라" (전도서 7:9절)

감사와 찬양 |

인자하심이 영원하신 하나님,

연약하고 부족한 저희를 택하여 주시고 이끌어주시니 감사드립니다. 또한 저희가 세상 탐욕을 버리게 하시고 주께로 인도하여 주셨음에 감사드립니다. 주님의 보호하심 가운데 저희가 날마다 감사와 찬송을 올려드리며 기뻐하게 하옵소서.

고백과 회개 |

능력이 많으신 주님, 우리의 모든 것이 주님의 은혜임을 고백합니다. 그러나 저희는 그 은혜를 잊고 지낼 때가 너무나 많았습니다. 주님의 뜻대로 살기보다 세상에 물들어 세상에 속한 사람처럼 살기도 하였고 자신의 욕심대로 살며 하나님의 영광을 가릴 때가 얼마나 많았는지 모릅니다. 저희의 죄를 용서하여 주옵시고 양털처럼 깨끗케 하여 주옵소서. 저희에게 지혜를 허락하셔서 지었던 죄를 반복하는 어리석음을 범하지 않게 하시고 우리의 죄인 됨을 고백하며 겸손한 마음으로 주님 앞에 거룩해져 가도록 이끌어주소서.

중보와 간구 |

주님의 은혜에 감사하며 저희의 모든 것을 드려 주님을 예배하기 원합니다. 저희가 드리는 이 예배 가운데 함께 임하여 주시고, 이 예배가 주께서 기뻐받으실 예배가 되게 하옵소서. 그리하여 주님 앞에 향기로운 제사로 드려지게 하옵소서. 이곳에 모인 모든 심령 가운데 좌정하여 주셔서 주님을 만남으로 예배가 회복되고 삶이 회복되는 놀라운 은혜가 있게 하여 주옵소서.

말씀을 전하시는 목사님께 성령의 능력으로 함께하여 주시고 오직 진리의 말씀만이 선포되게 하옵소서. 또한 듣는 저희는 겸손함으로 듣게 하시고 주님의 말씀에 순종하는 자들이 되게 하옵소서.
예배를 위하여 이름도 없이, 빛도 없이 섬기는 손길들이 있습니다. 저희는 다 알지 못하오나 주께서 모든 것을 아시오니 그 손길을 기억하시고 축복하여 주옵소서.

예수님의 이름으로 |

오늘 말씀을 통하여 저희가 예수님의 마음을 닮아감으로 세상에 빛과 소금의 역할을 감당할 수 있는 믿음을 허락하옵소서. 또 화를 내며 다투기보다 주님의 사랑으로 서로 사랑하며 섬기는 자들이 되게 하여 주옵소서. 예수님의 이름으로 기도드립니다. 아멘.

1. 하나님 보좌에 앉게 하소서

"이기는 그에게는 내가 내 보좌에 함께 앉게 하여 주기를 내가 이기고 아버지 보좌에 함께 앉는 것과 같이 하리라"(요한계시록 3:21)

감사와 찬양 |

영원하신 하나님,

태초 전부터 저희를 예정하사 주님의 자녀로 삼으심에 감사드립니다. 하나님을 예배함이 저희의 기쁨이 되게 하시니 감사드립니다. 주의 궁정에서의 한 날이 다른 곳에서의 천 날보다 낫다는 다윗의 고백처럼 저희가 주님과 함께하며 주님께 예배드림이 저희 인생의 가장 큰 기쁨이 되게 하옵소서.

고백과 회개 |

자비로우신 주님, 저희가 주님을 사랑한다고 고백하면서도 그 안에 얼마나 많은 죄악이 자리잡고 있는지 깨닫게 됩니다.

죄를 지으면서도 그것이 죄인지도 모르고 부끄러워하지 않았던 저희였습니다. 저희의 미련함을 용서하여 주옵소서. 죄를 이기지 못하고 죄에 얽매어 괴로워하는 저희를 불쌍히 여겨 주시고 예수 그리스도의 피를 의지함으로 나아가오니 저희를 묶고 있는 모든 죄를 이 시간 끊어주옵소서. 오직 주님께 구원받은 자로서 충성스런 복음의 일꾼이 되게 하여 주옵소서.

중보와 간구 |

은혜로우신 주님, 참으로 감사드립니다. 이 시간에 저희의 모든 것 되신 주님을 예배하기 원하오니 영과 진리로 주님을 예배하게 하옵소서. 또 이 예배를 흠향하여 주시고 이곳에 모인 각 사람 가운데 만나주옵소서.

주님께서 세우신 목사님을 기억하시고 오직 주님의 말씀을 전하실 때 능력있는 말씀이 선포되게 하옵소서. 말씀으로 인하여 주님의 몸 된 교회가 살아나게 하시고, 말씀을 듣는 모든 성도가 성령으로 감화되어 그 말씀에 순종하는 삶으로 살아내게 하옵소서.
예배를 위하여 헌신하는 모든 손길 위에 주님의 인도하심이 있게 하시고 그들의 마음이 오직 주님께로 향하게 하셔서 오직 은혜로, 감사로 기쁘게 감당하게 하옵소서.

예수님의 이름으로 |

사랑의 하나님, 이 나라, 이 민족을 위하여 기도합니다.
나라의 어려움 가운데서도 서로를 탓하고 미워하며 책임을 떠넘기는 것이 아니라 서로를 품어주시고 이해하며 사랑하게 하옵소서.
또한 저희가 나라를 위하여 기도함에 게으르지 않게 하시고 깨어 기도하게 하옵소서. 예수님의 이름으로 기도드립니다. 아멘.

2. 나라와 제사장으로 삼아 주소서

"그들로 우리 하나님 앞에서 나라와 제사장들을 삼으셨으니 그들이 땅에서 왕 노릇 하리로다 하더라" (요한계시록 5:10)

감사와 찬양 |

온 땅에 주인되시는 하나님,

주님의 높고 위대하심을 찬양합니다. 만물의 주인되시는 주님이 우리의 아버지가 되어주시며 아빠 아버지라 부를 수 있음에 얼마나 감사한지 모릅니다.

저희를 택하여 주시고 자녀삼아 주심에 감사하며 예배하기 원하오니 영광 중에 임하시고 예배를 기뻐받아 주옵소서.

고백과 회개 |

긍휼이 풍성하신 주님, 주님을 예배하며 지난 한 주간에 저희의 삶을 돌아봅니다. 입술로는 감사를 고백하지만 하나님께 대한 감사를 잊고 살아갈 때가 얼마나 많은지 모릅니다.

주님께서 저희를 왕 같은 제사장을 삼으셨음에도 그것을 잊고 다시 죄에 종노릇하며 살아간 저희를 용서하여 주옵소서.

중보와 간구 |

주님, 저희가 나라와 제사장이 되어 영원하신 주님을 예배합니다. 거룩한 주님의 나라에 왕 같은 제사장으로 충성스런 예배가 되어지게 하옵소서. 오직 이 예배가 영과 진리로 이루어지게 하옵소서. 주님, 저희가 주님 앞에 거룩한 나라와 제사장이 되어 충성되게 일하고, 풍성한 열매 맺는 하나님의 보좌에 앉혀지는 능력 있는 일꾼이 되게 하여 주옵소서.

말씀을 전하시는 목사님께 진리의 영을 더하여 주시어 저희교회가 진리의 생명의 교회가 되게 하시고, 더불어 자라나는 후손에게도 영원한 진리의 기업이 되게 하옵소서.

예수님의 이름으로 |

저희가 예물을 모아 드리오니, 주께서 기쁘게 받으시고, 이 예물이 사용되어지는 그 곳에 주님의 충성된 일꾼과 왕 같은 제사장들이 많이 생겨나게 하옵소서. 이 땅에 모든 교회 마다 부흥성장하게 하시고 말씀의 열매가 많이 맺어져 주님의 기쁨되게 하여 주옵소서. 예수님의 이름으로 기도드립니다. 아멘.

3. 하나님 나라의 아들이 됨

"이기는 자는 이것들을 상속으로 받으리라 나는 그의 하나님이 되고 그는
내 아들이 되리라"(요한계시록 21:7)

감사와 찬양 |

아멘과 충성이신 주님,

저희가 이 세상에서 좇는 풍속을 버리게 하시고, 주님의 나라의 가
르침을 좇아 나라와 제사장으로 삼아주시고 충성된 제사장으로 하
나님의 상속을 받게 하여 주옵소서. 이기도록 하시고 복의 근원이
되어 충성된 일꾼이 되게 하소서.

고백과 회개 |

주님, 교회의 머리가 그리스도이신 것처럼,

저희도 또한 교회 안에 속하게 하시어 범사에 이기게 해 주옵소서.
하나님의 아들로 삼아주신 그 은혜에 보답하지 못하고 저희의 의
지를 먼저 세워 행동하였음을 회개하오니 용서하시고 받아주시옵
소서. 바라기는 저희가 더욱 충성되어 하나님의 아들로 인정받고
주님을 기쁘게 하옵소서.

중보와 간구 |

충성되시고 지존하신 주님의 이름을 예배합니다.

이 예배를 하늘과 땅의 권세자 이신 주님만 받으시옵소서.

이 시간 주님으로 인해 예배의 불이 내려지게 하시고 저희의 예배를 성령의 충만으로 태우시옵소서.

주님, 저희가 주님이 원하시는 충성된 제사장이 되어 세상을 이기고 하나님의 지경을 넓히게 하옵소서. 더불어 하나님으로 인하여 인침을 받는 하늘나라의 왕 같은 상속자들도 되게 하여 주옵소서. 열심을 품고 주님을 섬겨 하늘나라에 기록되어 하나님과 함께 앉혀 주옵소서.

단위에 세우신 주님의 종을 기억하소서. 목사님의 전파하시는 말씀 속에 성령의 능력을 충만하게 채워주시어 듣는 저희가 충성스럽게 변화되게 하시고, 하나님의 아들로서 왕 같은 능력으로 세워지게 하옵소서.

예수님의 이름으로 |

저희 교회가 주님만 의지하여 열방을 구원하는 주님과 함께하는 교회가되게 하여 주시고, 더불어 사역의 지경이 넓어지게 하옵소서. 예수님의 이름으로 기도드립니다. 아멘.

4. 하나님께 상급받게 하여 주옵소서.

"보라 내가 속히 오리니 내가 줄 상이 내게 있어 각 사람에게 그가 행한 대로 갚아 주리라"(계시록 22:12)

감사와 찬양 |
늘 선한것으로 채워주시고 행한대로 상급을 주시는 주님,
하늘 보좌에서 그리고 교회 안에서 저희를 바라보시며, 저희에게 충성된 일꾼이 되어 하나님나라에 함께 앉게 하여주시니 감사합니다. 지존하신 하나님을 찬양합니다.

고백과 회개 |
주님, 저희를 주님의 피 값으로 사시고 하나님의 나라에 제사장으로 삼으신 감사합니다. 하지만 저희는 만족하지 하지 못하고 보이는 것에만 급급해 왔음을 회개하오니 용서하시고 받아주시옵소서.

저희가 하나님의 나라의 충성된 제사장임을 잊지 말게 하시고, 기쁨으로 자신을 드려 주님께 풍성한 상급을 받는 신실한 일꾼이 되게 하여 주옵소서.

이 시간 주님을 예배합니다. 왕 같은 제사장으로 주님을 만나는 예배가 되도록 하옵소서. 이 예배가 하늘의 문을 열고 닫는 기쁨의 보좌를 오르는 예배가 되게 하여 주옵소서.

중보와 간구 |
주님, 저희를 왕 같은 제사장이라 부르시고, 충성된 일꾼으로 삼아 복을 받게 하시며, 세상 나라에서 이기고, 하나님의 나라에서도 견고한 진영의 파수꾼이 되게 하여 주옵소서.

이 시간 말씀을 전하시는 목사님의 말씀의 능력이 온 누리에 울려 퍼져 병든 자를 치유하며 낙망한 자를 일으켜 세우도록 하여 주옵소서. 병원사역을 진행하는 모든 교회들 위에 함께 하여주시고, 병석에 누워있는 교우들에게 다가가 말씀의 힘을 더하여 생명을 전하게 하옵소서.

예수님의 이름으로 |
저희가 감사로 모든 일을 구할 때에 저희의 구하는 것을 상급으로 받게 하시고, 주님께서 기뻐하시는 영원의 상속자들이 되게 하여 주옵소서. 게으르지 않고 충성되게 일하여 하나님의 보좌에 함께 앉는 교회의 기둥이 되게 하옵소서. 예수님의 이름으로 기도드립니다. 아멘.

5. 합력함으로 기뻐 함

"우리가 알거니와 하나님을 사랑하는 자 곧 그의 뜻대로 부르심을 입은 자들에게는 모든 것이 합력하여 선을 이루느니라"(로마서 8:28)

감사와 찬양 |

합력하여 선을 이루시는 하나님,

저희가 이 땅에서 누리는 모든 축복이 엄위하신 하나님으로부터 왔으며, 또한 저희가 하나님을 사랑하므로 하나님의 뜻대로 부르심을 입은 자답게 합력하여 선을 이루어 가게 하심을 감사드립니다.

항상 저희의 입술에 감사의 제사가 끊이지 않게 하여 주옵소서.

고백과 회개 |

하나님, 이 세상 가운데에서 부족한 저희를 버려두지 아니하시고 하나님의 아름다운 구원의 반열에 들게하여 희락의 기쁨을 주시며, 더불어 저희에게 하나님의 뜻대로 부르심을 입어 모든 것을 합력하여 선을 이루도록 하여 주셨습니다.

그러나 저희가 순전한 마음으로 하나님의 기쁘신 뜻을 따르지 못했음을 회개 하오니 용서하시고 받으시옵소서.

바라기는 저희가 모든 탐심을 버리고 하나님의 선하신 뜻을 이루어 합력하여 희락의 기쁨이 넘치도록 하여 주옵소서.

중보와 간구 |

주님, 저희가 이 시간 주님을 예배드림으로 희락 가운데 있습니다.
이 예배 안에서 순전하신 주님의 뜻을 이루게 하시고, 주님의 뜻대
로 부르심을 입는 자들이 되게 하옵소서. 더불어 이 예배가 주님 앞
에 합력하여 주님의 선한 뜻을 이루는 예배되기 원합니다.

날마다 새로운 기쁨으로 저희를 부르시고, 또한 부르심을 입은 자
들에게 모든 것이 합력하여 선을 이루게 하옵소서.

하늘 아버지의 신령하고 거룩한 희락의 기쁨이 저희의 생활 속에
풍성히 넘쳐나 하나님의 부르심을 따라 선을 이루며 살아가게 하
옵소서.

이 시간 말씀을 전하시는 목사님께 말씀으로 인한 희락의 기쁨이
넘쳐나게 하시고 계획하시는 모든 사역이 합력하여 하나님의 선하
신 뜻을 이루게 하옵소서.

예수님의 이름으로 |

이 나라와 이 민족위에 함께하시어 온 세계에 선교가 이루어지게
하셨음을 감사드립니다. 주께서 세우신 각 교회마다 앞으로도 더욱
세계 복음비전을 계획하게 하시고, 주님 오시는 그 날까지 세계선
교가 완성되어 희락의 기쁨으로 이 나라가 복음의 확장지대가 되
도록 축복하옵소서. 예수님의 이름으로 기도드립니다. 아멘.

1. 순종 속에서 즐거워함

"또 내 영을 너희 속에 두어 너희로 내 율례를 행하게 하리니 너희가 내 규례를 지켜 행 할지라"(에스겔 36:27)

감사와 찬양 |

희락의 기쁨으로 합력하게 하시는 하나님,

저희가 주님의 부르심을 받아 주님의 율례를 행하게 하시고 축복의 근원이 되게 하여 주심을 진정으로 감사드립니다. 늘 저희의 입술이 감사를 놓치지 않게 하옵소서.

고백과 회개 |

주님, 순종 속의 즐거움으로 하나님의 기쁘신 뜻을 따라 합력하여 선을 이루게 하여주심에 감사를 드립니다.

하나님의 영을 우리 속에 두시어 우리의 속사람이 날로 커져가며 희락의 기쁨으로 주님의 규례를 지키게 하여주옵소서.

하지만 저희의 부족함은 시기와 분쟁 탐욕과 이기심으로 달려왔음을 주님 앞에 고백하고 회개하오니, 주님 용서하여 주시고 사랑과 긍휼로 모든 죄를 도말하여 주옵소서.

저희가 주님의 뜻대로 부르심을 입는 자들로서 부끄럽지 않게 하옵소서.

중보와 간구 |
주님, 모든 것을 예배의 기쁨으로 이루어 주옵소서. 이 예배 안에 주님의 보혈이 흐르고 있사오니,완전하게 이루신 주님을 예배합니다. 예배의 순종 속에서 기뻐하며 희락을 통한 합력이 이 예배에서 주님의 부르신 뜻대로 이루어지게 하옵소서.

저희가 합력함으로 기뻐하시는 주님, 주님을 향한 순종과 기쁨을 우리 안에 두신 성령으로 이루게 하시고, 주의 부르신 뜻대로 희락 안에서 합력하여 선을 이루게 하옵소서. 주님이 세우신 교회 안에 주님만 머리가 되게 하옵소서.
이 시간 말씀을 전하시는 목사님을 붙들어주시고, 목사님의 말씀이 저희의 영혼에 가뭄에 내리는 단비같이 되게 하옵소서.

예수님의 이름으로 |
주님의 성령이 항상 저희와 함께 하실 줄 믿사오며, 예수님의 이름으로 기도드립니다. 아멘.

2. 복된 생활이 됨

"너희가 이것을 알고 행하면 복이 있으리라"(요한복음 13:17)

감사와 찬양 |

복된 생활로 인도 하시는 하나님,

저희를 희락 안에서 즐거움으로 주님께 순종하게 하시고, 주님의 부르신 뜻대로 합력하여 선을 이루게 하심에 감사드립니다. 또한 주께서 저희 안에 거하신 성령으로 말미암아 복된 생활로 이루어 가게 하심을 무한 감사드립니다.

고백과 회개 |

주님, 저희가 주께서 기쁨으로 주신 율례와 규례를 알고 행하면 복이 있으리라 말씀하셨음에도 순종 속에서 즐거워하지 못했고, 합력하여 선을 이루는 일에 부족하였음을 고백하고 회개하오니 받으시고 용서하시며 축복하여 주옵소서.

중보와 간구 |

주님, 이 시간 주님께 온전한 예배를 올려드리기 원합니다.

잃었던 저희를 어둠의 세력에서 건져주시고, 예배를 회복하여 새 생명을 주시며 복된 생활로 인도하여 주옵소서. 저희가 예배 안에서 순종함의 즐거움을 충만하게 하옵소서.

주님, 저희로 복된 생활이 되게 하시며 주님의 뜻대로 부르시어 순종하게 하시고, 우리 안에 두신 주의 성령으로 합력하여 선을 이루게 하옵소서. 저희가 하나님을 사랑하는 자로서 희락을 잃지 말게 하시며, 늘 순종함의 본이 되어 교회를 세워가는 즐거움을 기쁨으로 허락하여 주옵소서.

이 시간 말씀을 붙들고 단 위에 서신 목사님께 교회가 몸 되신 그리스도의 진리의 등불이 되게 하시고, 세상을 향한 하나님의 증거의 빛이 되게 하소서. 세우신 교회의 제직들을 축복하시고, 헌신된 봉사로 순종의 복된 생활이 되게 하옵소서.

저희의 바쳐진 헌물을 기쁘게 받으시고, 하나님의 나라를 세우는 일에 순종의 제물이 되게 하시며, 저희에게 주신 모든 재능과 배움도 같이 드릴 수 있도록 하옵소서.

예수님의 이름으로 |

전 세계의 인구 중 아직도 많은 나라가 전도되지 못한 지역임을 감안할 때, 아직도 주님의 교회는 할 일이 많이 있사오니 축복하시고 강건하게 하옵소서. 주께서 오시는 그 날까지 모든 교회가 복음의 사명을 책임 있게 감당하게 하옵소서.

예수님의 이름으로 기도드립니다. 아멘.

3. 평안으로 매는 줄

"평안의 매는 줄로 성령이 하나 되게 하신 것을 힘써 지키라"(에베소서 4:3)

감사와 찬양 |

성령으로 하나 되게 하시는 하나님,

천국의 모형으로써 하나님의 나라인 교회 안에서 저희가 구원을 받고, 순종 속에서 즐거움의 축복으로 넘쳐나게 하심을 기쁨으로 감사드립니다.

평안의 매는 줄로 성령의 하나 되게 하심을 힘써 지키도록 지혜를 허락 하옵소서.

고백과 회개 |

주님의 희락 안에서 하나님의 부르신 뜻에 따라 저희가 합력하므로 선을 이루게 하셨고, 저희로 순종의 삶을 살게 하시어 복된 생활을 하도록 허락하여 주셨음에도 평안의 매는 줄로 성령의 하나 되게 하심을 소홀히 여겼음 고백하고 회개 하오니 주님 이 부족한 마음을 채워주시고 사랑과 긍휼로 채워주옵소서.

바라기는 저희가 주님의 바라시는 뜻대로 주님의 나라는 물론이요, 형제자매들 안에서까지 평안의 매는 줄이 되게 하옵소서.

중보와 간구 |

주님, 온 누리가 주님을 예배함으로 주님께 영광 돌리며 평안의 매는 줄로 하나 되게 하시며, 모든 지역에 세워진 반석과 같은 주님의 교회가 예배 안에서 복이 되게 하시어 성령의 불로 채워지게 하옵소서.
이 시간 예배의 순종 가운데 불기둥과 구름기둥으로 주님의 교회가 에워싸이게 하옵소서.

예수님의 이름으로 |

주님, 부족한 저희가 주님께 부름 받고 성령으로 하나 되게 하심을 따라 즐거운 마음으로 교회 안에서 복되신 주님을 섬기기 원하오니 저희의 모든 것을 가지고 순종할 수 있게 하시고 행함으로 복이 되게 하옵소서.
목사님을 단위에 세우시고 말씀을 주셨으니 저희가 말씀을 받고 희락과 기쁨 안에서 새롭게 거듭나게 하옵소서.
세우신 목사님의 가정과 친족을 축복하시고, 계획하시는 모든 주님의 일들이 형통하게 하옵소서. 또한 저희의 교회에 천사가 둘러 진치게 하시고, 각 부서들이 합심 하여 성령의 하나 되는 줄로 매이게 하옵소서.
더불어 드려지는 예물위에도 평안의 복음의 열매가 맺어지길 간구하오며, 예수님의 이름으로 기도드립니다. 아멘.

4. 영광으로 이르게 함

"생각건대 현재의 고난은 장차 우리에게 나타날 영광과 비교할 수 없도다"(로마서 8:18)

감사와 찬양 |
고난을 통하여 영광을 주시는 하나님,
전 세계에 한국인 교회를 이루어 나가시고, 하나님께서 작정하신 사람들을 불러서 세우시며 복음의 고난을 통하여 각 나라에 축복이 임하게 하여 주심을 진심으로 감사드립니다. 부르신 모든 종들이 영광이 되게 하옵소서.

고백과 회개 |
주님, 저희에게 영광을 주시려고 복음을 통한 고난을 허락하셨음에도 저희가 깨닫지 못하여 온전한 순종을 이루어 내지 못했음을 고백하고 회개 하오니 주님 받으시고 용서하여 주옵소서.
저희의 모든 삶이 그리스도의 고난에 동참할 수 있는 지혜의 삶이 되게 하시고, 또 복음의 고난을 통과하므로 많은 영혼들이 구원받게하옵소서.

저희의 복음의 고난이 이웃에게 생명을 전수시키는 아름다운 고난이 되길 간절히 소망합니다.

중보와 간구 |

주님, 이 시간 오직 주님 한 분만을 예배합니다.
온 교회의 드려지는 예배가 주님을 기쁘시게 하는 예배가 되게 하시고, 저희가 예배드리는 자를 찾아 상 주시는 주님을 놓치지 않게 하여 주옵소서.
주님, 저희가 복음으로 인하여 고난을 받을 때에도 오히려 저희가 복음의 고난을 통하여 영광에 이른다는 것을 알도록 하옵소서.
복음의 고난을 통과하지 못하면 생명의 면류관이 없사오니 저희가 즐거이 고난을 참게 하여 주옵소서.

예수님의 이름으로 |

그리스도의 좋은 군사로 다니는 자는 복음의 고난을 기뻐하는 자들이오니, 현재 이루어지는 고난을 복음과 함께 주시는 영광으로 만족하게 하옵소서.

말씀을 듣고 단 위에 서신 목사님께 크신 하나님의 진리의 은총이 임하여 듣는 모든 성도에게 거듭남의 능력이 이루어지게 하옵소서. 그리하여 세상에서 교회를 바라볼 때에 예수님의 증거의 장막이 나타나게 하옵소서. 예수님의 이름으로 기도드립니다. 아멘.

1. 시험으로 이르는 길

"그가 시험을 받아 고난을 당하셨은즉 시험 받는 자들을 능히 도우실 수 있느니라" (히브리서 2:18)

감사와 찬양 |
고난을 통해 시험을 이기게 하시는 하나님,
저희의 연약한 영혼을 말씀으로 강건하게 하시고, 주께서 친히 고난당해 주심으로 시험받는 자들을 능히 도우셔서 온 세상에 주님의 평안을 전하여 주심을 감사드립니다. 고난이 영광이오니, 늘 고난 가운데 감사하게 하옵소서.

고백과 회개 |
주님, 주님을 따르던 제자 중에도 가룟 유다 같은 제자도 있었음을 상고하면서 저희대신 고난을 지시고, 그 고난을 통과하여 영광에 이르신 주님 앞에 저희가 알게 모르게 지은 죄악된 것들이 있다면 회개하고 자복하오니 용서하시고 받으시옵소서.
저희가 남아있는 인생의 때를 주님의 고난에 동참하며 살아가는 영광된 시간들이 되게 하여 주옵소서.

중보와 간구 |

이 시간 주님께 찬양과 영광을 올려드리며 정성껏 예배드리기 원합니다. 고난의 긴 터널을 이기시고, 다시 사신 주님의 영광을 예배하므로 예배하는 저희가 새로운 영으로 거듭나 예배의 능력을 더하게하시고, 시험의 때마다 예배로 이기게 하옵소서.

시험 받는 자를 도우사 그리스도의 영광에 이르게 하시는 주님, 그 높은 하늘에서 이 곳 낮은 땅까지 통치하시며 그리스도를 위해 고난 받는 저희를 시험에 통과해 영광으로 이르게 하옵소서.
저희가 복음 때문에 고난을 받는 것이 오히려 그리스도의 율례를 받는 유익함이 있음을 알게 하시고, 고난이 곧 영광임을 깨닫게 하옵소서.
말씀과 함께 단 위에 서신 목사님을 축복하시고, 말씀을 전하시는 목사님의 시간이 성도들의 영혼들을 치유하는 치유의 시간이 되게 하여 주옵소서.

예수님의 이름으로 |

하나님, 저희 교회가 한 마음 한 뜻이 되어 고난을 통과해 영광에 이르는 모범이 되는 교회가 되게 하소서. 세워진 제직과 부서들을 축복하시고 모두가 그리스도의 고난에 동참하는 복된 자들이 되게 하옵소서. 예수님의 이름으로 기도드립니다. 아멘.

2. 주를 위한 고난이 유익됨을 기억케 하여 주옵소서.

"만일 그리스도인으로 고난을 받으면 부끄러워하지 말고 도리어 그 이름 으로 하나님께 영광을 돌리라" (베드로전서 4:16)

감사와 찬양 |

저희의 고난이 영광이 되게 하시는 주님,

복음과 함께 그리스도인으로 고난 받는 것이 저희에게 유익이오니,

저희가 부끄러워하지 않고 도리어 그 이름으로 하나님께 영광이 되 게하여 주옵소서. 이로 인하여 모든 이에게 은혜와 축복의 통로가 되게 하여 주옵소서.

고백과 회개 |

주님, 저희를 불러 주시고 선택하여 사랑하게 하시고 하나님의 말 씀과 함께 고난을 통과해 영광에 이르게 하여 주셨음에 감사를 드 립니다. 저희가 깨달음이 부족하여 고난 뒤에 영광이 온다는 것을 잊어버리고 불평만을 늘어놓았음을 인정하며 회개하오니 주님 받 으시고 용서하여 주옵소서. 바라기는 저희의 부족함조차도 복음을 위해 하나님의 영광이 되게 하여주옵소서.

중보와 간구 |

주님, 예배드리는 이 교회에 주님의 성령이 임하게 하시고 주님의 치유의 역사가 예배를 통하여 이루어지게 하옵소서. 저희의 예배가 이웃에게도 전달되어 함께 복을 누리게 하시고 예배를 통하여 거룩하신 주님께서 좌정하는 교회가 되게 하옵소서.

고난을 유익하게 하시는 주님, 전 세계 모든 교회들이 복된 복음을 전하므로 고난을 받고 있다면 그것이 곧 영광임을 알게 하시고, 한 영혼이라도 더 많이 전도할 힘을 허락하여 주옵소서.

단 위에 말씀을 들고 서신 목사님께 축복이 임하게 하시고, 말씀을 듣는 성도들이 복음을 전하다가 고난이 오더라도 시험을 통과해 주님의 사명을 감당케 하옵소서.

더불어 교회에서 이루어지는 모든 문화사역들이 교회를 홍보하는 발판이 되게 하시고 이웃을 위해 공간을 제공하는 복된 일이 되게 하옵소서.

매주 교회에서 실시하는 전도의 계획을 축복하시고 많은 전도의 열매가 맺어지게 하옵소서. 특별히 다음세대, 초등부와 중고등부 그리고 청년부를 축복하여 젊은이들이 더 크게 부흥케하여 주옵소서.

예수님의 이름으로 |

하나님의 의의 나라로 인해 고난 받는 것은 영광이요, 축복이오니, 고난과 함께 기뻐하며 더욱더 율례를 배우는 계기가 되게 하옵소서. 예수님의 이름으로 기도드립니다. 아멘.

3. 유익되게 함

"고난당한 것이 내게 유익이라 이로 말미암아 내가 주의 율례들을 배우게 되었나이다"(시편 119:71)

감사와 찬양 |

은혜와 사랑이 충만하신 사랑의 주 하나님,

세상 만물을 주관하시는 주님을 찬양하며 예배드립니다.

저희가 왕 같은 제사장이 되어 세상을 위해 주님 앞에 예배하오니,

저희의 예배를 받으시옵소서.

저희가 주님의 나라를 위해 고난 받을 때에 그 고난을 통하여 영광에 이르게 하시는 주님께 감사와 찬송을 드립니다. 고난은 저희를 유익되게 하여 하나님의 시험을 통과하게 하시며, 저희로 하여금 더 큰 상급에도 다다르게 하시는 주님께 무한한 감사를 드립니다.

고백과 회개 |

주님, 넓고 깊으신 주님의 진리의 영광 안에 복음으로 인해 고난 받는 저희를 품어주시고 세상 안에서 시험을 통과하여 인내 안에서 저희에게 유익되게 하여주옵소서.

절대 부끄러워할 수 없는 영광이 되게 하셨음에도, 저희가 그 영광을 누리지 못하고 세상의 악한 것들에 눌려 살아왔음을 고백하오

니 용서하시고 받아 주시옵소서.

중보와 간구 |

고난을 유익하게 하시는 주님, 저희가 그리스도인으로 고난을 받는 것은 세상이 하나님께 무지하기 때문입니다. 주님과의 처음 만남으로 인해 저희가 복을 누리며 살아가고 있음을 자랑스럽게 고백합니다.

말씀을 붙들고 단 위에 서신 목사님께 그리스도의 비밀의 경륜을 알게 하시어 영원 전부터 계획하신 주님의 그 구원을 저희를 통해 이루어지게 하옵소서.
교회에 세워진 모든 제직들이 열과 성의를 다해 주님께 충성하게 하시고, 각 부서 부서들 마다 부흥의 물결이 이루어 주님의 생명의 능력이 더하여 지게 하옵소서. 교회의 유, 초등부, 중, 고등부 그리고 주님의 이슬 같은 청년부들이 깨어 기도하게 하옵소서.

예수님의 이름으로 |

이 나라와 이 민족이 통일 대한민국을 바라오니, 남한과 북한이 서로 손을 맞잡는 협력의 체계가 단숨에 이루어지게 하옵소서.
더불어 북녘의 하늘에도 하나님을 향한 뜨거운 찬양과 기도와 말씀이 울려 퍼지게 하시고, 교회 교우들의 구원받지 못한 형제자매 친족들까지도 구원받길 간구하오며,예수님의 이름으로 기도드립니다. 아멘.

4. 시험으로 이르는 길

"그가 시험을 받아 고난을 당하셨은즉 시험 받는 자들을 능히 도우실 수 있느니라" (히브리서 2:18)

감사와 찬양 |
고난을 통해 시험을 이기게 하시는 하나님,
저희의 연약한 영혼을 말씀으로 강건하게 하시고 주께서 친히 고난당해 주심으로 시험받는 자들을 능히 도우셔서 온 세상에 주님의 평안을 전하여 주심을 감사드립니다.
고난이 영광이오니, 늘 고난 가운데 감사하게 하옵소서.

고백과 회개 |
주님, 주님을 따르던 제자 중에도 가룻 유다 같은 제자도 있었음을 상고하면서 저희 대신 고난을 지시고, 그 고난을 통과하여 영광에 이르신 주님 앞에 저희가 알게 모르게 지은 죄악된 것들이 있다면 회개하고 자복하오니 용서하시고 받으시옵소서.
저희가 저희의 남아있는 인생의 때를 주님의 고난에 동참하며 살아가는 영광된 시간들이 되게 하여 주옵소서.

중보와 간구 |

이 시간 주님을 예배합니다. 고난의 긴 터널을 이기시고, 다시 사신 주님의 영광을 찬양하며 예배드리오니 이 예배 받아주옵소서.
예배드리는 저희가 새로운 영으로 거듭나 예배의 능력을 더 하게 하시고 시험의 때마다 예배로 이기게 하옵소서.

시험 받는 자를 도우 사 그리스도의 영광에 이르게 하시는 주님, 그 높은 하늘에서 이 곳 낮은 땅까지 통치하시며, 그리스도를 위해 고난 받는 저희를 시험에 통과해 영광으로 이르게 하옵소서.
저희가 복음 때문에 고난을 받는 것이 오히려 그리스도의 율례를 받는 유익함이 있음을 알게 하시고, 고난이 곧 영광임을 깨닫게 하옵소서.

말씀과 함께 단 위에 서신 목사님을 축복하시고,말씀을 전하시는 목사님의 시간이 성도들의 영혼들을 치유하는 치유의 시간이 되게 하여 주옵소서.

예수님의 이름으로 |

저희 기쁨의 교회가 한 마음 한 뜻이 되어 고난을 통과해 영광에 이르는 모범이 되는 교회가 되게 하소서. 세워진 제직과 부서들을 축복하시고 모두가 그리스도의 고난에 동참하는 복된 자들이 되게 하옵소서. 예수님의 이름으로 기도드립니다. 아멘.

[3]
주중예배
대표기도문

날수와 연수대로 기쁘게

"우리를 괴롭게 하신 날수대로와 우리가 화를 당한 연수대로 우리를 기쁘게 하소서" (시 90:15)

새 날이 밝은 첫 시간에 하나님께 온전한 예배를 드리게 하시니 감사드립니다.
무엇보다 간절한 마음으로 저희들의 죄를 고백하니 용서해 주옵소서. 저희들 중에 부정한 입술의 죄를 지은 이들을 용서해 주시고, 불순종으로 괴로워하는 이들의 죄도 용서해 주시옵소서.

바라옵기는 세상을 위하여 일을 하신 하나님의 큰 손길을 찬양하도록 예배의 자리로 인도해 주옵소서. 단 위에 서신 목사님과 함께 하셔서 능력의 말씀을 증거할 수 있도록 인도해 주시고, 그 말씀이 마음에 새겨져 열매를 맺게 하옵소서.

새해에 새 마음과 결심으로 하나님이 원하시는 소원을 품게 하시고, 하나님앞에 좋은 것은 취하고 나쁜 것은 버리는 은혜를 주옵소서.
믿음으로 시작한 금년의 삶이 내내 믿음으로 충만하게 하옵소서. 이 모든 말씀을 예수님의 이름으로 기도 드립니다. 아멘.

예수님을 쫓는 삶

"예수께서 이르시되 가라 네 믿음이 너를 구원하였느니라 하시니 그가 곧 보게 되어 예수를 길에서 따르니라" (막 10:52)

하늘에 계신 하나님, 금년에도 좋은 것으로 채워주실 하나님께 찬양을 올려드리오니 큰 영광 받으시옵소서. 간절히 기도하옵기는 주님의 십자가 앞에 간절한 마음으로 회개 하오니 더러워진 손과 발을 보혈의 은혜로 새롭게 하시고, 용서해 주옵소서.

사랑의 하나님, 이 자리에 모인 무리들이 경건함과 거룩함으로 예배드리게 하옵소서. 생각과 마음을 모아 여호와를 공경하는 저희들이 되게 하옵소서. 말씀을 들고 서신 목사님께 성령의 충만함을 허락하시고 영생의 말씀으로 저희를 변화시켜 주시옵소서.

○○ 교회에 속해 있는 모든 이들이 말씀의 은혜로 살게 하옵소서. 그래서 바디매오가 받았던 긍휼의 은혜를 저희에게도 허락하옵소서. 저희들 각자가 "네 믿음대로 될지어다"라는 주님의 음성을 듣기 원합니다. 기도의 응답을 경험하는 시간이 되게 하옵소서.
이 모든 말씀을 예수님의 이름으로 기도 드립니다. 아멘.

주 안에서 승리하는 삶

"우리는 낮에 속하였으니 정신을 차리고 믿음과 사랑의 호심경을 붙이고 구원의 소망의 투구를 쓰자" (살전 5:8)

평안의 하나님, 주님 앞에 모여 경배와 찬양을 드립니다.
여호와 앞에서 잘못된 생각과 마음으로 살아온 죄를 고백하오니 육신의 연약함으로 저지른 모든 죄와 행실을 용서해 주옵소서.

저희들에게 새 생명을 주신 여호와를 예배할 때, 신령과 진정으로 예배하게 하옵소서. 주시는 말씀을 받아 ○○ 교회의 권속들이 죄에서 떠나기를 소망합니다. 하나님을 깊게 알고, 또한 넓게 배우기 위해서 열심을 내게 하옵소서.

무엇보다 새해의 삶을 시작한 여호와의 백성들에게 도전과 결단의 시간을 주옵소서. 또한 금년에는 ○○ 교회의 모든 성도들이 주 안에서 승리하는 삶을 살게 하옵소서. 저희들은 일터에서, 아이들은 학교에서 승리하게 하옵소서. 이를 위해서, 간구의 영을 보내 주옵소서. 부르짖어 기도하고, 사모하여 매달리게 하옵소서.
이 모든 말씀을 예수님의 이름으로 기도 드립니다. 아멘.

백 배, 육십 배, 삼십 배의 결실

"더러는 좋은 땅에 떨어지매 어떤 것은 백 배, 어떤 것은 육십 배, 어떤 것은 삼십 배의 결실을 하였느니라" (마 13:8)

환란에서 보호하시는 하나님, 입술로만 결심을 하고 행함으로는 아무것도 시작하지 못했음을 용서하여 주옵소서. 지금부터라도 말씀을 하나씩 실천하기 원합니다.

이 시간, 주님께 온 마음을 다 드리게 하옵소서. 하나님의 이름을 높이고 주님께 영광을 드리는 시간이 되게 하옵소서. 저희들에게 생명의 말씀으로 은혜를 내려 주옵소서.
특별히 귀한 말씀을 가지고 단위에 서신 목사님께 성령의 충만함을 허락해주시고 말씀을 통해 영의 양식을 풍성히 부어주옵소서. 이 예배를 통해 하나님을 높이고 큰 은혜를 공급받게 하옵시고 주님의 음성을 듣게 하옵소서.

눈물로 간구할 때, 하늘에 상달됨을 믿습니다. 위로의 응답, 복의 응답이 임해서 30배, 60배, 100배로 이루어주심을 믿고 구하게 하옵소서.
이 모든 말씀을 예수님의 이름으로 기도 드립니다. 아멘.

내게 나타나는 하나님의 은혜

"예수께서 대답하시되 이 사람이나 그 부모의 죄로 인한 것이 아니라 그에게서 하나님이 하시는 일을 나타내고자 하심이라" (요 9:3)

사랑과 평강의 하나님, 이 시간 온전한 예배를 올려드리기 원합니다. 여호와 앞에서 죄를 지은 것이 많으니 저희들의 허물과 죄로 더러워진 양심을 주님의 보혈로 씻어 주옵소서.

강단에서 선포되는 말씀을 아멘으로 받게 하시고 순종을 결단하게 하옵소서. 저희들이 의를 행할 수 있는 진리의 말씀을 반가운 마음으로 청종하게 하옵소서.

이제, 저희들이 하나님의 은혜로 살아가도록 인도해 주시옵소서. 다른 이들을 대할 때도 옳고 그름의 잣대보다는 하나님의 은혜로 바라보게 하시고 주님의 온유하심으로 대하게 하옵소서.

하나님의 은혜로 저희를 천국의 백성으로 삼으시고 여기까지 이끌어 주셨으니, 더욱 은혜를 사모하는 저희들이 되기 원합니다.
이 모든 말씀을 예수님의 이름으로 기도 드립니다. 아멘.

은혜로 즐거운 우리

"이 내 아들은 죽었다가 다시 살아났으며 내가 잃었다가 다시 얻었노라 하니 그들이 즐거워하더라" (눅 15:24)

사랑과 평강의 하나님,
지난 시간동안 저희를 지켜주시고 인도해 주심에 감사와 찬양을 올려 드립니다. 온전한 예배로 하나님을 높이기 원하오니 이 예배를 받아 주옵소서.

긍휼의 하나님, 저희들의 죄를 먼저 고백합니다. 저희가 게을러 주님께 영광을 드리지 못했음을 용서해주옵소서.

오늘도 사랑하는 주님의 권속들을 은혜의 자리로 불러 주셔서 영과 진리로 예배하게 하셨으니 영광을 드립니다. 하나님의 말씀으로 깨우치사 저희의 심령을 새롭게 하소서.

아버지의 집으로 돌아가기로 결심했던 탕자의 은혜를 저희가 누리게 하시고, 잘못된 생활을 청산하게 하옵소서.
감사드리오며 예수님의 이름으로 기도드립니다. 아멘.

사자들의 입을 봉하시는 하나님

"왕이 심히 기뻐서 명하여 다니엘을 굴에서 올리라 하매 그들이 다니엘을 굴에서 올린즉 그의 몸이 조금도 상하지 아니하였으니 이는 그가 자기의 하나님을 믿음이었더라" (단 6:23)

사랑과 은혜가 풍성하신 하나님, 이 시간 하나님을 온전히 높이기 원하오니 영과 진리로 드리는 이 예배를 주님 받아주옵소서.
하나님의 말씀대로 살지 못하고 부끄러운 모습으로 살았음을 고백합니다. 주님의 영광을 가리고, 감정에 따라 말과 행동을 했던 삶을 용서해 주옵소서.

오늘, 저희들에게 사자들의 입을 봉하셨던 다니엘의 은혜를 보게 하옵소서. 저희들을 에워싸고 우는 사자와 같이 삼킬 자를 찾는 마귀의 입을 봉해주시기 원합니다. 성도의 삶을 방해하고, 쓰러뜨리려고 역사하는 마귀의 궤계를 물리쳐 주옵소서. 각종 염려와 걱정거리로 마음의 평안을 잃지 않도록 지켜 보호하소서.
특별히 진리를 선포하시는 목사님께 능력을 더하여 주시고 저희들은 기쁨으로 받아 순종하게 하옵소서.
이 모든 말씀을 예수님의 이름으로 기도 드립니다. 아멘.

2월 3주

일어나 걸어가라

"예수께서 이르시되 일어나 네 자리를 들고 걸어가라 하시니 그 사람이 곧 나아서 자리를 들고 걸어가니라" (요 5:8-9)

만유를 다스리시는 하나님, 이곳에 임하여 주옵소서. 그 발아래 무릎을 꿇고 찬양하게 하옵소서.

저희들에게 회개의 은혜를 주셔서 왕의 자녀로 살지 못했던 죄를 고백하게 하소서. 하나님의 자녀 된 신분으로 세상을 이기지 못하였고, 또한 은혜도 나누지 못했음을 고백합니다.

이 시간에, 말씀을 사모하는 마음을 주시고 하나님 뜻대로 살게 하옵소서. 낙심한 마음이 말씀의 힘으로 용기를 갖게 하시고, 진리를 따르는 중에 하나님의 나라를 보기 원합니다. 저희들을 불쌍히 여겨 주옵소서.
한 주 동안 세상 속에서 수고하고 지친 이들에게 은혜를 내려 주옵소서. 상한 심령을 치료하시고, 주님의 다시 일으키심 가운데 회복되게 하옵소서. 한 사람도 그냥 돌아가는 시간이 되지 않게 하옵소서.
이 모든 말씀을 예수님의 이름으로 기도 드립니다. 아멘.

하나님을 사랑하는 자

"우리가 선을 행하되 낙심하지 말지니 포기하지 아니하면 때가 이르매 거두리라" (갈 6:9)

주 우리의 하나님, 저희가 죄에서 떠나 선을 행하게 하시니 감사드립니다. 이 시간에 주님 앞에서 바르게 행하지 못한 죄를 다 내려놓게 하옵소서. 하나님 앞에서 부끄러움을 느끼는 그대로 회개하게 하시고, 은총을 주옵소서.

천국의 자녀 됨을 풍성히 누리면서 하나님과의 인격적인 만남을 경험하게 하소서. 예배를 통해 생명과 진리의 말씀을 듣게 하옵소서. 그리고 대언되는 하나님의 명령을 순종하여 지키게 하옵소서.
합력해서 선을 이루어주심에 삶의 소망을 두게 하옵소서. 포기하지 않으면 이뤄주심을 믿으니, 잠시 고난의 길을 간다 해도 소망을 놓지 않길 원합니다.
여호와를 바라보고, 주님의 뜻을 이루어드리려는 소망으로 가슴이 뜨겁길 원합니다. 우리를 향하신 하나님의 뜻을 보게 하시고, 어떤 경우에도 소망을 놓지 않게 하옵소서. 이 모든 말씀을 예수님의 이름으로 기도 드립니다. 아멘.

쌓을 곳이 없도록 부어지는 복

"만군의 여호와가 이르노라 너희의 온전한 십일조를 창고에 들여 나의 집에 양식이 있게 하고 그것으로 나를 시험하여 내가 하늘 문을 열고 너희에게 복을 쌓을 곳이 없도록 붓지 아니하나 보라" (말 3:10)

귀를 기울이시는 주님, 하나님의 보호 속에서 지내온 저희들의 찬송을 받으옵소서.

이 시간, 저희들의 죄를 고백합니다. 절제하지 못하고, 혈기를 일삼으며 살았던 날들을 고백하니 용서해 주시옵소서.

이 자리에 모인 무리들이 경건함과 거룩함으로 예배하게 하옵소서. 생각과 마음을 모아서 여호와를 예배하는 저희들이 되게 하옵소서. 목사님이 전하는 말씀이 저희들에게 새롭게 깨닫는 천국의 법도가 되기를 소망합니다. 저희들은 이미 복의 열쇠를 지니고 있으니, 이 간구하는 시간에 천국의 문을 열게 하옵소서.

쌓을 곳이 없도록 부어주신다 하신 약속을 믿습니다. 기도로 구하는 시간이 되게 하옵소서. 저희들이 하나님의 도우심을 믿고 구할 때, 차고 넘치도록 받음을 믿습니다.

이 모든 말씀을 예수님의 이름으로 기도 드립니다. 아멘.

적을 무찔러 주시는 하나님

"여호수아가 칼날로 아말렉과 그 백성을 쳐서 무찌르니라" (출 17:13)

도움과 방패의 하나님, 여호와의 이름을 찬송합니다.
먼저 죄를 고백하고자 합니다. 마땅히 청지기로 살아야 했던 삶이 죄와 허물로 더럽혀진 것을 봅니다. 용서해 주시옵소서. 시간과 물질 그리고, 사람들과의 관계에서 청지기의 위치를 잃었음을 고백합니다.

신령과 진정으로 예배하게 하시고, 머리를 숙인 권속들을 산 제물로 받으옵소서. 하나님께서 귀하게 사용하시는 목사님을 단에 세우셨으니, 그의 목소리를 청종하게 하옵소서. 모든 주님의 백성들이 하나님의 말씀을 듣는 일에 성실하게 하옵소서.

하나님께 간구하는 이 시간, ○○ 교회의 지체들이 하나가 되게 하소서. 저희들이 한 마음으로 기도하게 하옵소서. 저희들의 복된 삶을 위하여 온 교우가 하나되어 간구하게 하옵소서.
아론과 훌이 피곤한 모세의 손을 받들며 동역했음을 기억합니다. 교회의 부흥과 영혼을 구원하는 일에 전 성도들의 마음이 하나가 되게 하옵소서. 이 모든 말씀을 예수님의 이름으로 기도 드립니다. 아멘.

불신자들을 굴복시키시는 주님

"사울은 힘을 더 얻어 예수를 그리스도라 증언하여 다메섹에 사는 유대인 들을 당혹하게 하니라" (행 9:22)

하늘의 하나님, 주님의 이름을 묵상하며 그 이름을 송축합니다. 찬송 을 부를 때, 영광을 받으옵소서.

이 시간, 하나님의 이름을 널리 전하지 못했음을 고백합니다. 주님께 집중하지 못하고, 일상의 일로 분주했던 연약함을 용서하옵소서.

오직 마음을 다 드리며 주님께 집중하기 원합니다. 하나님의 이름을 높이는 이 시간이 되게 하옵소서. 주의 말씀이 저희들에게 기도가 되 고 노래가 되게 하옵소서.

지금도 죽어가고 있는 이들의 생명을 보게 하옵소서. 하나님께서 구원 하시려고 작정하신 영혼들을 보게 하옵소서. 죄와 저주의 사슬에 매인 영혼들을 안타까운 마음으로 보게 하옵소서. 그들을 구하려는 하나님 의 마음을 알게 하옵소서. 저희들이 입을 열어 하나님의 사랑을 전하 게 하옵소서. 생명의 복음을 전하는 일을 제일 위에 두는 저희들이 되 게 하시고, 교회에는 언제나 새 신자들이 있게 해 주시옵소서. 이 모든 말씀을 예수님의 이름으로 기도 드립니다. 아멘.

대사를 행하신 하나님

"여호와께서 우리를 위하여 큰 일을 행하셨으니 우리는 기쁘도다" (시 126:3)

찬송의 하나님, 항상 우리를 위하여 일하고 계시니 감사드립니다. 하나님의 뜻에 순종하지 못한 죄를 용서해 주옵소서. 때로는 자신의 양심을 속이고, 사람에게 보여주기 위해 행한 일들도 있으니 용서해 주옵소서.

저희들에게 새 생명을 주신 여호와를 예배할 때, 신령과 진정으로 예배하게 하옵소서. 마음을 다하고, 뜻을 다하는 예배가 되게 하옵소서. 강단에서 전하시는 은혜의 말씀으로 위로를 받기 원합니다. 죄로 말미암아 상한 심령을 고쳐주시고, 용서하옵소서.

이 시간 저희들에게 하나님의 일에 대한 소망과 열심을 주시옵소서. 씨를 뿌리기 어려운 환경에서도 울며 씨를 뿌리는 은혜를 주옵소서. 은혜로 씨를 뿌릴 때, 반드시 기쁨의 단을 거둘 줄 믿습니다. 저희들을 위해서 큰 일을 이루시는 하나님을 바라봅니다. 간구에 응답하셔서, 저희들에게 나타날 은혜를 기다리게 하옵소서. 이 모든 말씀을 예수님의 이름으로 기도 드립니다. 아멘.

성경을 이루신 예수님

"내가 만일 그렇게 하면 이런 일이 있으리라 한 성경이 어떻게 이루어지 겠느냐 하시더라" (마 26:54)

천지를 지으신 주님, 무엇으로도 갚을 수 없는 하나님의 사랑을 생각 하며 찬송을 드립니다. 한 주 동안 저희들의 모습을 주님 앞에 내어 놓 습니다. 저희들이 행한 죄를 용서해 주옵소서. 연약함 때문에, 저지를 수밖에 없었던 죄를 씻어 주시고, 저희들에게는 새로움의 용기를 주옵 소서.

오늘도 사랑하는 주님의 권속들을 은혜의 자리로 불러 주셔서 영과 진 리로 예배하게 하셨으니 영광을 드립니다. 베풀어 주시는 신령한 식탁 으로 인해 천국 잔치의 기쁨을 누리는 시간이 되게 하옵소서. 하나님 의 말씀으로 저희를 새롭게 하시고, 진리의 말씀에 순종함으로써 의를 이루게 하옵소서. 주님께 간구하는 저희들이 되기 원합니다. 저희들이 말씀을 생명의 진리로 받아, 주님 앞에 세워지고 순종하게 하옵소서. 지금 부딪치는 환경이 고달프고 어렵다 해도 하나님의 말씀으로 위로 를 받게 하시옵소서. 주님의 말씀으로 고난도 담대하게 감당하게 하옵 소서. 이 모든 말씀을 예수님의 이름으로 기도 드립니다. 아멘.

참 마음과 온전한 믿음

"또 약속하신 이는 미쁘시니 우리가 믿는 도리의 소망을 움직이지 말며 굳게 잡고" (히 10:23)

하늘에 계신 하나님, 자비로우신 아버지의 이름을 높여드립니다. 이 시간, 저희가 죄악이 관영한 곳에 머물지 않도록 하심을 감사드립니다. 주님의 사랑은 측량할 수 없으신데, 저희는 늘 죄짓는 생활뿐이었습니다. 용서해 주옵소서. 모든 죄를 주님의 피로 씻어 주시옵소서.

이 시간에, 주님의 말씀과 함께 하는 은혜 주시옵소서. 그 은혜가 임하여 저희들이 말씀 안에서 살아가게 하옵소서.

간구하옵기는, 소망을 잃지 않고 굳게 잡도록 인도해 주옵소서. 천국을 바라보고, 하나님의 인도하심을 소망합니다. 믿음을 지키고 사는 것이 때로는 어렵고 힘들지만 주 안에서 승리하게 하옵소서.
예수님을 통해 희망을 갖게 해 주셨음에 감사합니다. 어떤 어려움이 와도 굴복하지 않게 하시고 처음의 소망을 나중까지 지켜내게 하옵소서. 이 모든 말씀을 예수님의 이름으로 기도 드립니다. 아멘.

죽음을 이기고 살아나신 예수님

"여자들이 몹시 놀라 떨며 나와 무덤에서 도망하고 무서워하여 아무에게 아무 말도 하지 못하더라" (막 16:8)

평안으로 이끄시는 하나님, 죽음의 권세를 이기신 은혜로 저희들을 인도하신 여호와께 찬양을 드립니다.
부활절을 맞이하면서 저희들의 믿음 없음을 고백합니다. 주님의 부활을 잊고 지낸 시간들이 많았음을 용서해 주시옵소서.

이 시간, 주님의 영으로 충만하여 축제의 기쁨으로 예배하게 하옵소서. 저희들이 기도할 때, 죽음의 권세가 물러가는 것을 보기 원합니다. 사탄은 어둠을 가져왔으나, 이 어둠이 변해서 광명으로 바뀔 줄 믿습니다. 또한 절망이 희망으로 변할 줄 믿습니다. 주님의 부활로 말미암은 생명의 권세를 누리게 하옵소서.
저희들의 삶이 소망으로 바뀌게 하옵소서. 기도로 인한 소망, 찬양으로 말미암은 소망, 말씀이 주는 담대한 소망으로 일어나는 은혜를 주시옵소서. 예수님의 능력이 모든 믿는 자에게 소망을 주며, 죄를 이기게 하실 줄 믿습니다. 이 모든 말씀을 예수님의 이름으로 기도 드립니다. 아멘.

가슴을 뜨겁게 하는 말씀

"두 사람도 길에서 된 일과 예수께서 떡을 떼심으로 자기들에게 알려지신 것을 말하더라" (눅 24:35)

복주시는 하나님, 측량할 수 없는 사랑과 은혜에 감사드립니다.
이 시간, 저희의 삶을 돌아보며, 부끄러운 고백을 합니다. 하나님의 영광을 위해 살아오지 못했음을 용서하옵소서.

이 시간, 천국의 자녀 됨을 풍성히 누리게 하옵소서. 또한 하나님과의 인격적인 만남을 경험하는 복을 누리게 하옵소서. 하나님의 말씀을 간절히 사모하는 마음을 주옵소서. 마음으로 귀를 기울일 때, 영안이 열리게 하옵소서.
저희들에게 부활 신앙을 주옵소서. 죽음을 이기시고, 저주를 물리치셨던 능력이 저희들에게도 있음을 믿고 담대하게 하옵소서. 부활 신앙으로 세상을 이기는 저희들이 되도록 이끌어 주옵소서.
주님의 말씀이 엠마오로 가던 제자들의 가슴을 뜨겁게 했던 것처럼, 이 시간 말씀으로 저희들의 가슴도 뜨거워지길 원합니다. 영생의 말씀으로 우리의 마음이 더욱 굳세어지길 원합니다. 이 모든 말씀을 예수님의 이름으로 기도 드립니다. 아멘.

간절한 기대와 소망을 따라

"이는 내게 사는 것이 그리스도니 죽는 것도 유익함이라" (빌 1:21)

의지처가 되시는 하나님, 영원히 주님의 이름을 찬양하게 하옵소서. 성령님의 은혜로 저희들이 죄를 낱낱이 고백하게 하옵소서. 정결케 해 주시는 여호와의 은혜를 보게 하옵소서.

신령과 진정으로 예배하는 지금, 생각과 마음을 모아서 여호와를 공경 하는 저희들이 되게 하시옵소서. 이 시간에, 저희들의 마음이 주님의 말씀으로 향하게 하옵소서. 선포되는 말씀의 진리를 보게 하옵소서.

주님, 각양각색의 모양으로 위기를 만난 지체들에게 은혜를 내려 주옵 소서. 개인적으로, 가정에, 혹은 직장에 위기가 닥쳐와도 바울처럼 굳 건히 서서, 믿음으로 이겨내는 지체들이 되게 하옵소서.
내게 능력 주시는 자 안에서 내가 모든 것을 할 수 있다고 말씀하셨으 니, 저희가 하나님의 도우심을 바라보게 하옵소서. 절대적인 하나님의 능력을 신뢰하는 저희들이 되도록 이끌어 주시옵소서. 절망을 거부하 고 믿음의 승리를 바라보고 살아가도록 하옵소서. 이 모든 말씀을 예 수님의 이름으로 기도드립니다. 아멘.

마땅히 행할 길을

"마땅히 행할 길을 아이에게 가르치라 그리하면 늙어도 그것을 떠나지 아니하리라" (잠 22:6)

우리의 편이 되시는 여호와여, 하나님의 영광이 온누리에 가득히 내려오기를 소망합니다. 이 시간, 먼저 죄를 회개합니다. 저희들은 어리석어서 부지불식간에 죄를 짓고도 모름을 용서해 주옵소서. 죄를 고백하오니, 저희들을 주 앞에서 새롭게 하옵소서.

하나님의 말씀을 소중히 여기고, 은혜를 사모하는 저희들이 되게 하옵소서. 저희들에게 하나님의 어린 생명들을 맡겨주셨으니, 좋은 부모가 되도록 도와주시옵소서. 육신적으로는 저희들의 자녀들이지만, 하나님의 자녀이니 유모와 같은 마음을 주시옵소서. 귀한 아이들을 하나님 백성으로 키워내게 하옵소서.

하나님 앞에서 아이들을 키우는 동안에 기도를 쉬지 않게 하옵소서. 아이들이 하나님의 자녀라는 것을 잊지 않게 하소서. 자신의 장래를 하나님께 맡기는 자녀들이 되게 하옵소서. 이 모든 말씀을 예수님의 이름으로 기도 드립니다. 아멘.

부모에게 순종하는 자녀

"자녀들아 주 안에서 너희 부모에게 순종하라 이것이 옳으니라" (엡 6:1)

아버지 하나님, 저희를 사랑하셔서 부모와 함께 지내게 해주셨음을 감사드립니다. 부모의 은혜를 잊고, 자녀들에게 수고를 다하지 못한 죄를 고백하오니 용서해 주옵소서.

이 시간 마음을 다하여 하나님의 이름을 높여 드립니다. 오늘도 단에 서신 목사님을 통해 주시는 진리의 말씀을 듣습니다. 주님의 말씀이 언제나 저희들의 마음에서 떠나지 않게 하옵소서. 삶의 희망을 말씀에 두게 하옵소서.
부모에게 효도를 다하는 저희들이 되게 하옵소서. 부모로 인해서 저희들이 있고, 그분들의 은혜로 성장했음에 감사하게 하옵소서. 저희들이 섬겨야 할 부모님을 주 안에서 공경하도록 하옵소서.

부모를 공경하는 삶을 통해서 약속하신 복을 누리기 원합니다. "너 낳은 아비에게 청종하고 네 늙은 어미를 경히 여기지 말찌니라"라는 말씀을 이루게 하옵소서. 이 모든 말씀을 예수님의 이름으로 기도 드립니다. 아멘.

말세를 이기는 지혜

"경건의 모양은 있으나 경건의 능력은 부인하니 이같은 자들에게서 네가 돌아서라" (딤후 3:5)

만유를 다스리시는 하나님, 믿음의 향유가 담긴 옥합을 깨뜨리는 심정으로 나왔습니다. 하나님의 사람으로 살지 못했던 행실을 용서해 주시옵소서.

이 시간, 천국의 자녀 됨을 누리면서 하나님과의 인격적인 만남을 경험하게 하옵소서. 목사님께서 들려주시는 말씀 가운데 주님의 뜻을 발견하길 소망합니다. 온 성도들과 ○○ 교회가 주님의 뜻을 따라 하나님께 영광을 드리게 하옵소서.

말세의 때가 되어, 심판의 시기가 점점 다가오는 지금, 영적인 잠에서 깨어나게 하옵소서. 말씀에 귀를 기울이고 기도하여 영적인 신앙인이 되도록 이끌어 주시옵소서. 성령으로 충만하기를 기도합니다.

기도로 근신하고 시험에 들지 않도록 인도해 주시옵소서. 세속적이고 유혹적인 음란에서 돌이켜 거룩한 삶에 힘쓰게 하옵소서. 그리스도로 옷 입고, 전도의 사명을 감당하게 하옵소서. 이 모든 말씀을 예수님의 이름으로 기도 드립니다. 아멘.

거저 베풀어 주는 은혜

"병든 자를 고치며 죽은 자를 살리며 나병환자를 깨끗하게 하며 귀신을 쫓아내되 너희가 거저 받았으니 거저 주라" (마 10:8)

지극히 높으신 하나님, 존귀하신 여호와께 영광을 드리는 시간이 되기를 소망합니다. 하나님 은총을 구하며 회개합니다. 주님외에는 누구에게도 말할 수 없는 죄가 저희들의 심령 속에 있으니 용서하옵소서.

오늘도 사랑하는 주님의 권속들을 은혜의 자리로 불러 주셔서 영과 진리로 예배하게 하셨으니 영광을 드립니다. 이 시간, 선포되는 말씀을 지켜 행할 수 있는 은혜를 내려 주옵소서. 말씀을 충실히 지켜 하나님의 자녀답게 살아가게 하옵소서.

기도하는 가운데 하나님의 뜻을 깨닫기 원합니다. 열 두 제자를 부르셔서 귀신을 쫓아내고 모든 병과 약한 것을 고치게 하신 주님, 저희들에게도 권세와 능력이 주어진 것을 믿습니다. 모든 병과 약한 것을 고치는 권능을 행사하게 하옵소서. 병이 든 지체들을 위해서 기도하게 하시고, 연약한 이들이 강해지도록 기도하게 하옵소서. 이 모든 말씀을 예수님의 이름으로 기도 드립니다. 아멘.

6월 1주

백성에게 복을 주신 여호와

"히스기야와 방백들이 와서 쌓인 더미들을 보고 여호와를 송축하고 그의 백성 이스라엘을 위하여 축복하니라" (대하 31:8)

귀를 기울이시는 주여, 저희들을 항상 지켜주신 하나님께 감사드립니다. 저희들은 지난 시간 세상에 살면서 주님을 기쁘시게 하지 못하고, 육신을 위하여 이기적인 욕망을 추구하며 살아 왔습니다. 저희들의 회개를 들어주시고 용서해 주소서. 죄를 거절하며 살 수 있는 믿음의 용기를 주시옵소서.

이 복된 자리에서, 저희들에게 새 생명을 주신 여호와를 예배할 때, 신령과 진정으로 예배하게 하옵소서. 마음을 다하고, 뜻을 다하는 예배가 되게 하옵소서. 저희들을 위하여 하늘의 법을 주시니 감사드립니다. 선포하시는 말씀을 지켜서 행할 수 있도록 은혜를 내려 주옵소서.

이 시간, 하나님께 즐거운 마음으로 헌금을 드리길 원합니다. 저희들에게 주신 복에 대해 감사한 마음으로 드리기 원합니다. 하나님의 것을 하나님께 돌려드리는 정직한 저희들이 되게 하옵소서. 이 모든 말씀을 예수님의 이름으로 기도 드립니다. 아멘.

나라를 지키시는 하나님

"나를 지으신 하나님은 어디 계시냐고 하며 밤에 노래를 주시는 자가 어디 계시냐고 말하는 자가 없구나" (욥 35:10)

도움과 방패의 하나님, 주께 나아와 찬양으로 먼저 영광을 드립니다. 저희들이 주님의 이름을 찬송할 때, 회개의 영으로 충만하게 하옵소서. 하나님에 대한 사랑을 나타내지 못했던 삶이었음을 고백합니다, 하나님을 최우선의 자리로 모시지 않고, 연약한 이웃들을 섬기지 못한 죄를 용서해 주옵소서.

여호와를 공경함으로써 예배하는 저희들이 되게 하옵소서. 목사님께서 하나님의 말씀을 대언하실 때, 그 교훈을 묵상하게 하옵소서.
나라를 세우시고, 지키시는 하나님, 이 민족 모두의 가슴을 사랑으로 채워주옵소서. 서로 위로하며 권면하도록 은혜 내려 주옵소서. 스스로 겸손의 띠로 허리를 동이고 복음의 신발을 신어 화해와 평화의 사도가 되게 하옵소서.
이 나라 백성들이 주님을 위하여 살도록 회개의 영을 부어 주옵소서.
이 모든 말씀을 예수님의 이름으로 기도 드립니다. 아멘.

거룩한 땅에 선 우리

"하나님이 이르시되 이리로 가까이 오지 말라 네가 선 곳은 거룩한 땅이니 네 발에서 신을 벗으라" (출 3:5)

영광받으실 주님, 저희에게 주신 복을 기뻐하면서 하나님의 영화로우심을 찬송합니다.

이 시간, 빛과 소금으로의 사명을 감당하지 못했음을 용서해 주옵소서. 저희들의 태만했던 행실을 용서하시고, 거룩한 삶을 향한 결단을 하게 하옵소서. 주님의 피로 씻음을 받고, 새 힘을 얻기 원합니다.

하늘 나라에서 내려오는 기쁨으로 예배 드리기 원합니다. 오늘의 말씀으로 저희를 새롭게 하옵소서. 간절히 사모하는 중에 구원의 은혜를 맛보게 하옵소서. 저희들의 삶에서 하나님의 일하심이 드러나고, 성령님께 순종하는 삶이 되게 하옵소서. 하나님께서 정녕 저희들과 함께하심을 믿습니다.

이제, 옛 사람을 벗고, 여호와의 인도하심에 자신을 맡기는 저희들이 되게 하옵소서. 이 모든 말씀을 예수님의 이름으로 기도 드립니다. 아멘.

그가 행하신 일을 알려라

"너희는 여호와께 감사하며 그의 이름을 불러 아뢰며 그가 행하신 일을 만민 중에 알릴지어다" (대상 16:8)

영원하신 하나님, 저희에게 행하여 주신 일에 감사드립니다.
이제, 저희들의 죄를 제거해 주시고 저희의 돌 같은 마음에 성령이 충만하게 하옵소서. 기쁜 마음으로 주님을 따르며 즐거워 할 수 있는 믿음을 주옵소서.

이 시간에, 하늘의 문을 열어 주옵소서. 주님의 영으로 충만하여 축제의 기쁨으로 예배하게 하옵소서. 맥추감사절을 기다리면서 모인 이 자리에, 목사님이 전해주신 말씀에 하나님의 은혜를 구하게 하옵소서. 저희들에게 내려주신 은혜에 감사를 드립니다. 오직 하나님의 이름을 높이는 맥추감사절이 되게 하옵소서.

하나님의 자비하심으로 살아온 날들을 돌아볼 때, 감격하지 않을 수 없습니다. 저희들이 받은 것들이 심히 많으니 그 중에서 일부를 떼어 감사로 예배하는 절기가 되게 하옵소서. 이 모든 말씀을 예수님의 이름으로 기도 드립니다. 아멘.

만유를 지으신 주

"하나님이 그가 하시던 일을 일곱째 날에 마치시니 그가 하시던 모든 일을 그치고 일곱째 날에 안식하시니라" (창 2:2)

천지를 지으신 여호와여, 주님께 기도하며 감사를 드립니다.
하나님의 영광을 가리는 죄들을 회개하게 하시고, 새로워지게 하옵소서. 이제, 저희들이 지은 모든 죄를 고백하고 뉘우치오니 용서해 주옵소서.

신령과 진정으로 예배하게 하시고, 머리를 숙인 권속들을 산 제물로 받으옵소서. 오늘도 예배 중에 하나님의 말씀에 집중하게 하옵소서. 목사님의 말씀에 귀를 모으게 하옵소서.
하나님, 우리 아버지, 저희들에게 어려운 밤의 시간에 하나님의 손길을 바라보게 하옵소서. 바울과 실라와 같이 밤중에 찬송할 수 있는 은혜로 인도해 주옵소서. 찬송을 통해서 하나님께 영광을 드리고, 구원하시는 여호와를 소망하게 하옵소서. 견디기 힘든 시간이지만, 주님께서 함께 해 주심에 감사하며 소망으로 나아가게 하옵소서. 이 모든 말씀을 예수님의 이름으로 기도 드립니다. 아멘.

힘을 헤아려 자원하는 예물

"네 하나님 여호와 앞에 칠칠절을 지키되 네 하나님 여호와께서 네게 복을 주신 대로 네 힘을 헤아려 자원하는 예물을 드리고" (신 16:10)

하늘에 계신 하나님, 소리를 높여 우리 주님의 이름을 찬송합니다. 이 시간에 저희들의 모습을 돌아볼 때, 주님의 이름을 찬송하기에 합당치 않았음을 회개합니다. 말씀을 행하는 삶을 살기보다는 듣기만 해서 자신을 속이는 삶을 살았음을 용서해 주옵소서.

오직 마음을 다하여 하나님의 이름을 높이게 하옵소서. 이 시간, 목마른 사슴이 물을 찾는 심정으로 말씀을 사모하게 하옵소서. 이 시간, 감사하는 가운데 하나님의 뜻을 이루어드리는 간구를 하게 하옵소서.

지금까지 생명을 허락하신 것과 가정을 주신 것, 일할 수 있는 재능과 재물 주신 것에 감사합니다. 감사를 드리는 지체들에게 더욱 감사가 풍성케 하옵소서. 베풀어 주신 은혜에 자원하여 예물을 드리고, 봉사하여 주님을 송축하기 원합니다. 기쁨으로 감사하는 저희들이 되게 하옵소서. 이 모든 말씀을 예수님의 이름으로 기도 드립니다. 아멘.

여호와의 산에서 준비되리라

"아브라함이 그 땅 이름을 여호와 이레라 하였으므로 오늘날까지 사람들이 이르기를 여호와의 산에서 준비되리라 하더라" (창 22:14)

평안으로 이끄시는 하나님, 지금도 살아계셔서 시온의 백성들을 보호해 주셨음에 감사드립니다. 지난 시간 동안 여호와 앞에서 부끄럽게 지냈던 모습을 용서해 주옵소서. 고의로 죄를 짓고, 자신의 과실에 유의하지 못한 허물을 용서해 주옵소서.

저희 교회에 말씀을 순종하는 전통이 있음에 감사를 드립니다. 오늘도 하나님의 사자가 강단에서 말씀을 전하실 때, 온전히 따를 수 있도록 마음을 열어 주옵소서.

앞날을 준비해 주시는 주님, 언제나 우리보다 앞서 준비해 놓으시고 때에 따라 주심에 감사합니다. 하나님을 사랑하는 자에게 미리 대책을 세워 주시는 자비하심이 오늘, 저희들의 것이 되게 하옵소서.

언제나 도움의 손을 펴시는 하나님을 찬양합니다. 여호와의 산에서 준비하시는 은혜를 저희들이 보게 하옵소서. 이 모든 말씀을 예수님의 이름으로 기도 드립니다. 아멘.

도리어 복음의 진보

"형제들아 내가 당한 일이 도리어 복음 전파에 진전이 된 줄을 너희가 알기를 원하노라" (빌 1:12)

고난 중에 함께 하시는 하나님, 넓으신 인자하심으로 평안을 주시니 감사드립니다.

지난 한 주, 삶에서 죄를 짓고, 길 잃은 양처럼 주의 길에서 벗어났음을 용서해 주옵소서. 주님의 거룩하신 율법을 어겼고 마땅히 해야 할 일들을 하지 않은 죄를 용서해 주옵소서.

설교하시는 목사님께 능력을 주셔서 생명의 말씀으로 저희들이 배부르게 하여 주옵소서. 오늘 선포되는 말씀을 ○○ 교회의 권속들이 '아멘'으로 받아 순종하게 하옵소서.

고난 속에서 힘들어하는 지체들이 있습니다. 특별히 주목하시고 도와주시옵소서. 어려운 일을 당할 때, 담력을 얻게 하심을 믿습니다. 때로는 고통과 어려움, 실패와 실수를 통해 우리를 단련하심을 믿습니다. 이 모든 말씀을 예수님의 이름으로 기도 드립니다. 아멘.

절망에서 소망으로

"이에 내가 그 명령대로 대언하였더니 생기가 그들에게 들어가매 그들이 곧 살아나서 일어나 서는데 극히 큰 군대더라" (겔 37:10)

의지하게 하시는 하나님, 여호와의 품 안에 거하며, 주님을 찬송합니다. 저희들의 삶이 교회에 유익을 끼치며, 하나님께는 영광이 되지 못함을 용서해 주옵소서.

이 시간에, 하늘의 문을 여시고 구원의 은혜와 평강의 복을 주신 주님을 찬양합니다. 주님의 영으로 충만하여 축제의 기쁨으로 예배하게 하옵소서. 말씀이 선포되는 동안 저희들의 심령은 주님을 더욱 향하게 하옵소서. 주시는 말씀을 듣고 지키며 새롭게 다짐하는 은혜를 주옵소서.

소망이 되시는 여호와여, 사람의 힘과 능력으로는 되지 않지만, 오직 하나님의 힘으로는 될 것을 믿고 소망을 갖게 하시옵소서. 성령님께서 감동해 주신 꿈을 잃지 않는 저희들이 되게 하옵소서.

주님의 은혜는 저희들에게 꼭 이루어짐으로 나타날 줄 믿습니다. 여호와의 이름으로 반드시 승리하게 하옵소서. 이 모든 말씀을 예수님의 이름으로 기도 드립니다. 아멘.

하나님의 종과 같이 하라

"너희는 자유가 있으나 그 자유로 악을 가리는 데 쓰지 말고 오직 하나님의 종과 같이 하라" (벧전 2:16)

우리의 편이 되시는 여호와여, 주님 안에서 자유를 주시니 감사드립니다. 저희가 주님의 은혜를 찬양하며 지내야 했으나 그렇지 못했음을 고백합니다. 이웃을 섬기지 못하고, 화를 내는 일이 많았음을 용서해 주시옵소서.

이 자리에 모인 무리들이 경건함과 거룩함으로 예배하게 하옵소서. 생각과 마음을 모아서 예배하는 저희들이 되게 하옵소서. 이 시간, 강단에서 하나님의 말씀이 선포될 때, 사모하는 마음을 갖게 하옵소서.
전능하신 하나님, 기도하는 중에 하나님을 두려워하게 하옵소서.
성령의 감동 속에서 하나님을 두려워하는 삶을 다짐하도록 인도하옵소서. 하나님을 두려워하여 성경 말씀에 순종하고, 여호와의 뜻을 이루어 드리게 하옵소서.
저희들에게 왕 앞에서의 신하와 같은 자세를 주옵소서. 이 모든 말씀을 예수님의 이름으로 기도 드립니다. 아멘.

이웃을 위한 간구

"주는 하늘에서 그들의 기도와 간구를 들으시고 그들의 일을 돌아보옵소서" (왕상 8:45)

자비로우신 주여, 무더운 날씨 속에서도 영혼과 육체를 지켜주시는 은혜에 찬양을 드립니다.

저희들은 길 잃은 양처럼 주의 길에서 벗어나 헛된 뜻과 욕망을 따랐으니 용서해 주시옵소서. 주님의 거룩하신 율법을 어겼고 마땅히 해야 할 일들을 하지 않아 영혼의 건강마저 잃은 것을 회개합니다.

하나님께 드리는 예배가 마음을 다하고, 뜻을 다하는 생명의 축제가 되게 하시옵소서. 저희 ○○ 교회의 모든 성도들이 하나님의 말씀에 정성된 마음을 갖게 하옵소서. 선포되는 말씀을 정성을 다하여 듣게 하시고, 결단하고 순종함에도 정성을 다하게 하옵소서.

이 시간, 하나님의 성전에서 손을 들어 기도하게 하시옵소서. 간구하는 지체들의 기도에 응답의 은혜를 주시옵소서. 무릎을 꿇고 하늘을 향해 간절히 간구하는 저희들에게 예비하신 응답을 주시옵소서. 이 모든 말씀을 예수님의 이름으로 기도 드립니다. 아멘.

짐을 서로 지는 성도

"그러므로 우리는 기회 있는 대로 모든 이에게 착한 일을 하되 더욱 믿음의 가정들에게 할지니라" (갈 6:10)

만유를 다스리시는 하나님, 홀로 찬송 받으실 위엄 앞에서 소리를 높여 찬양을 드리게 하옵소서.
죄를 묻지 않으시고 긍휼히 여기시는 은혜에 의지하여 이렇게 고백하니 받아주옵소서. 갈보리 십자가의 보혈, 그 뜨거운 피로 저희의 추한 심령을 어루만져 주옵소서.

이 시간 생각과 마음을 모아서 영과 진리로 예배하는 저희들이 되게 하시옵소서. 목사님의 입술을 사용하여 들려주시는 말씀을 청종하게 하시옵소서. 생명의 말씀을 받아 마음의 판에 새기도록 하옵소서.
○○ 교회 안에서 한 몸을 이루게 하셨음에 감사합니다. 저희들 각자가 지체로서 한 몸을 이루기 위해서 짐을 서로 지는 은혜를 주시옵소서. 주님의 십자가에서 나타난 은혜로 저희들이 한 몸이 되게 하심을 늘 기억하게 하옵소서. 예수님의 보혈이 저희들을 하나 되게 하셨으니, 서로 섬김으로써 이 은혜를 지키게 하옵소서. 이 모든 말씀을 예수님의 이름으로 기도 드립니다. 아멘.

산을 바다에 던지는 말

"너희가 기도할 때에 무엇이든지 믿고 구하는 것은 다 받으리라 하시니라" (마 21:22)

경배를 받으실 여호와여, 저희들의 생각과 말 그리고 묵상을 열납해 주옵소서.

예배를 드리기 전에, 저희들의 잘못을 용서해 주옵소서. 죄에 대하여 민감하고, 하나님께 드릴만한 경건에 힘써야 하였으나 삶은 정반대였음을 고백합니다. 죄에 대하여 둔하게 지낸 것을 용서해 주시옵소서.

지금, 생명과 빛으로 오신 주님을 즐거워하면서 예배의 자리로 나아가기 원합니다. 목사님의 입술을 통해서 대언되는 말씀으로 주님의 아름다움을 보게 하옵소서. 진리의 말씀이 생수가 되어 허전했던 심령을 시원하게 해 주는 은혜를 입게 하옵소서. 오늘, 저희들의 말 속에 믿음이 있어서 기적을 보게 하시옵소서. 믿음이 있는 말은 산이라도 움직이지만 믿음이 없는 말은 아무 힘이 없음을 깨닫습니다.

저희들의 말이 허공을 치는 소리에 불과하지 않게 하시옵소서. 하나님의 영광을 위해서 기적을 나타내는 말을 하게 하시옵소서. 이 모든 말씀을 예수님의 이름으로 기도 드립니다. 아멘.

하나님의 신이 감동한 사람

"바로가 그의 신하들에게 이르되 이와 같이 하나님의 영에 감동된 사람을 우리가 어찌 찾을 수 있으리요 하고" (창 41:38)

귀를 기울이시는 주여, 주님을 맞이하면서 엎드려 경배하게 하시옵소서. 주님을 영화롭게 해드리지 못했던 행실을 고백합니다. 아직도 옛 사람의 욕심을 버리지 못하여 죄를 지었던 저희들입니다. 자신을 남들과 비교하여 욕심을 부렸던 어리석은 행동들을 용서해 주시옵소서.

이 시간, 주님의 영으로 충만하여 축제의 기쁨으로 예배하게 하옵소서. 오늘도 저희들을 위하여 진리의 말씀을 주심에 감사합니다. 선포되는 말씀을 듣는 순간 마음을 다하고, 뜻을 다하여 여호와를 순종하겠다는 각오를 갖게 하시옵소서.
저희 ○○ 교회가 복음을 전하는 사명을 다하기 위해 기도하는 시간이 되게 하시옵소서. 불신자들에게 복음을 전하는 교회가 되게 하시옵소서.
불신자들이 구원에 이르기 위해 저희 교회를 찾기 원합니다. 저희들은 전도의 사명을 깨닫고 그러한 역할을 감당하게 하시옵소서. 이 모든 말씀을 예수님의 이름으로 기도 드립니다. 아멘.

은혜의 풍성함을 따라

"우리는 그리스도 안에서 그의 은혜의 풍성함을 따라 그의 피로 말미암아 속량 곧 죄 사함을 받았느니라" (엡 1:7)

도움과 방패의 하나님, 하나님께서 주님을 통해서 저희들을 구원해 주셨으니, 찬송으로 존귀와 영광을 선포합니다.
주님의 뜻대로 살지 못하고 주님의 품을 떠나려고 애썼던 교만을 용서해 주옵소서. 그리고 세상과 불의와 타협하며 자신의 죄를 합리화하는 나약한 신앙을 가지고 살아온 것도 용서해 주시옵소서.

성령님의 충만하심이 있어 기뻐 예배드립니다. 목사님께서 준비하신 말씀을 전하실 때, 새롭게 깨닫는 천국의 법도가 되기를 소망합니다. 간절히 사모하는 심령으로 받아 ○○ 교회의 권속들이 평생에 지키고 따를 생명의 약속이 되게 하옵소서.
영원히 갚을 수 없는 구속의 은혜를 기뻐합니다. 주님의 은혜와 하나님의 사랑하심으로 이제 우리의 신분이 바뀌어졌고 우리의 삶도, 질도 바뀌어 졌으니, 기도로 살아가게 하시옵소서. 구속의 은총을 즐거워하며 기도로 살아가게 하시옵소서. 이 모든 말씀을 예수님의 이름으로 기도 드립니다. 아멘.

고난을 이기게 하시는 하나님

"여인들이 뛰놀며 노래하여 이르되 사울이 죽인 자는 천천이요 다윗은 만 만이로다 한지라" (삼상 18:7)

영광을 하늘에 두신 여호와여, 영원무궁한 하나님을 찬양합니다. 자기의 죄를 숨기는 자는 형통하지 못하나 죄를 자복하고 버리는 자는 불쌍히 여김을 받으리라 하신 말씀을 기억합니다. 사랑하는 권속들의 죄를 용서해 주시고, 죄에 대해 죽고 의에 대해서 사는 다짐이 있게 하옵소서.

저희들이 감사로 제사를 드려 여호와의 영광을 나타내게 하옵소서. 목사님을 단에 세워주셨으니, 은혜와 진리의 말씀이 선포되기를 원합니다. 말씀에서 흘러나오는 은혜와 진리의 풍성함을 누리면서 주님을 위하여 살고자 하는 마음이 더욱 뜨거워지게 하옵소서.

자비로우신 하나님, 인생을 낮출 때도 있고 높일 때도 있으심을 압니다. 저희들 가운데는 지금, 골짜기를 지나는 지체들이 있습니다. 그들이 여호와의 함께 하심과 보호하심을 믿고 이 어려운 시간을 이기도록 이끌어 주시옵소서. 이 모든 말씀을 예수님의 이름으로 기도 드립니다. 아멘.

여호와가 함께 하리니

"여호와께서 그에게 이르시되 내가 반드시 너와 함께 하리니 네가 미디안 사람 치기를 한 사람을 치듯 하리라 하시니라" (삿 6:16)

영원한 찬송의 하나님, 여호와를 자랑하는 권속들이 입을 벌려 찬송합니다. 저희들의 삶이 주님은 흥하시고, 저희는 쇠하는 삶이 아니었음에 회개합니다. 주님의 영광이 아니라 저희들 자신의 유익만을 추구하며 살았으니 용서해 주옵소서.

거룩한 시간에 세상을 위하여 일을 하신 하나님의 손길을 찬양하게 하옵소서. 목사님의 대언을 통해서 말씀을 하실 때, 그 말씀을 받아 어떤 모양으로도 죄악을 버리는 삶을 살게 하옵소서.

저희들이 가장 무력하고 두려울 때, 하나님의 도우심을 믿게 하시옵소서. 뜻대로 되지 않을 때, 하나님의 불쌍히 여기심을 기대하게 하옵소서. 길이 없을 때 길을 나타내 주시는 하나님을 의지하게 하시옵소서. 저희들이 부르짖을 때 하나님께서 찾아와 주심을 믿습니다. 여호와가 함께 하심을 믿고, 간구하게 하시옵소서. 이 모든 말씀을 예수님의 이름으로 기도 드립니다. 아멘.

믿음과 경건함에 속한 성도

"오직 나그네를 대접하며 선행을 좋아하며 신중하며 의로우며 거룩하며 절제하며" (딛 1:8)

천지를 지으신 여호와여, 크신 은총을 베푸시는 자비하심에 찬양을 드립니다.

시험을 참지 못한 죄를 고백합니다. 주님께서는 저희를 단련시키시려 시험하실 때, 어려움에 대하여 불평하고, 원망하며 낙심하기까지 했던 과오를 회개합니다. 잘 참고 견디지 못했음을 용서해 주시옵소서.

오늘도 사랑하는 주님의 권속들을 은혜의 자리로 불러 주셔서 영과 진리로 예배하게 하셨으니 영광을 드립니다. 주시는 말씀이 영혼을 치료하는 약이 되기를 소망합니다. 저희들이 굳게 지킬 수 있는 언약의 말씀이 되게 하시옵소서.

전능하신 하나님, 담임 목사님과 교역자들을 위해서 기도합니다. 바울이 곤경에 처할 때 좋은 동반자가 되었던 디도와 같이 목회자들과 함께 하는 지체들이 되게 하시옵소서. 담임 목사님과 같은 믿음을 따라 성도의 삶을 살도록 이끌어 주시옵소서. 이 모든 말씀을 예수님의 이름으로 기도 드립니다. 아멘.

평안하여 든든히 서가라

"그리하여 온 유대와 갈릴리와 사마리아 교회가 평안하여 든든히 서 가고 주를 경외함과 성령의 위로로 진행하여 수가 더 많아지니라" (행 9:31)

하늘에 계신 하나님, 마음을 다하여 찬양으로 예배를 시작할 때, 영광을 받으옵소서.

아버지의 말씀에 순종하지 않고, 거역하며 살아 온 저희의 허물과 죄를 기억합니다. 탐욕과 이기심으로 더럽혀지고 흐려졌음을 고백합니다. 가슴을 치며 통곡하는 소리를 들어주시기 원합니다.

이 복된 자리에서, 저희들에게 새 생명을 주신 여호와를 신령과 진정으로 예배하게 하옵소서. 저희들을 생명의 삶으로 이끄시려고 말씀을 주시니 감사드립니다. 이삭을 줍듯 겸손한 심정으로 말씀에 귀를 기울이게 하시옵소서.

이 시간 간구할 때, 저희들에게 깨어짐의 은혜를 주시옵소서. 교만함이 깨어지고, 이기심이 깨어지고, 옛 사람의 행실이 깨어지기 원합니다. 저희들 자신이 깨어져 나의 지식 중심에서 은혜 중심의 신앙으로 바뀌어지도록 이끌어 주시옵소서. 이 모든 말씀을 예수님의 이름으로 기도 드립니다. 아멘.

사나 죽으나 주의 것

"우리가 살아도 주를 위하여 살고 죽어도 주를 위하여 죽나니 그러므로 사나 죽으나 우리가 주의 것이로다" (롬 14:8)

평안으로 이끄시는 하나님, 남들이 받지 못한 은혜를 주신 여호와께 감사드립니다. 그동안 저희들이 하나님 영광을 위해 살지 못했던 죄를 고백합니다.

하나님을 위해 살면 손해 볼 때도 있는데 그것을 받아들이지 못하고 죄를 지었습니다. 인내하지 못했음을 용서해 주시옵소서.

목사님께서 예비하신 복음을 선포하게 하옵소서. 말씀을 듣고 저희들도 여호와의 율례를 쫓으며, 규례를 지키는 은혜를 누리게 하옵소서.

거룩한 사명을 주신 여호와여, 귀한 사명에 따라서 살게 하시옵소서. 착하고 충성된 종이라는 칭찬을 소망하며 열심을 내게 해 주시고, 약속해주신 면류관을 바라보게 하시옵소서.

저희들의 생명보다 사명이 귀함을 깨달아 사명을 붙잡고 전심전력하도록 이끌어 주시옵소서. 이 모든 말씀을 예수님의 이름으로 기도 드립니다. 아멘.

실수가 없는 온전한 사람

"우리가 다 실수가 많으니 만일 말에 실수가 없는 자라면 곧 온전한 사람이라 능히 온 몸도 굴레 씌우리라" (약 3:2)

환난을 면케 하시는 여호와여, 소망의 잔을 채우시는 손길에 감사드립니다. 이 시간, 저희들의 죄를 먼저 회개합니다. 주님의 말씀에 순종하기에 게을렀던 행실을 용서해 주시옵소서. 하나님의 영광을 구하지 않았던 허물을 용서해 주시옵소서.

지금, 생명과 빛으로 오신 주님을 즐거워하면서 예배의 자리로 나아가기 원합니다. 신령과 진정으로 예배하게 하시고, 머리를 숙인 권속들을 산 제물로 받으옵소서. 목사님께서 전하시는 말씀에 하나님의 뜻을 구하는 은혜를 누리게 하시옵소서. 한 마디, 한 마디의 말씀에서 진리를 구하게 하옵소서. 저희들을 인도하시는 하나님, 거짓을 버리고 참된 것을 말하는 저희들이 되게 하시옵소서.

저희들이 주님의 ○○ 교회 안에서 서로 지체가 되었으니 진리 안에서 살게 하시옵소서. 서로를 향해서 축복하는 입술의 은혜를 주시옵소서. 혹시라도, 남의 마음에 상처를 주는 말을 하지 않게 하시옵소서. 이 모든 말씀을 예수님의 이름으로 기도 드립니다. 아멘.

비싼 향유를 부은 사랑

"예수께서 이르시되 그를 가만 두어 나의 장례할 날을 위하여 그것을 간직하게 하라" (요 12:7)

전능하신 주 하나님, 능력과 권세로 지은 것들을 다스리심에 영광을 드립니다. 믿음으로 산다고 하면서도 실제는 믿음이 없이 행했던 일들이 너무 많아 고백합니다. 주님의 뜻을 기다리기보다 저희들의 생각과 판단으로 살아온 지난 일들을 돌아봅니다, 용서해 주옵소서.

오직 마음을 다해 드리는 감사로 저희들이 하나님의 영광을 드러내게 하옵소서. 목사님께 성령님의 충만하심이 있어서 말씀을 증거하실 때 사탄의 권세가 일절 틈타지 못하게 하옵소서. 저희들은 말씀을 주신 그대로 받아 지키기를 소망합니다.

이 시간, 저희들이 주님께 향유를 부어드린 마리아의 은혜를 보게 하시옵소서. 주님께 향유를 부어드리기 위해 오래 전부터 준비했을 그 태도를 닮게 하시옵소서. 저희들이 주님에 대한 사랑을 행동을 통해 나타내 보이게 하옵소서. 주님을 사랑하기 위해서 자신을 낮추는 겸손함도 주시옵소서. 이 모든 말씀을 예수님의 이름으로 기도 드립니다. 아멘.

온전히 불붙듯 한 긍휼

"긍휼이 풍성하신 하나님이 우리를 사랑하신 그 큰 사랑을 인하여" (엡 2:4)

사랑의 하나님, 오늘도 나그네의 길을 평안케 하신 여호와를 찬송합니다. 여러 가지 죄와 허물이 많이 있음을 깨닫습니다.
저희들의 모든 죄를 자복하고 회개하니 주님의 보혈로 깨끗이 씻어 주옵소서. 하나님 앞에서 착한 일을 하여 모든 이들로 하여금 영광을 드리게 하시옵소서.

목사님께서 말씀을 전하실 때, 그 진리를 따를 것을 다짐하게 하옵소서. 귀로 듣는 말씀이 아니라 가슴으로 듣게 하옵소서.

이 시간, 하나님께서 저희들 가운데 거하심을 믿게 하옵소서. 지체들이 한 자리에 모인 이 시간에 성령님께서 함께 하심을 확신합니다. 하나님께서 함께 하시니 구할 바를 다 아뢰는 복된 은혜를 주시옵소서. 허물이 많음에도 불구하고, 하나님께서 함께 하시니 감사로 기도드립니다. 그 사랑에 감사하게 하시옵소서.
이 모든 말씀을 예수님의 이름으로 기도 드립니다. 아멘.

감사의 제단

"이것이 곧 적게 심는 자는 적게 거두고 많이 심는 자는 많이 거둔다 하는 말이로다" (고후 9:6)

우리의 도움되시는 여호와여, 풍성한 거둠의 즐거움을 주신 은혜에 감사드립니다.

저희들이 지난 시간 열심을 다하여 맡겨진 사명에 충성하지 못했음을 용서해 주옵소서. 이로써 교회의 사명을 다하지 못했습니다. 담대히 주님의 일을 감당하게 하시옵소서.

이 시간에, 하늘의 문을 열어주소서. 구원의 은혜와 평강의 복이 넘치게 하신 하나님의 이름에 합당한 예배를 드리게 하옵소서. 강단에 목사님을 세우셔서 천국의 음성을 듣게 하심을 감사합니다.

올해 저희 ○○교회와 성도들에게 베풀어주신 은총을 헤아리기 어렵습니다. 감사함으로 절기를 준비하게 하옵소서.

심은 대로 거두게 해주신다는 그 약속의 말씀에 순종해서 살아왔더니, 여호와의 은혜가 컸음을 고백합니다. 심은 것보다 넘치게 하셨음에 감사드립니다. 이 모든 말씀을 예수님의 이름으로 기도 드립니다. 아멘.

여호와의 행하심을 선포하라

"여호와를 찬송할 것은 극히 아름다운 일을 하셨음이니 이를 온 땅에 알게 할지어다" (사 12:5)

찬양 받으실 하나님, 올해도 부요의 복을 누리게 하셨으니 감사를 드립니다. 성령님의 감동하심에 순종하지 못하고, 자신의 생각과 판단을 쫓으며 지낸 죄를 회개합니다. 하나님의 음성보다 자신의 목소리에 귀를 더 기울이려 한 죄를 용서해 주시옵소서. 목사님께서 말씀을 인도하실 때, 미쁘게 듣는 귀를 갖게 하옵소서. 그 말씀을 귀하게 여겨 마음으로 받아 그대로 지키게 하옵소서.

이 시간, 하나님의 자비하심에 따라 은혜의 길을 열어 주셨음에 감사드리고, 간구하게 하시옵소서. 십자가를 통해서 하나님께로 나아가는 길을 열어주시고, 때를 따라 도우심에 감사드립니다.
하나님의 은혜가 이 시간에도 나타나 저희들에게 구원의 은혜를 보게 하시옵소서. 저희들의 생업에 복을 내려주셔서 무엇을 먹을까, 무엇을 입을까를 염려하지 않게 하시옵소서. 또한, 선물로 주신 자녀들을 주님의 지혜로 바르게 키우도록 하시옵소서. 이 모든 말씀을 예수님의 이름으로 기도 드립니다. 아멘.

기도로 돕는 성도

"끝으로 형제들아 너희는 우리를 위하여 기도하기를 주의 말씀이 너희 가운데서와 같이 퍼져 나가 영광스럽게 되고" (살후 3:1)

만유를 다스리시는 하나님, 저희들의 생명을 지켜주신 은총에 감사드립니다. 이 시간, 기도에 게을렀던 지난 시간을 고백합니다. 부족할 때마다 하나님을 찾아야 했건만, 기도보다는 인간적인 수단과 방법에 의지했던 삶을 용서해 주시옵소서.

오늘도 사랑하는 주님의 권속들을 은혜의 자리로 불러 주셔서 영과 진리로 예배하게 하셨으니 영광을 드립니다. 진리의 말씀을 선포하시는 목사님께 성령님의 충만하심이 있기 원합니다. 말씀의 영으로 충만하게 하셔서 풍성함을 누리게 하시옵소서.
여기에 모인 성도들에게 하나님을 가까이 하는 마음을 주시옵소서. 주님의 일하심에 대하여 깊이 깨닫는 마음을 주시옵소서.
어려움을 당할 때에 믿음을 떠난 생활을 하지 않도록 이끌어 주시옵소서. 평생 하나님을 의지하는 믿음으로 살아가도록 도와주시옵소서. 저희들의 일생이 승리할 줄로 믿습니다. 이 모든 말씀을 예수님의 이름으로 기도 드립니다. 아멘.

영원히 목마르지 않는 물

"내가 주는 물을 마시는 자는 영원히 목마르지 아니하리니 내가 주는 물은 그 속에서 영생하도록 솟아나는 샘물이 되리라" (요 4:14)

귀를 기울이시는 주여, 여호와의 이름에 받으실 영광을 드립니다. 이 시간에, 여러 가지 죄와 허물을 깨닫습니다. 저희들의 모든 죄를 자복하고 회개하니 주님의 깨끗케 하시는 보혈로 씻음 받게 하시옵소서. 육신이 연약하고 믿음이 부족하다는 핑계로 주님의 말씀대로 살지 못하였음을 용서해 주시옵소서.

지금, 생명과 빛으로 오신 주님을 즐거워하면서 예배의 자리로 나아가기 원합니다. 성령 하나님의 역사하심이 강단에서 전해지는 말씀에 나타나기를 소원합니다.

성탄의 절기를 맞이하면서, 다시 한 번 구원은 유일하신 하나님께만 있음을 확인합니다. 예수님을 의지하며 사는 사람들만이 구원의 참된 복을 얻을 수 있음에 감사하게 하시옵소서.

하나님께서 아기의 모습으로 세상에 오신 은혜를 감사하며 기도하게 하옵소서. 예수님께서 베푸신 구원을 잊지 않게 하시옵소서. 이 모든 말씀을 예수님의 이름으로 기도 드립니다. 아멘.

하나님께로 가는 사람

"예수께서 이르시되 내가 곧 길이요 진리요 생명이니 나로 말미암지 않고
는 아버지께로 올 자가 없느니라" (요 14:6)

생명을 주신 하나님, 감사와 찬송으로 영광을 드러내게 하옵소서. 전
심으로 찬송을 드릴 때 받으옵소서. 지난 한 주간 결코 아름답지 못하
였음을 용서해 주옵소서. 주님의 뜻대로 빛과 소금이 되지 못한 죄를
깨끗이 씻어 주시고, 새롭게 하시옵소서.

오직 마음을 다 하여 하나님의 이름을 높이고, 영광을 바치는 시간이
되게 하옵소서. 오늘, 목사님의 말씀을 통해서 저희 ○○ 교회의 권속
들에게 생명의 말씀이 선포되기를 간절히 원합니다.
여호와 우리 주여, 지금은 잠깐 고난을 당하고, 서러운 시간을 보내기
도 하지만, 영광스러운 내일이 보장되어 있음에 감사하게 하옵소서.
이 땅에서 잠시 당하는 어려움을 이기게 하시옵소서. 저희들이 그곳에
가서 상급을 받고 면류관을 받으며 영원한 복을 누리는 소망으로 충만
하게 하옵소서. 이 모든 말씀을 예수님의 이름으로 기도 드립니다. 아
멘.

유대인의 왕으로 나신 이

"박사들이 왕의 말을 듣고 갈새 동방에서 보던 그 별이 문득 앞서 인도하여 가다가 아기 있는 곳 위에 머물러 서 있는지라" (마 2:9)

영광받으실 하나님, 하늘에 계신 주님의 이름을 높여드립니다.
이 시간, 하나님의 뜻을 거슬렀던 죄를 고백합니다. 말씀을 가까이 하지 않아 성도로 온전히 세워지기에 부족하였음을 용서해 주시옵소서. 말씀을 믿고, 따르지 못했음을 용서해 주시옵소서.

저희들에게 새 생명을 주신 여호와를 예배할 때, 신령과 진정으로 예배하게 하옵소서. 구원의 하나님께 마음을 다하고, 뜻을 다하여 예배드리게 하옵소서.
성탄절을 맞아, 하나님의 아들이 죄인의 몸을 입고, 낮고 천한 자리에 오셨음을 묵상하게 하옵소서. 인류를 죄악과 저주로부터 구원하시려고 하나님과 동등됨을 스스로 버리신 예수님의 사랑에 감사하게 하시옵소서. 성탄절을 맞이하면서, 아직도 죄 아래 있는 이들에게 복음을 증거하게 하시옵소서. 거룩한 성탄절이 죽어가는 이들에게 복음을 전하는 날이 되도록 해 주시옵소서. 이 모든 말씀을 예수님의 이름으로 기도 드립니다. 아멘.

마음을 찢고 여호와께로

"여호와의 말씀에 너희는 이제라도 금식하고 울며 애통하고 마음을 다하여 내게로 돌아오라 하셨나니" (욜 2:12)

영원하신 하나님, 저희들의 등 뒤에서 도우신 여호와를 찬송합니다. 이 시간, 저희가 삶 속에 인내하지 못했음을 고백합니다. 인내를 통해서 온전함을 이루지 못한 조바심을 용서해 주시옵소서.

이 시간에, 평강의 복을 주시는 하나님께 예배를 드리게 하옵소서. 주님의 영으로 충만하여 축제의 기쁨으로 예배하게 하시옵소서.
지금까지 저희를 인도해 주신 하나님, 한 해를 보내는 이 시간에, 저희들이 말씀의 은혜를 통해서 지나온 삶을 돌아보게 하시옵소서. 여호와 앞에서 지은 죄를 기억하여 회개하는 지체들이 되게 해 주시옵소서.

새해에는 더욱 넘치는 복을 주실 하나님의 손길을 찬양하게 하옵소서. 저희들 각자와 저희 ○○ 교회가 감당해야 될 일들을 다하지 못한 죄를 용서해 주시옵소서. 이 모든 말씀을 예수님의 이름으로 기도 드립니다. 아멘.

[4]
교회절기
대표기도문

1. 주님의 영예를 찬양하게 하옵소서

너희는 이르기를 우리 구원의 하나님이여 우리를 구원하여 만국 가운데에서 건져내시고 모으사 우리로 주의 거룩한 이름을 감사하며 주의 영광을 드높이게 하소서 할지어다(대상 16:35).

하나님께 영광 | 전능하신 여호와여, 사순절을 맞이하여 하나님의 위대하심에 영광을 드립니다. 주님의 십자가로 저희들의 구원을 이루신 은혜의 하나님께 감사를 드립니다. 이 시간 십자가에서 이루어진 구속의 은혜를 감사하면서 예배하는 저희들이 되게 하옵소서.

회개-자복 | 하나님 아버지, 이 시간에 저희들의 죄를 고백합니다. 하나님을 영화롭게 해드리기 보다, 저희들 자신의 영광을 위해서 살아왔던 죄를 용서하옵소서. 삶의 모든 자리에서 여호와의 주님 되심을 인정해드리지 못했던 죄를 용서하옵소서.

간구 | 십자가의 하나님, 저희가 죄인들의 구원을 위해서 주님께서 고난을 당하셨음을 묵상하고 감사의 노래를 부르게 하옵소서. 우리를 위해 십자가를 지신 주님께 감사하게 하옵소서. 주님을 향한 감사가 세

248

상을 살아가도록 하는 동기가 되게 하옵소서. 간절히 바라옵기는 사순절의 신앙을 통해서 교회의 성도들이 감사할 줄 아는 마음을 지니도록 하옵소서. 그리하여 삶의 모든 상황 속에서 감사하며 살게 하옵소서.

예배의 순서 | 하늘의 하나님, ○○ 교회의 성도들이 한 마음으로 머리를 숙인 이 시간이 하나님께 영광이 되기를 소망합니다. 예배가 하나님의 영광 속에 진행되게 하옵소서. 사순절의 주님을 묵상하는 말씀을 대언하실 목사님께서 단에 오르셨으니 생명과 진리의 말씀을 선포하게 하옵소서.

이 예배를 아름답게 하는 ○○ 성가대의 귀한 찬양을 받아주옵소서. 이들의 찬양을 통해서 하나님께는 영광이 드려지고, 회중들은 힘을 얻기를 원합니다. 지금, 저희들이 예배하는 동안에 예배당의 안팎에서 봉사하는 종들이 있음에 감사드립니다. 귀한 지체들의 섬김으로 예배를 아름답게 하시니 종들이 은총을 입게 하옵소서.

교회를 위한 도고 | 거룩하신 하나님, ○○ 교회를 지켜 주심에 감사드립니다. 세상을 위하여 자신의 몸을 내어주셨던 주님과 같이 하나님의 뜻을 이루어 드리는 교회가 되기를 소망하면서 이 모든 간구를 예수님의 이름으로 기도드립니다. 아멘.

2. 구원을 베푸시는 주님을 보게 하옵소서

시온의 딸아 크게 기뻐할지어다 예루살렘의 딸아 즐거이 부를지어다 보라 네 왕이 네게 임하시나니 그는 공의로우시며 구원을 베푸시며 겸손하여서 나귀를 타시나니 나귀의 작은 것 곧 나귀 새끼니라(슥 9:9).

감사의 고백 | 복을 주시는 하나님, 주님께서 고난을 통해 구원을 베풀어 주신 은혜를 즐거워 합니다. 인자하심이 영원하신 하나님께 감사로 예배하는 시간이 되게 하옵소서. 저희들을 흑암의 권세로부터 구원해 주신 여호와의 강한 손과 펴신 팔에 감사하는 주님의 백성들이 되게 하옵소서.

회개-자복 | 불쌍히 여기시는 하나님, 예수님을 사랑하지 못했던 저희들의 비겁함을 용서해 주옵소서. 주님보다는 세상이 두려워서 믿음으로 행하지 못했던 행실을 자복합니다. 이 시간에 하나님의 은혜와 자비하심으로 용서함을 받게 하옵소서.

간구 | 은혜로우신 하나님, 주님의 고난으로 말미암아 저희들에게 누리게 하신 은혜를 즐거워합니다. 십자가의 구속을 찬송하는 ○○ 교회

의 성도들에게 은혜의 물결이 넘치기를 소망하오니 주님을 즐거워하는 예배가 되게 하옵소서. 예루살렘으로 들어오실 때, 나귀를 타셨던 예수님을 기억합니다. 평화의 왕이신 예수님을 알게 하옵소서. 세상에 평안을 주시려고 오신 만왕의 왕을 찬송하는 예배를 드리게 하옵소서. 이 시간에 머리를 숙인 ○○ 교회의 성도들에게 십자가에서 이루어진 평화를 누리게 하옵소서.

예배의 순서 | 영화로우신 하나님, 온 성도들이 하늘을 우러러보며 여호와의 이름에 경배합니다. 목사님을 세우셔서 하나님의 말씀을 듣게 하심에 감사드립니다. 그 말씀으로 구원을 베푸시는 주님을 보게 하옵소서. 저희 교회에 ○○ 성가대를 세워주셨음을 감사드립니다. 오늘 그들이 마음과 몸을 드려 찬양할 때, 하나님의 은혜를 체험하는 복된 자리로 인도해 주옵소서. 예배에 사탄이 역사하지 않게 하시고, 하나님의 영광을 훼방하는 세력들은 물리쳐 주옵소서. 많은 이들 가운데 예배를 위한 봉사자들이 순종함으로 하나님께 영광을 드리고 있사오니 복된 봉사가 되게 하옵소서.

지역사회를 위한 도고 | 하나님, ○○ 교회가 속해 있는 지역사회를 위해서 간구합니다. ○○동이 복된 땅이 되게 하시고 저희 교회를 통해 많은 사람들이 천국의 문에 이르기를 소망합니다. 이 모든 간구를 예수님의 이름으로 기도드립니다. 아멘.

3. 갈보리 십자가를 바라보게 하옵소서

이에 예수께서 이르시되 아버지 저들을 사하여 주옵소서 자기들이 하는 것을 알지 못함이니이다 하시더라 그들이 그의 옷을 나눠 제비 뽑을새(눅 23:34)

하나님께 영광 | 전능하신 여호와여, 주님께서 죽으심으로 구속을 이루신 은혜에 영광을 드립니다. 구원하심과 영광이 하나님께 있음을 고백합니다. 성도들이 살아가는 힘과 사탄의 공격에 대한 피난처도 하나님께 있으니 우리를 도와주옵소서.

회개-자복 | 사유하시는 하나님, 골고다 언덕의 십자가를 묵상하지 않고 살아가는 죄를 회개합니다. 하나님을 잊고 살아왔던 저희의 죄를 용서해 주옵소서.

간구 | 구원의 하나님, 주님께서 고난의 잔을 거절하지 않으시고 받으심으로 저희가 영생에 이르게 되었습니다. 이 시간 예배드릴 때, 갈보리 산의 십자가를 바라보게 하옵소서.

자기를 십자가에 못 박는 로마 군병들을 향하여 '저들을 사하여 주옵소서' 라고 간구하신 주님을 생각합니다. 주님의 간구는 저희들을 위한 것이셨음을 고백합니다. 저희들이 받아야 할 고난을 주님께서 대신 받으셨음을 묵상하게 하옵소서.

예배의 순서 | 하늘의 하나님, 각자 주어진 삶을 살던 성도들이 성회로 모였으니 하늘로부터 위로가 있기를 원합니다.

주님의 고난을 기억하며 오직 성령님의 충만하심으로 예배하는 성도들이기를 소망합니다. 하늘의 백성들에게 은혜를 주시려고 목사님을 세우셨음에 감사드립니다. 목사님의 입술을 성령님께서 주관하셔서 이 백성들이 말씀을 듣게 하옵소서.

○○ 성가대원들이 신령과 진정으로 하나님께 기쁨의 찬양을 드리기를 소망합니다. 또한 오늘도 믿음과 열심으로 봉사하는 일꾼들이 있습니다. 맡은 자리에서 예배의 진행을 돕는 손길들에게 은혜를 더하여 주옵소서.

사회봉사를 위한 도고 | 거룩하신 하나님, ○○ 교회가 세상을 섬기도록 하셨음에 감사드립니다. 어려움을 당하여 고통 속에 있는 이들을 돌아보게 하시고 좀 더 헌신하여 하나님의 사랑을 이들에게 나누어 주게 하옵소서. 이 모든 간구를 예수님의 이름으로 기도드립니다. 아멘.

4. 다신 사신 주님을 찬송하게 하옵소서

이 날 곧 안식 후 첫날 저녁 때에 제자들이 유대인들을 두려워하여 모인 곳의 문들을 닫았더니 예수께서 오사 가운데 서서 이르시되 너희에게 평강이 있을지어다(요 20:19)

찬양-경배 | 신실하신 하나님, 부활절 아침에 주님께 찬양을 드리며 경배합니다. 저희들을 위하여 주께서 다시 살아나셨음을 감사하며, 죽음의 권세를 이기신 하나님의 영광을 찬양합니다. 이 시간, 오직 주님 한 분만 높임을 받으소서.

회개-자복 | 용서하시는 하나님, 예수님의 부활을 찬양하며 지내지 못한 삶들을 돌아보며 회개합니다. 부활과 영생이 없는 것처럼 육신의 삶에만 집중하여 다시 사신 주님을 잊었음을 고백합니다. 죽은 행실을 회개하게 하시고, 하나님께 대한 신앙으로 새롭게 하옵소서.

간구 | 여호와 우리 주여, 예수님께서 죽음의 권세를 이기신 것을 기념하는 오늘, 승리와 평강을 주신 주님을 찬송합니다. 세상의 권세를 이

기신 주께 영광돌리는 저희들이 되게 하옵소서. 부활하셔서 평강의 주님으로 제자들을 찾으셨던 모습을 묵상합니다. 예수님의 다시 사심을 믿지 못하고 두려움과 불안에 떨던 제자들의 모습이 아니라, 믿음으로 바라보는 저희가 되게 하옵소서. 저희도 주님의 못자국난 손과 발을 보며 승리의 찬가를 부르게 하소서.

예배의 순서 | 삼라만상을 다스리시는 하나님, 경배와 찬양을 여호와께 드립니다. 이 시간, 부활의 주님을 만난 제자들처럼 기뻐하게 하옵소서. 하나님의 종 되신 목사님을 세워주심에 감사드립니다. 목사님을 통해서 전해지는 말씀에 순종하게 하옵소서.

○○ 성가대원들이 성령님께 감동되어 드리는 찬양으로 온 교회에 영광이 넘치길 원합니다. 이 찬양으로 좌절에 빠진 사람들에게 용기를 주시고, 연약한 사람들에게 치유의 은혜를 입게 하옵소서. 이 시간에 예배의 진행을 돕고, 성도들을 위하여 봉사하는 지체들의 헌신을 받으시고 사탄의 세력이 틈 타지 못하게 하옵소서.

전도를 위한 도고 | 하나님 아버지, 저희 교회가 영혼을 구원하는 일에 열심을 품게 하셨음에 감사드립니다. 불신자들을 불쌍히 여기는 마음으로, 열심히 복음을 전하게 하옵소서. 한 영혼이라도 더 구원하는 교회가 되기를 원하면서 이 모든 간구를 예수님의 이름으로 기도드립니다. 아멘.

5. 진리의 영으로 충만하게 하옵소서

그는 진리의 영이라 세상은 능히 그를 받지 못하나니 이는 그를 보지도 못하고 알지도 못함이라 그러나 너희는 그를 아나니 그는 너희와 함께 거하심이요 또 너희 속에 계시겠음이라(요 14:17)

송축 | 자비로우신 하나님, 약속하신 대로 성령님을 보내주셨음에 감사드리며 여호와의 이름을 높여드립니다.
성령님의 임재로 은혜를 주시는 아버지의 사랑을 깨닫게 하옵소서. 저희들을 부요하게 하시는 성령 하나님의 이름을 즐거워하고, 예배하게 하옵소서.

회개-자복 | 은혜로우신 주님, 성령님을 모셔 드리지 못하고, 세상적인 풍조에 마음을 두고 지냈음을 회개합니다. 성령님의 역사하심이 아니라, 인간적인 욕망을 앞세웠던 죄를 자복합니다. 여호와의 긍휼하심으로 저희를 용서하여 주옵소서.

간구 | 거룩하신 하나님, 근심과 슬픔과 두려움에 싸여 있던 제자들에

게 약속하셨던 그대로 보혜사를 보내주셨습니다. 성령님께서 영원토록 저희와 함께 계심을 믿을 때, 심령이 든든해짐을 고백합니다. 오늘 예배하는 저희들이 진리의 영으로 충만하기를 소망합니다. 성령님을 사모하고, 성령님의 인도에 목말라 하는 심령이 되게 하옵소서.

예배의 순서 | 하늘의 하나님, ○○ 교회의 성도들이 한 마음으로 머리를 숙인 이 시간, 하나님께 영광 돌리게 하옵소서. 성령강림절의 예배를 영과 진리로 드리는 성도들에게 은혜를 내려 주옵소서. ○○ 성가대원들이 아름다운 찬양으로 영광을 드릴 때, 온 성도들의 마음에 말씀에 대한 간절함이 더욱 넘쳐나게 하옵소서. 이 시간, 예배가 거룩하게 드려지길 바라며, 여러 모양으로 헌신하는 종들을 세우셨음에 감사드립니다.

직분자들을 위한 도고 | 여호와 우리 주여, ○○ 교회로 하여금 하나님께 영광을 돌리고 이 땅에서 사명을 잘 감당하도록 직분자들에게 기름 부으심을 감사합니다. 성령강림절을 맞이해서 저희들은 하늘의 신령한 은혜로 새로워지기를 소망합니다. 하나님 앞에 착한 일꾼들이 되어 교회를 위해서 충성하기 원하오며 이 모든 간구를 예수님의 이름으로 기도드립니다. 아멘.

6. 성삼위의 영광 아래로 이끌어 주옵소서

그들을 주신 내 아버지는 만물보다 크시매 아무도 아버지 손에서 빼앗을
수 없느니라 나와 아버지는 하나이니라 하신대(요 10:29~30)

기쁨의 노래 | 기쁨을 주시는 하나님, 죄에서 구원받고 하나님의 도우
심으로 살게 하셨음에 감사드립니다. 삼위 하나님의 자비로우심으로
저희들이 여기까지 이르렀음에 알게 하옵소서. 저희들이 베풀어 주신
은혜에 감사함으로 그 위대하심을 선포하게 하옵소서.

회개-자복 | 주 하나님, 주께서 저희들의 죄를 깨끗이 씻어주심을 믿
습니다. 불의를 일삼으며 저지른 모든 죄를 용서하여 주심을 믿고 죄
를 고백합니다. 말에나 행동에나 믿지 않은 자들처럼 행했음을 용서하
옵소서. 주님의 보혈로 주홍같이 붉은 죄가 눈처럼 희게 씻어지는 은
혜를 입게 하옵소서.

간구 | 유일하신 하나님, 삼위로 계시면서 오직 한 분이신 하나님께 찬
송과 영광을 드립니다. 성삼위 하나님께서 저희들의 구원을 위해서 역

사하시는 은혜에 감사드립니다. 어린아이와 젖먹이들의 입에서 나오는 찬미를 온전케 하심과 같이 저희들의 찬송을 온전하게 하옵소서. 하나님의 거룩하심과 같이 거짓 없는 순결함으로 예배하도록 저희들의 심령을 다스려 주옵소서. 성도들이 한 마음으로 예배하게 하옵소서.

예배의 순서 | 크고 위대하신 하나님, 삼위일체주일에 성령님의 인도하심에 따라 예배하게 하시니 감사드립니다. 또한 성삼위의 영광 아래로 이끌어 주시려고 목사님을 단에 세우셨음에 감사드립니다. 목사님의 입술을 성령님께서 주관하셔서 말씀을 듣는 주의 백성들이 자신을 내어드리는 결단을 하게 하옵소서.

○○ 성가대원들이 신령과 진정으로 온전한 찬양을 드리기를 소망합니다. 함께한 저희도 화답하며 여호와의 임재를 바라보게 하옵소서. 이 시간, 맡은 자리에서 예배의 진행을 돕는 손길들에게 은혜를 더하여 주옵소서.

노숙인들을 위한 도고 | 낮은 자의 하나님, 어려운 일들을 만난 이들을 불쌍히 여겨 주옵소서. 사업에 실패를 했거나 순간적인 잘못으로 생활의 터전을 잃은 이들을 도와주옵소서. 또한 질병으로 고통을 당하고 있는 이들을 하나님의 손길로 어루만져주시기 원합니다. 이 모든 간구를 예수님의 이름으로 기도드립니다. 아멘.

7. 처음 익은 열매를 드리게 하옵소서

네 재물과 네 소산물의 처음 익은 열매로 여호와를 공경하라 그리하면 네 창고가 가득히 차고 네 포도즙 틀에 새 포도즙이 넘치리라(잠 3:9~10).

송축 | 자비로우신 하나님, 금년의 첫 소출을 거두게 하신 여호와의 이름을 높여드립니다. 풍성한 수확으로 기쁨을 얻는 ○○ 교회의 성도들이 하나님의 손길을 송축하게 하옵소서. 맥추감사절에 머리를 숙인 성도들이 여호와께 시와 찬미와 신령한 노래로 예배하게 하옵소서.

회개-자복 | 사유하시는 하나님, 하나님 앞에서 죄를 자복하고 그 뜻대로 행하는 은혜를 주옵소서. 첫 수확에 감사해야하는 절기에 하나님께서 베풀어주심에 만족할 줄 모르고 불평을 해왔습니다. 용서하옵소서.

간구 | 거두게 하시는 하나님, 이 시간에 이르기까지 필요한 것을 모자람이 없이 공급해 주신 은혜에 감사드립니다. 머리를 숙인 ○○ 교회의 성도들이 기쁨과 감사로 첫 소산물을 갖고 왔으니 받으옵소서. 예

배를 드리며 감사의 제단을 쌓을 때 영광을 받으소서.

첫 소산물을 드리면서 과거에 저희들의 처지가 어떠하였음을 고백하며 감사하게 하옵소서. "나의 나 된 것은 하나님의 은혜라"는 고백으로 드리니 받으옵소서. 또한 저희가 "새포도즙이 넘치리라"는 하나님의 복된 약속을 기대하게 하옵소서.

예배의 순서 | 영화로우신 하나님, 온 성도가 하나님을 바라며 경배합니다. 이 교회를 위하여 주의 종을 보내셨으니, 이 시간에 진리와 은혜의 말씀을 듣게 하옵소서. 목사님께 성령님의 충만하심과 지식을 더하셔서 천국의 말씀을 선포하게 하옵소서. ○○ 성가대원들이 하나님을 찬양할 때, 저희들이 하늘의 영광을 더욱 사모하게 하옵소서. 이 시간의 예배가 거룩하게 드려지도록 여러 모양으로 헌신하는 종들을 세우시니 감사드립니다. 저희들이 마음을 다하여 모든 순서에 임하게 하시고, 임마누엘의 은혜를 소망하게 하옵소서.

나라를 위한 도고 | 자기 백성을 돌아보시는 하나님, 지상에 있는 많은 나라들과 더불어 이 나라를 지켜 주옵소서. 하늘의 문을 여시고, 이 땅의 사람들이 말씀으로 풍족하게 되며 강건하게 되는 은혜를 내려 주옵소서. 맥추감사절의 풍성함을 소망하며 이 모든 간구를 예수님의 이름으로 기도드립니다. 아멘.

8. 추수하는 즐거움을 누리게 하옵소서

주께서 이 나라를 창성하게 하시며 그 즐거움을 더하게 하셨으므로 추수하는 즐거움과 탈취물을 나눌 때의 즐거움 같이 그들이 주 앞에서 즐거워하오니(사 9:3)

여호와의 이름 | 구원의 하나님, 영화로우신 그 이름을 영원히 찬송합니다. 추수의 기쁨에 감사하며 예배의 즐거움을 주셨으니, 그 이름을 찬송하는 성도들이 되게 하옵소서. 하나님 앞에 나아온 성도들마다 여호와의 이름에 영광을 드리고, 그 이름을 기뻐하게 하옵소서.

회개-자복 | 여호와 우리 주여, 저희들이 죄를 지었음을 고백합니다. 하나님의 영광보다 육신의 즐거움과 만족에 마음을 두고 지내왔습니다. 영생을 가지지 못한 이들처럼 세상에서 남보다 더 재물을 취하고, 손해를 보지 않으려는 마음에 쫓겨 살았음을 회개합니다. 저희의 악함을 용서하옵소서.

간구 | 만유의 하나님, 여호와의 손이 주님의 백성들을 창성하게 하셨

음에 감사드립니다. 저희들을 도우셔서 추수하는 즐거움을 주셨으니 찬양하게 하옵소서. 하나님께서 밭고랑마다 비로 적셔지게 하셨고, 움을 트인 싹마다 크게 자라 알곡이 맺히게 하셨습니다. 적당한 햇빛과 바람은 나무의 가지마다 열매를 맺게 하셨습니다. 사람들이 추수의 즐거움을 누리게 하시니 감사드립니다.

예배의 순서 | 삼라만상을 다스리시는 하나님, 저희들이 예배드리는 이 시간, 목사님을 붙드셔서 ○○ 교회의 성도들에게 하나님의 말씀을 전하게 하옵소서. 오늘의 말씀이 저희들의 심령을 새롭게 하여 추수하는 즐거움을 누리는 삶을 결단하게 하옵소서. ○○ 성가대원들이 성도들의 마음을 담아 하나님의 영광을 찬양하게 하옵소서. 저희들이 예배하는 동안에 전심으로 섬기는 이들을 축복합니다.

어려운 이들을 위한 도고 | 아버지 하나님, 빈궁함으로 말미암아 경제적으로 고통을 당하는 이들을 불쌍히 여겨주옵소서. 직장을 잃고 살아가는 것이 막막해진 이들에게는 소망을 갖게 하옵소서. 지금은 어려움에 처해 있으나 도우시는 하나님의 손길이 나타나기를 원하면서 이 모든 간구를 예수님의 이름으로 기도드립니다. 아멘.

9. 우리를 구원할 메시아를 보게 하여 주옵소서

이는 한 아기가 우리에게 났고 한 아들을 우리에게 주신 바 되었는데 그의
어깨에는 정사를 메었고 그의 이름은 기묘자라, 모사라, 전능하신 하나님
이라, 영존하시는 아버지라, 평강의 왕이라 할 것임이라(사 9:6)

송축 | 자비로우신 하나님, 죄인들의 구원을 위하여 메시아를 보내 주
신 여호와의 이름을 송축합니다. 사람의 몸을 입으신 하나님의 아들이
오심으로 큰 빛을 보게 되었으니 이 시간에 하나님의 이름을 높이는
예배를 드리게 하옵소서.

회개-자복 | 미쁘신 하나님, 하늘 보좌를 버리시고 이 땅에 오신 예수
님을 영접하지 않고, 저희들 자신의 생각에 치우쳐서 지낸 시간들을
회개합니다. 마땅히 우리의 임금으로 오신 주님께 영광을 드려야 하지
만 우리의 즐거움을 위해 절기를 지키려 했던 죄악을 회개하오니 깨끗
이 씻어 주옵소서.

간구 | 대강절의 하나님, 흑암으로 가득 찬 이 세상에 생명을 구원할

빛으로 오신 예수님을 묵상합니다. 죄인들을 위하여 평강의 왕으로 오셨던 아기 예수님을 경배하게 하옵소서. 흑암에 행하던 백성이 큰 빛을 보고 사망의 그늘진 땅에 거하던 자에게 빛이 비추게 된 성탄절을 기다리면서 신령과 진정으로 예배하게 하옵소서.

예배의 순서 | 찬양을 받으실 하나님, 이 좋은 시간에 ○○ 교회의 성도들이 하나님을 경외하며 머리를 숙였습니다. 보혈의 피로 구속함을 입은 하나님의 자녀들에게 대강절의 은혜를 내려 주옵소서. 목사님께서 진리의 말씀으로 저희들을 인도하실 때, 영안이 열려 우리의 메시아를 보게 하옵소서. 이 시간에 ○○ 성가대의 찬송으로 하나님의 영광이 교회 안에 가득하게 하시고, 저희들은 그 은혜로 하나님께 더욱 가까이 나아가도록 하옵소서.

공교육기관들을 위한 도고 | 여호와 하나님, 교육기관을 통하여 많은 인재들이 양성되게 하심을 감사드립니다. 이들 교육기관에 하나님의 다스리심이 나타나기를 소망합니다. 가르치는 교사들이 하나님이 주인이심을 깨닫게 하시고, 하나님의 도시를 형성하는 비전을 품게 해주옵소서. 이 모든 간구를 예수님의 이름으로 기도드립니다. 아멘.

10. 구주가 나셨음을 기뻐하게 하옵소서

천사가 이르되 무서워하지 말라 보라 내가 온 백성에게 미칠 큰 기쁨의 좋은 소식을 너희에게 전하노라 오늘 다윗의 동네에 너희를 위하여 구주가 나셨으니 곧 그리스도 주시니라(눅 2:10~11).

찬양-경배 | 신실하신 하나님, 거룩한 성탄절 아침에 찬양을 드리며 경배합니다. 하나님의 아들이 저희에게 오셨음을 감사하며 하늘의 하나님께 영광을 드리는 시간이 되게 하옵소서. 하나님이 사람의 모습으로 이 땅에 오신 기쁨을 서로 나누게 하옵소서.

회개-자복 | 주 여호와여, 이 시간에 저희들을 긍휼히 여겨 주옵소서. 아기 예수님께서 오신 평화의 밤에 천군과 천사들처럼 기뻐 찬송하지 못한 죄를 회개합니다. 이 세상의 일들에 마음을 빼앗겨 성탄절의 의미를 잊고 지냈던 저희들을 용서하옵소서.

간구 | 하늘의 하나님, 하나님의 아들이 죄인들의 구원을 위하여 찾아오신 좋은 날에 성도들이 모두 함께 찬양과 경배를 드립니다. 하나님

의 아들이 저희들에게 오심으로 구원의 길이 열렸음에 즐거워합니다. 하늘에서 이루어졌던 하나님의 뜻이 이 땅에서 이루어졌으니 저희들이 드리는 영광을 받으옵소서. 예수님의 탄생을 기뻐하며 예배하는 이 교회에 하나님의 은혜가 강물처럼 흐르게 하옵소서.

예배의 순서 | 영원하신 하나님, 성탄절에 저희들이 마음을 다 바쳐 거룩한 예배를 드리게 하심에 감사드립니다. 하나님의 거룩한 말씀을 대언하실 목사님을 단에 세우셨음에 감사드립니다. 목사님의 입술을 성령님께서 주관하셔서 저희들이 성탄의 기쁜 소식을 듣게 하옵소서. ○○ 성가대원들이 신령과 진정으로 하나님의 영광을 찬양하게 하옵소서. 함께한 저희들도 화답하며 여호와의 임재를 바라보게 하옵소서. 맡은 자리에서 예배의 진행을 돕는 손길들에게 은혜를 더하여 주옵시고 성삼위 하나님만이 영광을 받으옵소서.

시설에 있는 어린이를 위한 도고 | 성탄절의 하나님, 성탄의 기쁜 소식이 복지시설에서 자라는 아이들의 마음에 전해지기를 소망합니다. 가정의 형편이 어렵거나 부모가 없어 복지시설에서 살아가는 어린이들이 여호와의 긍휼하심을 보게 하옵소서. 성탄절이 위로가 되게 하시고, 소망이 되시는 예수님을 사랑하면서 자라게 해주시기를 원하오며 이 모든 간구를 예수님의 이름으로 기도드립니다. 아멘.

[5]

교회행사와 기념주일

대표기도문

1. 하나님의 인도하심을 바라보게 하옵소서

내 발이 그의 걸음을 바로 따랐으며 내가 그의 길을 지켜 치우치지 아니하였고 내가 그의 입술의 명령을 어기지 아니하고 정한 음식보다 그의 입의 말씀을 귀히 여겼도다(욥 23:11~12)

여호와를 바람 | 살아계신 하나님, 소망을 주시는 손길을 바라봅니다. 새해를 시작하면서 저희들을 인도하시는 하나님을 바라보게 하옵소서. 저희들 각 사람이 여호와의 뜻대로 살아가는 한 해가 되게 하옵소서.

회개-자복 | 주 여호와여, 새해의 첫 주일, 새 생명의 충만함을 받을 준비가 안 된 저희들을 용서하옵소서. 저희 심령이 깨끗하지 못하여 하나님을 영화롭게 하지 못한것을 회개합니다.
여호와의 성결로 심령을 새롭게 하시고, 이 땅을 새롭게 하시는 하나님의 일에 동참하게 하옵소서.

간구 | 자비로우신 하나님, 새해 첫 예배를 드리는 영광을 주셨음에 감사드립니다. 인생을 도우시는 하나님을 의지하며 살아가는 새해가 되

게 하옵소서. 여호와께서는 가난한 자를 도우시고, 궁핍한 자를 긍휼히 여기시니 소망을 여호와께 두게 하옵소서. 인생의 길은 오직 하나님만 아시오니 하나님의 말씀을 따라 살게 하옵소서.

또한 하나님의 인도하심을 바라고 저희들의 삶을 온전히 맡기게 하옵소서. 금년에도 하나님의 일들이 이루어지기를 소망합니다.

예배의 순서 | 찬양 받으실 하나님, 신년주일에 ○○ 교회의 성도들이 하나님의 인도하심을 바라는 믿음으로 예배를 드리게 하옵소서.

주님의 귀한 교회를 위해서 세우신 목사님께 신령한 은혜를 더하셔서 생명의 말씀으로 저희를 새롭게 하옵소서.

여호와의 영광이 교회에 선포되도록 성가대를 세워주셨습니다. ○○ 성가대원들이 하나님을 찬양하는 역할을 귀하게 감당하게 하옵소서. 또한 예배를 위하여 맡은 직분의 자리에서 성실히 봉사하는 지체들을 기억해 주옵소서.

목회자를 위한 도고 | 주 여호와여, 담임 목사님과 여러 교역자들을 부르셨으니, 그들에게 성령의 은혜가 있기를 원합니다.

금년 한 해 동안 저희들을 인도하기에 조금도 부족함이 없게 하옵소서. 저희들을 천국의 일꾼이 되어 살도록 이끌어 주옵소서. 모든 간구를 예수님의 이름으로 기도드립니다. 아멘.

2. 천국의 문을 여는 교회되게 하옵소서

내가 천국 열쇠를 네게 주리니 네가 땅에서 무엇이든지 매면 하늘에서도 매일 것이요 네가 땅에서 무엇이든지 풀면 하늘에서도 풀리리라 하시고 (마 16:19)

여호와의 이름 | 구원의 하나님, 영화로우신 그 이름을 찬송하기 위하여 예배를 드립니다. 하나님께서 ○○ 교회를 세우시고, 이날에 이르기까지 지켜주시니 감사드립니다.

회개-자복 | 미쁘신 하나님, 주님의 교회를 위한 저희들의 헌신이 부족하였음을 용서하옵소서. 교회가 지역사회에서 하나님께 영광을 드리기에 힘써야 했음에도 헌신하지 못한 것을 회개합니다. 저희들의 악함을 자복하오니 용서하옵소서.

간구 | 교회의 머리되신 하나님, ○○ 교회가 이 땅에 세워진 ○년 동안 믿음의 반석 위에서 성장해왔음에 감사드립니다.
저희들이 예수님을 그리스도로 믿어 천국 열쇠를 받았으니 세상을 향해서 천국의 문을 열게 하옵소서. 불신자들이 천국 문을 열고 들어 갈 수 있도록 복음을 전하는 교회가 되게 하옵소서. 죄로 인하여 무거운 짐을 지고 가는 이들이 이 교회로 말미암아 죄짐을 벗고 천국으로 들어가는 은혜를 주옵소서. 여호와의 구원의 은혜로 이미 천국을 가진 저희가 더 많은 이들에게 천국의 문을 열게 하옵소서.

예배의 순서 | 만물의 주인이신 하나님, 이 시간 주님께 드리는 예배가 주님을 영화롭게 해드리는 예배가 되게 하옵소서. 저희들이 교회창립을 기념하는 이 날에 주님께 영광을 드리게 하옵소서. 또한 목사님을 세우셔서 하늘의 양식을 전하게 하심을 감사드립니다. 말씀으로 천국의 문을 여는 교회가 되도록 저희들을 도와 주옵소서.

특별히 저희 교회에 ○○ 성가대를 세워주셨습니다.
성가대가 마음과 몸을 드려 찬양할 때, 하나님의 은혜를 체험하는 복된 자리로 인도해 주옵소서. 예배시간 가운데 사탄이 역사하지 않게 하시고, 하나님의 영광을 훼방하는 세력들은 물리쳐 주옵소서.

역임 목회자들을 위한 도고 | 만물을 다스리시는 하나님, 여호와의 거룩한 땅에 ○○ 교회를 세우시고, 뭇 영혼들을 구해내는 일에 많은 종들을 세우셨습니다. 여호와의 섭리에 따라 교회에서 양떼를 인도한 교역자들에게 상급을 주옵소서. 척박한 땅에서 복음을 전하려 애쓴 이들이 복을 누리기를 원하오며 예수님의 이름으로 기도드립니다. 아멘.

3. 빛 가운데 행하도록 인도해 주옵소서

그가 빛 가운데 계신 것 같이 우리도 빛 가운데 행하면 우리가 서로 사귐이 있고 그 아들 예수의 피가 우리를 모든 죄에서 깨끗하게 하실 것이요 (요일 1:7)

마음을 바침 | 영광의 하나님, 예수님을 구주로 믿게 하시고 많은 성도들 앞에서 세례를 받게 하시니 참으로 감사드립니다. 거룩한 예식에 참여하는 이들이 물로 세례를 받는 동안에 성령님이 임하시기를 소망합니다. 저희들이 옛사람은 죽고 새 사람이 되는 세례의식을 통해 하나님께 마음을 드리게 하옵소서.

다짐 | 자비로우신 하나님, 세례를 받는 이들을 축복하는 저희들 또한 새롭게 되기를 원합니다. 주님 다시 오시는 그날까지 교회 안에서 격려하고, 기도로 도우면서 하나님의 사람으로 든든히 세워져 가게 하옵소서. 저희들이 세례를 받는 이들의 증인이 되었으니 연약한 지체들을 섬기게 하옵소서.

간구 | 예식의 주인이신 하나님, 교회를 통하여 귀한 예식이 진행되게

하심에 감사드립니다. 복음을 듣고, 예수님을 믿어 하나님의 자녀로 살기로 다짐하고 세례를 받습니다. 이들이 세례를 받을 때, 성령의 빛으로 인도받기를 원하옵니다.

세례를 받은 형제와 자매들이 교회의 지체가 되었습니다. 이들은 하나님 앞에서 왕 같은 제사장이 되었고, 거룩한 교회의 일원이 되었습니다. 바라옵건대 이들이 저희들이 누렸던 은혜 그대로 하나님 앞에서 자라가고 예수님의 사랑 안에 거하길 바라옵니다.

예배의 순서 | 아버지 하나님, 세례예식에 참여한 저희들을 빛 가운데 행하도록 이끌어 주옵소서. 교회를 위하여 주의 종을 보내셨으니, 진리의 말씀을 듣게 하옵소서. ○○ 성가대원들이 하나님을 찬양할 때, 교회 안에 하나님의 영광이 가득하기를 원합니다. 찬양으로 저희들에게 예배하는 마음이 더욱 간절해지게 하옵소서. 이 시간 예배가 거룩하게 드려지도록 여러 모양으로 헌신하는 종들을 세우셨음에 감사드립니다.

전도대상자들을 위한 도고 | 주 여호와여, 저희 ○○ 교회가 새 생명을 향한 비전을 품게 하시니 감사드립니다. 온 성도가 하나님께로 돌아와야 할 영혼들을 위해 기도하게 하옵소서. 오래 참으시고 기다리시는 주님의 마음을 품게 하옵소서. 모든 간구를 예수님의 이름으로 기도드립니다. 아멘.

성찬예식

4. 주님의 죽으심 기념하게 하옵소서

너희가 이 떡을 먹으며 이 잔을 마실 때마다 주의 죽으심을 그가 오실 때까지 전하는 것이니라 그러므로 누구든지 주의 떡이나 잔을 합당하지 않게 먹고 마시는 자는 주의 몸과 피에 대하여 죄를 짓는 것이니라(고전 11:26~27)

찬양-경배 | 신실하신 하나님, 성찬식 예배를 드리며 경배합니다. 이 시간 예수님께서 하신 말씀을 지키기 위해 모이게 하시니 또한 감사드립니다. 주님의 살과 피를 기념하고 하나님만 영광 받으시는 예배가 되게 하옵소서.

회개-자복 | 미쁘신 하나님, 주님의 살과 피를 대할 때, 주께 범죄한 일들을 회개합니다. 주님을 사랑한다고 하면서도 주님의 인도하심을 배척하였고, 하나님을 의지한다 하면서도 하나님을 기다리지 않고 교만하였사오니 용서하옵소서.

간구 | 하늘의 하나님, 주님의 자녀들을 천국의 식탁으로 불러 주시니 감사드립니다. 주님이 차려주신 식탁에서 영원의 잔치를 즐기게 하옵

276

소서. 유월절의 만찬에서 떡과 잔을 나누시며 이를 행하라 하신 하나님의 명령을 행하기 원합니다.

떡을 먹고 포도주를 마시는 거룩한 예식으로 말미암아 예수는 그리스도이심을 기리게 하옵소서. 주님의 말씀과 사역, 주님의 죽음과 부활을 항상 기억하고 기념하게 하옵소서.

예배의 순서 | 하늘의 하나님, ○○ 교회의 성도들이 하나님께 영광을 올려드립니다. 주님의 몸에 참여하는 성찬예식을 행할 때, 주님을 만난 제자들처럼 은혜를 누리게 하옵소서.

하나님의 교회를 돌보도록 목사님을 세워주심에 감사드립니다. 저희가 목사님이 전하시는 말씀에 순종하게 하옵소서.

○○ 성가대원들이 성령님께 감동되어 찬양 드리게 하소서. 성가대의 찬양이 실망과 근심으로 좌절에 빠진 사람들에게는 용기를 갖게 하시고, 육신적으로 연약한 사람들에게는 치유의 은혜를 입게 하옵소서.

결단-성령님께 충만함 | 전능하신 하나님, 주님의 살과 피를 기념하는 저희들이 성령으로 충만해지기를 소망합니다. 성찬의 떡과 포도주를 통해서 주님의 은혜를 경험하게 하옵소서. 성찬의 은혜로 성령님이 인도하시는 대로 살게 하옵소서. 이 모든 간구를 예수님의 이름으로 기도드립니다. 아멘.

5. 하나님의 사랑으로 자라게 하옵소서

사랑하는 아들 디모데에게 편지하노니 하나님 아버지와 그리스도 예수 우리 주께로부터 은혜와 긍휼과 평강이 네게 있을지어다(딤후 1:2)

마음을 바침 | 전능하신 여호와여, 어린이들을 보호해 주시는 크고 위대하신 은혜에 영광을 드립니다. 저희들이 기도와 사랑으로 어린이들을 키우게 하셨음에 또한 감사합니다. 어린이들을 통해서 하나님의 은혜와 자비하심을 배우게 하셨으니 저희들의 마음을 하늘에 두게 하옵소서.

회개-자복 | 여호와 하나님, 어린이를 볼 때 저희들의 죄로 더러워진 마음을 봅니다. 여호와의 목소리를 청종치 아니하고 자신의 유익을 위하여 살아온 것을 용서하옵소서. 여호와의 법과 율례대로 행하지 아니하였으니 회개합니다.

간구 | 어린이를 사랑하시는 하나님, 그리스도의 이름으로 어린이를 영접하여 그들이 잘 자라도록 돕게 하옵소서. 가정이라는 울타리를 통해서 어린이들의 키와 지혜가 자라게 하시고, 교회에서 하나님을 순종

하는 어린이로 자라게 하옵소서.

바라기는 그들이 사랑을 받으며 자라게 하옵소서. 부모, 형제들, 친구들로부터 아낌없는 사랑을 받게 하옵소서. 풍성한 사랑 안에서 받은 사랑을 다른 사람들에게 베풀게 하소서. 그 사랑을 통해 하나님의 풍성하신 사랑을 깨닫고 하나님을 가까이 하는 삶을 살게 하옵소서.

예배의 순서 | 위대하신 하나님, 성령님의 인도하심으로 예배를 드립니다. 목사님을 붙드셔서 ○○ 교회의 성도들에게 하나님의 말씀을 전하게 하옵소서. 말씀이 저희들의 심령을 새롭게 하여 하나님의 사랑으로 아이들을 양육하게 하옵소서.

○○ 성가대원들이 예배하는 회중을 대표해서 하나님의 영광을 찬양하게 하옵소서. 예배드리는 동안에 자원하여 섬기는 이들이 있음에 감사하며 그들을 축복합니다.

환자들을 위한 도고 | 치료하시는 하나님, 어린이로 말미암아 기쁨을 누리는 지금, 환자들을 위해서 간구합니다. 병들어 집이나 병원에서 홀로 있는 이들을 도와주옵소서. 회복하게 하시는 여호와의 손길로 만져 주옵소서. 은혜로 병상에서 일어나게 해 주시기를 원하옵니다. 감사드리며 예수님의 이름으로 기도드립니다. 아멘.

6. 부모에게 효도하도록 이끌어 주옵소서

네 부모를 공경하라 그리하면 네 하나님 여호와가 네게 준 땅에서 네 생명이 길리라(출 20:12)

감사의 고백 | 복을 주시는 하나님, 베풀어 주신 은혜를 즐거워하며 감사와 영광을 올려드립니다. 하나님께서 노년의 부모님을 보호해 주시고 약속하신 은혜와 복을 자손들이 받아 누리게 하셨음에 감사드립니다.

회개-자복 | 인자하신 하나님, 노년의 부모를 섬기는 것이 때때로 귀찮게 여겨지기도 했던 죄악을 고백합니다. 부모를 돌보아드리는 것을 소중하게 여기지 않았던 죄악을 고백합니다. 부모에게 효도를 다함으로 하나님을 섬기는 진리를 배우게 하시고 약속된 은혜를 누리게 하옵소서.

간구 | 자비로우신 하나님, 어버이주일에 하늘 어버이이신 여호와께 찬양하고, 부모를 주심에 감사하는 제사를 드리게 하옵소서. 하나님은 좋으신 아버지이심으로 육신의 부모를 통해 저희를 지켜주셨습니다.

이 예배시간 부모를 더 정성으로 공경하게 하옵소서. 지난 시간 하나님께 충성하지 못했음과 같이 부모에게도 효도를 다하지 못하였습니다. 어버이를 주신 은혜에 감사하는 예배를 드릴 때 성령님의 역사하심으로 더욱 부모를 공경하게 하옵소서.

예배의 순서 | 위대하신 하나님, 성령님의 인도하심으로 예배를 드립니다. 이 시간 성도들이 어버이주일의 의미를 생각하게 하옵소서.
또한 단 위에 서신 목사님을 위하여 간구합니다. 귀한 종에게 말씀의 능력을 더하여 주옵소서. ○○ 성가대가 아름다운 찬양으로 하나님께 영광돌리는 예배를 드리게 하옵소서. 하나님의 은혜에 감사하며 예물을 준비했사오니 믿음으로 드리게 하옵소서. 이른 시간부터 나와서 예배를 돕는 지체들이 있습니다. 저들의 봉사를 받으시고 복을 내려 주옵소서.

가정을 위한 도고 | 만복의 하나님, 하나님께서 가정을 선물로 주셨으니 가정마다 하나님의 나라를 이루게 하옵소서. 또한 가정에서는 예수님을 구주로 영접하는 복된 역사가 이루어지기를 소망합니다. 가정에서 참 안식을 누리고 식구들이 화목하게 지내도록 해 주시기를 원하옵고 이 모든 간구를 예수님의 이름으로 기도드립니다. 아멘.

7. 함께 수고하는 교회되게 하옵소서

그들이 다 자기 일을 구하고 그리스도 예수의 일을 구하지 아니하되 디모데의 연단을 너희가 아나니 자식이 아버지에게 함같이 나와 함께 복음을 위하여 수고하였느니라(빌 2:21~22)

하나님께 영광 | 전능하신 여호와여, 주님의 교회가 부흥의 은혜를 입게 하옵소서. 교회를 위해 제직들을 세우시고, 진리와 은혜가 충만하게 하셨으니 영광을 받으옵소서. 제직들이 하나님의 영광을 위하여 헌신하는 종들이 되게 하옵소서.

회개-자복 | 미쁘신 하나님, 제직들이 성도들 앞에서 신앙과 행실에 모범이 되지 못하였음을 회개합니다. 매일의 생활에서 말씀에 민감하지 못하고, 타성에 젖어 지내왔음을 고백합니다. 저희 ○○ 교회가 하나님의 영광을 드러내는 공동체가 되는데 제직들의 헌신이 부족하였음을 용서하옵소서.

간구 | 교회의 머리되신 하나님, 제직들의 봉사로 교회가 지역사회에서 부흥할 수 있게 하심에 감사드립니다. 교회의 모든 제직들이 하나

님 앞에 부름을 받은 소명감과 사명으로 헌신하게 하옵소서.

○○ 교회가 서로를 위해주는 공동체가 되게 하옵소서. 사랑이 넘쳤던 바울과 빌립보 교회처럼 서로가 서로를 위하여 사랑으로 종노릇하며 함께 수고하는 교회가 되게 하옵소서. 제직들이 교회를 위해서 서로를 섬기며 수고하며, 복음을 위하여 뜻을 같이하게 하옵소서.

예배의 순서 | 만물의 주인이신 하나님, 주님을 영화롭게 해드리는 제 직회가 진행되도록 하옵소서. 부름을 받은 저희가 한 목소리로 주어진 사명을 감당하게 하옵소서. 하나님의 나라를 바라보면서 모든 제직들이 수고하는 교회가 되기를 소망하게 하옵소서.

강단에서 생명과 진리의 말씀으로 서신 목사님이 하나님의 말씀으로 흥왕함을 보게 하옵소서. 이 교회를 위하여 ○○ 성가대원들을 준비시키셨음에 감사드립니다. 하나님 앞에서 찬송을 맡은 이들이 벅찬 감격으로 찬양을 부르게 하옵소서. 또한 저희들의 예배하는 마음이 더욱 간절해지게 하옵소서.

제직의 가정을 위한 도고 | 주 여호와여, 하나님의 교회를 위해 제직을 세우셨으니 그들이 성령과 지혜로 충만하게 하옵소서. 그들의 가정도 경건함과 두려움으로 하나님을 섬기게 하소서. 온 식구들이 협력자가 되어 제직의 사명을 잘 감당하게 해 주시기를 원합니다. 이 모든 간구를 예수님의 이름으로 기도드립니다. 아멘.

사경회(부흥회)
8. 하나님의 말씀을 잘 받게 하옵소서

내가 곧 당신에게 사람을 보내었는데 오셨으니 잘하였나이다 이제 우리
는 주께서 당신에게 명하신 모든 것을 듣고자 하여 다 하나님 앞에 있나이
다(행 10:33)

찬양-경배 | 신실하신 하나님, 사경회를 맞이하여 찬양을 드리며 경배
드립니다. 말씀의 풍성함을 통해서 은혜로 인도해 주심을 믿습니다.
이 시간 주님의 은혜를 사모하는 이들이 베풀어지는 생명의 역사로 찬
양을 드리게 하옵소서.

회개-자복 | 하나님 아버지, 주님을 섬기는 생활에 게을렀음을 회개합
니다. 여호와를 경외하기보다는 악인의 형통을 부러워하고 그들의 방
식을 따르는 것에 마음을 빼앗기기도 했음을 고백합니다.
하나님께 감사하지 못하고 기도하는데 게을렀음을 용서하옵소서.

간구 | 하늘의 하나님, 저희들을 새롭게 하시려고 성회를 열어 주셨으
니, 마음의 문을 열고 은혜를 사모하게 하옵소서. 여호와의 음성을 들
을 수 있도록 영적인 귀가 열려지게 하옵소서. 목사님의 입술을 통해

서 증거되는 여호와의 말씀으로 저희들의 심령을 뜨겁게 하소서. 하나님의 은혜에 민감하지 못하였던 냉랭한 심령이 말씀으로 뜨거워지고 마른 뼈와 같았던 저희들을 생명의 사람으로 바꾸어 주시길 원합니다.

예배의 순서 | 영화로우신 하나님, 사경회를 통해 모든 성도들이 오직 성령 충만으로 예배하게 하소서.

특별히 간구하옵기는 말씀을 들고 서신 목사님을 위해 기도합니다. 그 입술을 성령님께서 주관하셔서 생명있는 말씀만 선포하게 하시고 모든 성도들이 놀라운 은혜를 받게 하여 주옵소서.

○○ 성가대원들이 신령과 진정으로 최상의 찬양을 드리기를 소망합니다. 또한 자원하는 마음으로 사경회를 위해 봉사하는 일꾼들이 있습니다. 예배의 진행을 돕는 손길들에게 은혜를 더하여 주옵소서.

절망에 처해 있는 이들을 위한 도고 | 임마누엘의 하나님, 저희들이 신령한 은혜로 즐거워하는 이 시간에, 절망에 처해 있는 이들에게 은혜를 내려 주옵소서. 하나님의 긍휼하심으로 고통에 있는 이들에게 소망을 주옵소서. 오직 하나님의 자비하심이 절망의 어둠을 몰아내시고, 위로와 기쁨이 되어주시기를 원합니다. 이 모든 간구를 예수님의 이름으로 기도드립니다. 아멘.

9. 신앙의 사람으로 자라게 하옵소서

네 자녀에게 부지런히 가르치며 집에 앉았을 때에든지 길을 갈 때에든지 누워 있을 때에든지 일어날 때에든지 이 말씀을 강론할 것이며(신 6:7)

하나님께 영광 | 전능하신 여호와여, ○○ 성경학교를 맞이해서 하나님께 영광을 드립니다. 진리의 말씀으로 온전하게 해주시고, 그리스도의 장성한 분량에 이르는 은혜를 허락해 주옵소서.

회개-자복 | 구원의 하나님, 어린이들이 주님의 구원을 사모하도록 가르치는데 게을렀음을 회개합니다. 교사가 된 저희들이 주님의 구원을 사모하는데 무감각하여 어린이들을 잘 인도하지 못했습니다. 성경학교를 통해서 하나님의 말씀을 즐거워하고 구원의 은혜를 바라보게 하옵소서.

간구 | 여호와 우리 주여, 성경학교에서 다음세대에게 하나님의 말씀과 사랑을 가르치게 하옵소서. 저희가 주님께로부터 받은 사랑을 가르치게 하옵소서. 그 사랑 안에서 아이들이 하나님을 배우게 되고, 예수님을 구주로 모시고 살 줄로 믿습니다. 성경학교 기간 동안 하나님을

향한 믿음과 소망, 사랑을 배워 믿음의 사람으로 자라게 하옵소서. 이 시간에 하나님을 사랑하며, 예배드리는 생활을 가르치기 원합니다. 부족하지만 마음과 뜻과 정성을 다해서 하나님을 사랑하는 본을 보이게 하옵소서. 아울러 저희에게 주신 믿음을 아이들에게 가르치는 성경학교가 되게 하옵소서.

예배의 순서 | 영원하신 하나님, 주님의 백성들을 거룩하게 하시고, 마음을 다 바쳐 예배하도록 하심에 감사드립니다. 성경학교를 개교하면서 주님께 영광을 드리게 하옵소서. 목사님을 세우셔서 하늘의 말씀을 전하게 하심을 감사드립니다. 그 말씀으로 어린이들이 신앙의 사람으로 자라게 하옵소서.

저희 교회를 영화롭게 하셔서 ○○ 성가대를 세워주셨습니다. 그들이 마음과 몸을 드려 찬양할 때, 하나님의 은혜를 체험하는 복된 자리로 인도해 주옵소서.

나라를 위한 도고 | 하나님 아버지, 어린 아이들이 믿음의 일꾼으로 잘 자랄 수 있도록 이 나라를 붙들어 주옵소서. 우리 나라를 지켜주시고 하나님 앞에서 복스러운 민족이 되게 하옵소서. 어린 친구들이 나라를 위해 기도하게 하시고, 애국의 마음을 갖게 하옵소서. 하나님께 영광을 드리는 나라가 되기 원하면서 이 모든 간구를 예수님의 이름으로 기도드립니다. 아멘.

10. 은혜 베풀 때에 받게 하옵소서

이르시되 내가 은혜 베풀 때에 너에게 듣고 구원의 날에 너를 도왔다 하셨
으니 보라 지금은 은혜 받을 만한 때요 보라 지금은 구원의 날이로다(고
후 6:2)

찬양-경배 | 신실하신 하나님, 거룩한 자리에서 ○○ 수련회를 누리게
하시니 감사를 드립니다. 저희 교회 청소년들을 은혜로 돌보아 주옵소
서. 학생들이 준비된 프로그램에 잘 적응하여 여호와를 찬양하게 하옵
소서.

회개-자복 | 긍휼의 하나님, 성령의 충만함을 누리는 삶을 살기에 힘
쓰지 못했음을 회개합니다. 하나님께 소망을 두는 삶을 학생들에게 본
보이지 못하였습니다. 이 시간에 먼저 저희 교사들에게 회개의 영을
부어 주셔서 은혜로 인도하옵소서.

간구 | 거룩하신 하나님, 저희 ○○ 교회의 ○○ 지체들에게 은혜를 받
을 시간을 주셨음에 감사드립니다. 이 집회에 ○○들이 성령으로 충만
하게 하옵소서. 은혜를 사모하며 열심으로 모이게 하옵소서. 성도들이

하나님 앞에 무릎을 꿇었으니, 하늘의 문을 열어 주옵소서.

엘리사가 성령 충만을 사모하여 스승 엘리야에게 매달렸을 때 하나님께서는 갑절의 영감을 주셨던 것처럼, 저희에게도 하늘의 신령한 복을 허락하옵소서.

예배의 순서 | 전능하신 하나님, 수련회를 시작하면서 드리는 예배를 영화롭게 하시기를 원합니다. 저희들에게 은혜를 받게 하시려고 목사님을 단에 세우셨음에 감사드립니다. 목사님의 입술을 성령님께서 주관하셔서 무릎을 꿇은 심령들마다 말씀을 듣게 하옵소서.

○○ 성가대원들이 영과 진리로 주님을 찬양하기를 소망합니다. 저희들도 화답하며 여호와의 임재를 바라보게 하옵소서. 예배의 진행을 돕는 손길들에게 은혜를 더하여 주옵소서.

대적 | 이 시간에 혼란케 하는 영을 예수님의 이름으로 물리쳐 주옵소서. 하나님의 말씀에 집중하는 것을 방해하는 흑암의 세력을 예수님의 이름으로 도말하시옵소서. 주님, 능력이 많으신 주님의 이름으로 공중의 권세를 잡은 자들을 물리쳐 주시고, 오직 주님의 은혜를 사모하게 하옵소서. 감사드리오며 예수님의 이름으로 기도드립니다. 아멘.

11. 죄인이 회개하는 것을 보게 해주옵소서

내가 너희에게 이르노니 이와 같이 죄인 한 사람이 회개하면 하늘에서는
회개할 것 없는 의인 아흔아홉으로 말미암아 기뻐하는 것보다 더하리라
(눅 15:7)

여호와를 바람 | 살아계신 하나님, 절망에 빠졌던 인생들에게 소망을
주시는 손길을 바라봅니다. 복음이 전해질 때마다 사람들이 진리를 깨
닫고 영생의 큰 은혜를 누리게 하옵소서. 여호와의 열심을 소망하오
니, 듣는 사람마다 주님을 그리스도로 믿게 하옵소서.

회개-자복 | 자비로우신 하나님, 전도주일을 맞아 영혼을 사랑하시는
하나님의 마음을 생각할 때, 저희의 모습을 보며 회개합니다. 저희들
은 복음의 빚진 자가 되었음에도 불구하고, 이 빚을 갚으려 하지 않았
음을 고백합니다. 전도하는 일에 그 동안 무관심했던 죄악을 회개합니
다. 복음을 전하는 일에 헌신하게 하옵소서.

간구 | 선한 목자이신 하나님, 잃은 양을 찾은 목자의 기쁨을 교회를
통해 보여드리기 원합니다. 오늘 저희들이 거리로 나가 하나님께서 찾

으시는 생명들을 만나게 하옵소서. 그 생명들로 말미암아 천국 잔치를 열게 하옵소서. 전도하기를 쉬지 않는 ○○ 교회에 항상 기쁨이 넘치게 하옵소서. 저희들이 복음을 전하는 일을 게을리하지 않는 교회가 되기를 소망합니다. 불신자들의 영혼이 영원히 버림받는 것을 보고만 있지 않게 하옵소서. 복음을 전하지 아니하면 내게 화가 있을 것이라는 말씀을 가슴에 새기기를 소망합니다.

예배의 순서 | 영원하신 하나님, 주님의 백성들을 거룩하게 하시고, 마음을 다 바쳐 예배하도록 하심에 감사드립니다. 성도들이 전도주일을 맞아 예배드리러 모였으니 하늘로부터 큰 은혜가 있기 원합니다.
이 시간 오직 성령님의 충만하심으로 예배하는 성도들이 되기를 소망합니다. 말씀을 전하시는 목사님의 입술을 성령님께서 주관해 주시고, 주의 자녀들이 말씀을 듣게 하옵소서.
○○ 성가대원들이 영과 진리로 주님께 찬양을 드리기를 소망합니다. 예배의 진행을 위해 헌신하는 손길들에게 은혜를 더하여 주옵소서.

목회자를 위한 도고 | 거룩하신 하나님, 전도주일에 목회자들을 위하여 간구합니다. 죽어가는 영혼들을 살리는 일에 목회자들이 본을 보이게 하옵소서. 온 교회가 기쁨으로 헌신케 하시고 하나님 홀로 영광을 받으옵소서. 목회자들의 기도와 헌신으로 저희들이 생명의 꼴로 배불리는 기쁨을 주옵소서. 예수님의 이름으로 기도드립니다. 아멘.

12. 만민에게 복음을 전파하게 하옵소서

또 이르시되 너희는 온 천하에 다니며 만민에게 복음을 전파하라 믿고 세
례를 받는 사람은 구원을 얻을 것이요 믿지 않는 사람은 정죄를 받으리라
(막 16:15~16)

찬양-경배 | 신실하신 하나님, 세계선교주일을 맞이하여 당신께 찬양
을 드리며 높여 경배하오니 우리의 예배를 받아 주옵소서.
한 사람이라도 더 복음 듣기를 바라시는 하나님의 사랑에 감사드립니
다. 자기 백성을 찾으시는 하나님을 찬양하게 하시며 복음을 전하는
저희들이 되게 하옵소서.

회개-자복 | 대속하시는 하나님, 복음을 전하기 위해 집을 떠난 선교
사님들을 위해 기도하지 못했음을 고백합니다. 먼 땅에서 사역하시는
선교사들의 비전과 건강을 위해 기도하지 못했음을 시인합니다. 복음
을 전파하시는 선교사님들을 향해 늘 열린 마음으로 간구하게 하옵소
서.

간구 | 전능하신 하나님, 저희 ○○ 교회에 선교의 비전을 주셨으니 헌

신하게 하옵소서. 아직 복음을 듣지 못한 미전도 종족들에게 복음을 전하게 하옵소서. 그들에게 복음을 전하고 있는 선교사들을 위하여 기도하고 필요한 물질도 드리게 하옵소서. 땅끝까지 만민에게 복음을 전파하라는 지상명령에 순종하는 저희들이 되기 원합니다. 복음을 받아들이지 않는 이웃에게 복음을 전하는 교회가 되게 하옵소서. 저희들의 선교 열정으로 인하여 이 지구상에 성령님의 역사가 넘치기를 소원합니다.

예배의 순서 | 영광의 하나님, 영과 진리로 드리는 예배에 성령님의 역사하심이 나타나기를 소망합니다. 만민에게 복음을 전파하는 ○○ 교회가 되게 하옵소서. 세계선교주일의 예배를 드리는 성도들에게 은혜를 내려 주옵소서. 또한 교회를 위하여 주의 종을 보내셨으니, 진리와 생명의 말씀을 듣게 하옵소서. 이 시간 성도들이 신령과 진정으로 예배할 수 있도록 여러 모양으로 헌신하는 종들을 세우셨음에 감사드립니다.

선교사를 위한 도고 | 여호와 하나님, 주님의 나라를 세우기 위해 세계 여러 곳에 선교사들을 보내셨음에 감사드립니다. 그들이 하나님의 마음을 품고 사역에 임하게 하옵소서. 기도와 말씀 속에서 은혜가 풍성하게 하시고, 주님께 생각을 집중하게 하옵소서. 이 모든 간구를 예수님의 이름으로 기도드립니다. 아멘.

13. 봉사 정신을 지니도록 하옵소서

각각 자기 일을 돌볼뿐더러 또한 각각 다른 사람들의 일을 돌보아 나의 기쁨을 충만하게 하라(빌 2:4)

하나님께 영광 | 전능하신 여호와여, 영광이 하나님께 있음을 고백합니다. 그 영광으로 저희들을 지키시고, 사회봉사주일의 예배를 드리게 하셨습니다. ○○ 교회가 고난 속에서 어렵게 지내고 있는 이들에게 긍휼을 베풀게 하셨음을 하나님께 감사드립니다.

회개-자복 | 자비로우신 하나님, 이웃을 섬기기에 부족하였음을 회개합니다. 어려운 이들을 사랑으로 섬기지 않고 언제나 겉치레에 지나지 않았음을 고백합니다. 이기적으로 살아온 죄를 용서하시고, 하나님의 영광을 위하여 사회봉사를 다짐하게 하옵소서.

간구 | 여호와 하나님, 사회봉사주일을 맞이하여 저희들이 인류를 사랑하시는 하나님의 손길이 되게 하심을 기뻐합니다. 사회봉사는 교회와 그리스도인의 본질적 사명임을 깨닫고 적극적으로 참여하게 하옵소서. 진정한 섬김과 나눔의 길을 걸어가신 그리스도를 본받기를 소망

합니다. 먼저, 지역사회에서 고통받고 있는 이웃에게 많은 사랑을 나누어 주기를 원합니다. 저희들이 하나님의 사랑으로 이웃과 세상을 향하여 손을 펴며, 갖고 있는 재물을 나누게 하옵소서. 주님께서는 너희가 여기 내 형제 중에 지극히 작은 자 하나에게 한 것이 곧 내게 한 것이라고 가르쳐 주셨습니다. 소외되어 고통받는 이웃들을 섬기는 저희들이 되게 하옵소서.

예배의 순서 | 위대하신 하나님, 성령님의 인도하심에 따라 예배를 드립니다. 이 시간, 성도들이 사회봉사주일의 영광을 예배하게 하옵소서. 단 위에서 말씀을 선포하실 목사님을 위하여 간구합니다. 귀한 종에게 말씀의 영감과 능력을 나타내 주옵소서.
○○ 성가대가 아름다운 찬양으로 하나님께 영광을 돌리게 하시니 감사합니다. 찬송의 능력을 체험하게 하옵소서.

지역사회를 위한 도고 | 하나님 아버지, 함께 살아가는 이웃들을 주시고 그들과 어울려 지역사회를 이루게 하시니 감사합니다. 여호와의 은혜가 이곳에 임하여 ○○동이 복된 땅이 되게 하옵소서. 이곳의 다양한 조직들이 활발하게 움직여 아름다운 지역사회가 되기를 소망합니다. 이 모든 간구를 예수님의 이름으로 기도드립니다. 아멘.

14. 진리를 가르쳐 지키게 하옵소서

내가 너희에게 분부한 모든 것을 가르쳐 지키게 하라 볼지어다 내가 세상 끝날까지 너희와 항상 함께 있으리라 하시니라(마 28:20)

찬양-경배 | 신실하신 하나님, 교육진흥주일에 찬양을 드리며 경배합니다. 이 땅에 ○○ 교회가 세워지고 진리를 가르치고 배우게 하심에 감사합니다. 저희 교회가 하나님께 온전히 영광을 돌리는 사람을 더 많이 세우게 하옵소서. 모든 성도들이 하나님의 말씀에 목말라 진리 안에서 예배하게 하옵소서.

회개-자복 | 여호와 우리 주여, ○○ 교회에서 저희들이 교육하는 사명을 제대로 감당하지 못했음을 회개 합니다. 교회의 여러 일들을 하면서 시급한 과제들 때문에 교육이 뒤로 밀렸던 것을 고백합니다. 하나님의 사람을 키우는 일이 가장 우선이어야 함에도 불구하고 교육에 불성실했음을 용서하옵소서.

간구 | 하늘의 하나님, 교회를 세우시고 예수님께서 행하신 모든 일들을 가르치도록 위임하셨으니 성실하게 감당하게 하옵소서. 이 땅에 계

시는 동안 가르쳤던 예수님의 말씀을 지키는 저희들이 되기를 원합니다. 공생애 기간 동안에 가르치기에 힘을 쏟으셨던 주님을 기억합니다. 천국의 복음을 전파하시며 가르치셨던 그 열심을 따르게 하옵소서. 간절히 바라오니 저희 ○○ 교회가 주님이 그리스도이심을 가르치게 하옵소서. 주님의 교회로 말미암아 이 땅에 그리스도를 주로 섬기는 이들이 넘치게 하시고, 가르치는 사역을 통해 진리 안에 거하게 하옵소서.

예배의 순서 | 신실하신 하나님, 성령님의 인도하심으로 교육진흥주일의 예배를 드립니다. 이 교회에 속해 있는 모든 성도들에게 진리를 가르쳐 지키게 하는 역사가 일어나게 하옵소서.
○○ 성가대원들이 하나님을 찬양할 때, 교회가 천상의 자리가 되기를 원합니다. 그 찬양으로 저희의 예배드리려는 마음이 더욱 간절해지게 게 하옵소서.

어린이들을 위한 도고 | 사람을 기르시는 주여, 주님의 교회에서 어린이들이 자라게 하셨으니 그들에게 배움에 대한 소망을 주옵소서.
하나님의 말씀을 가까이 하고, 진리를 배우는데 열심을 품게 하옵소서. 교회에서 교육을 받는 동안에 각자가 자신들을 향하신 하나님의 계획에 민감하게 해주시기를 원합니다. 이 모든 간구를 예수님의 이름으로 기도드립니다. 아멘.

15. 만백성들에게 성경을 전하게 해 주옵소서

너희가 성경에서 영생을 얻는 줄 생각하고 성경을 연구하거니와 이 성경이 곧 내게 대하여 증언하는 것이니라(요 5:39)

마음을 바침 | 성서주일의 하나님, 오늘은 이 땅에 성경을 보급하는 대한성서공회를 축복하여 주옵소서. 이 분들의 사역을 통해 저희에게도 성경을 주시고 구원의 길을 알게하심에 감사드립니다.

회개-자복 | 생명샘의 하나님, 성경을 가까이 하지 않고 거짓 행위를 미워하지 못한 죄를 고백합니다. 하나님의 말씀을 들을 때 시냇물을 찾는 사슴과 같지 않았음을 회개합니다. 하나님을 떠나 세상의 일들을 찾으려 했던 어리석은 죄를 예수님의 보혈로 씻어주옵소서.

간구 | 인자하신 하나님, 대한성서공회의 수고를 통하여 저희가 성경을 갖게 하셨음에 감사드립니다. 하나님의 말씀이 우리말로 번역, 출판, 반포되도록 하신 하나님의 손길을 찬양합니다. 우리말 번역 성경이 잘 번역되어 국민들이 쉽게 말씀을 접하게 역사하신 은혜에 감사드립니다. 오늘 성서주일에 성경의 반포사역을 위해 기도합니다. 저희들

이 하나님의 말씀을 받은 것에 대한 감사와 감격으로 이웃에게 성서를 보급하게 하옵소서. 이를 위해 헌금하게 하시고 많은 이들에게 성경이 반포되도록 기도하게 하소서.

예배의 순서 | 찬양을 받으실 하나님, 주님의 백성들을 거룩하게 하시고, 마음을 다 바쳐 예배하도록 하심에 감사드립니다. 성서주일에 만 백성들에게 성경을 전하려는 거룩한 결단을 하게 하옵소서.
강단에 오르신 목사님께 신령한 은혜를 더하여서 생명의 말씀으로 저희를 새롭게 하옵소서.
여호와의 영광이 선포되도록 성가대를 세워주셨습니다. ○○ 성가대원들이 하나님을 찬양하는 역할을 귀하게 감당하게 하옵소서. 이 시간에 예배를 위해서 성실히 맡은 직분의 자리에서 봉사하는 지체들을 기억해 주옵소서. 저들의 수고를 통해서 더욱 영화롭게 예배를 드리게 하셨음에 감사드립니다.

성경의 반포를 위한 도고 | 말씀이신 하나님, 대한성서공회를 세우시고, 성경이 땅끝까지 전해지기를 원하시는 하나님의 열심을 저희들에게도 주옵소서. 글을 읽을 줄 아는 사람이면 누구에게라도 성경이 읽혀지도록 반포하는 일에 참여하게 하옵소서. 저희들 각자가 한 권의 성경을 구입하여 불신자들에게 권하는 운동이 일어나기를 원하면서 이 모든 간구를 예수님의 이름으로 기도드립니다. 아멘.

교회기관 총회

16. 주님이 원하시는 일꾼이 되게 하옵소서

그러므로 누구든지 이런 것에서 자기를 깨끗하게 하면 귀히 쓰는 그릇이
되어 거룩하고 주인의 쓰심에 합당하며 모든 선한 일에 준비함이 되리라
(딤후 2:21)

감사의 고백 | 복을 주시는 하나님, 금년 한 해 동안 ○○○회를 지켜
주셨음을 감사드립니다. 여호와의 도우심으로 금년에는 선한 일을 많
이 실행할 수 있었음에 감사드립니다. 이제 새해의 사역을 위하여 새
로운 일꾼을 세우도록 인도하옵소서.

회개-자복 | 자비로우신 하나님, 지난 한 해, 맡은 직분에 충성하지 못
한 모습을 회개합니다. ○○○회가 부흥되지 못한 나태함을 회개합니
다. 예수님의 피로 깨끗케 하옵소서. 임원의 직분을 맡은 이들과 평회
원으로 섬겼던 이들 모두가 회개하며 새로운 다짐을 하게 하소서.

간구 | 살아계신 하나님, 귀한 종들이 하나님의 일을 맡아 한 해 동안
수고하게 하셨음에 감사드립니다. 주님께서 저희 ○○○회를 복 주셔
서 좋은 일꾼들이 선출되게 하옵소서. 교회의 여러 직분들에 주님의

마음에 합한 자가 세워지게 하옵소서.

주님께서 일곱 집사를 세운 초대 교회는 일꾼들로 말미암아 더욱 크게 부흥하였음을 보여주셨습니다. 저희 교회에도 그런 역사를 보여 주옵소서. 성령 충만한 사람을 세워주옵소서. 지혜가 충만하며, 하나님과 사람에게 칭찬을 듣는 사람을 세워주옵소서.

예배의 순서 | 하늘의 하나님, ○○ 교회의 ○○○ 회원들이 한 마음으로 머리를 숙인 이 시간이 하나님께 영광이 되기를 소망합니다. 말씀을 증거하실 목사님께 능력을 더하여 주셔서 말씀을 듣는 성도들이 주님이 원하시는 일꾼이 되기를 다짐하게 하옵소서.

또한 주님을 영화롭게 해드리기 위해 특송을 준비한 지체들을 축복해 주옵소서. 예수님을 구주로 믿는 무리들이 한 마음으로 하나님을 찬양하며 예배하도록 하옵소서. 이 예배를 위해서 봉사하는 종들이 있으니, 그들이 맡은 직분을 더욱 충성스럽게 감당하게 하옵소서.

나라를 위한 도고 | 역사의 주인이신 하나님, 저희들이 모인 이 시간, 나라를 위하여 간구합니다. 이 땅에 많은 나라와 많은 이들이 사는데, 저희들에게 이 나라를 주셨습니다. 이 나라와 국민들이 하나님을 즐거워하고, 여호와의 인도하심을 바라게 하옵소서. 모든 간구를 예수님의 이름으로 기도드립니다. 아멘.

17. 하나님의 사람으로 준비하게 하옵소서

내가 이미 내 하나님의 성전을 위하여 힘을 다하여 준비하였나니 곧 기구를 만들 금과 은과 놋과 철과 나무와 또 마노와 가공할 검은 보석과 채석과 다른 모든 보석과 옥돌이 매우 많으며(대상 29:2)

하나님께 영광 | 전능하신 여호와여, 저희들이 제 ○○회 교육부서 졸업예배를 드리기 위해서 모였습니다. 저희 교회를 통해서 천국의 일꾼을 기르게 하신 하나님의 위대하심에 영광을 드립니다. 또한 온 성도들이 기도하는 가운데 교사들의 헌신으로 아이들이 잘 자랐음에 감사를 드립니다.

회개-자복 | 용서하시는 하나님, 아이들의 교육환경을 위해서 애쓰지 못하였음을 회개합니다. 교육부서를 내 몸처럼 돌보는 일에 게을렀습니다. 교육부서에 아이들을 위한 사역과 기도가 부족하였음을 회개합니다.

간구 | 자비로우신 하나님, 여호와께서 귀한 지체들을 세상에 태어나게 하셨으며, 교회 안에서 믿음과 기도로 성장하게 하셨습니다. 정해

진 교육기간 동안에 말씀을 잘 배우고, 졸업하게 하심에 감사를 드립니다. 하나님께서 저들을 자라게 하셨으니 진심으로 감사드립니다. 이제 소정의 교육기간을 마치고 졸업을 하는 지체들을 축복합니다. 이들 중에는 또 다시 상급학년의 교육부서로 진학해서 다시금 성경을 배우고 영성에 이르는 훈련을 하게 될 것입니다. 그리고 대학부를 마치고, 성인이 되어 자치단체에 가입하게 될 청년들이 있습니다. 모두가 주님을 위하여 살아야 함을 알게 하옵소서.

예배의 순서 | 영화로우신 하나님, 온 성도들이 주님께 감사하며 교육기관의 졸업예배를 드리니 받으옵소서. 예배가 진행되는 동안 자라나는 아이들을 하나님의 사람으로 준비시키는 성도들이 되게 하옵소서. 주님의 귀한 교회를 위해서 세우신 목사님께 신령한 은혜를 더하여 주옵소서. 또한 찬양을 위해 ○○ 성가대를 세워주셨습니다. ○○ 성가대원들이 하나님을 영화롭게 찬양할 때 여호와의 영광이 넘치게 하옵소서.

목회자를 위한 도고 | 일꾼을 세우시는 여호와여, 하나님의 교회와 성도들을 위해서 목회자들이 봉사하게 하옵소서. 이들의 기도와 헌신으로 교회가 부흥되고 있음을 즐거워합니다. 또한 부교역자들도 한 마음으로 동역하게 하시기를 원합니다. 이 모든 간구를 예수님의 이름으로 기도드립니다. 아멘.

18. 하나님을 가까이 하게 하옵소서

하나님께 가까이 함이 내게 복이라 내가 주 여호와를 나의 피난처로 삼아
주의 모든 행적을 전파하리이다(시 73:28)

찬양-경배 | 신실하신 하나님, 지난 한 해 하나님께서는 저희에게 참
으로 좋으신 아버지가 되어주셨습니다. 주님의 넘치는 자비하심으로
저희들이 살아왔습니다. 저희에게 베풀어 주신 모든 은혜를 생각하며
찬양을 드리오니 받으옵소서.

회개-자복 | 미쁘신 하나님, 이 시간에 회개의 영을 허락하셔서 저희
들의 잘못된 모습을 돌아보게 하옵소서. 하나님 앞에서 몸과 시간과
물질을 거룩하게 구별하지 못하고, 하나님의 일을 즐거워하지 못한 죄
를 고백합니다. 하나님께서는 기다리고 계셨지만, 저희들은 딴 길로
갔사오니 용서하여 주옵소서.

간구 | 시간의 주인이신 하나님, 하나님의 은혜로 시작했던 금년이 송
년주일로 끝에 이르게 하시니 감사드립니다. 하나님의 권능으로 저희
들이 평안히 지내왔습니다. 하나님을 가까이 함이 우리에게 복인 것을

믿고 지내왔습니다. 저희에게 회개의 은혜를 주시고, 하나님과 멀어지지 않게 붙들어 주옵소서. 자기 백성을 돌아보시는 은혜로 여기에까지 이르렀으니 찬미의 제사를 드리는 예배가 되게 하옵소서. 이 시간 항상 주님과 함께 하였는가를 살펴보게 하옵소서.

예배의 순서 | 만물의 주인이신 하나님, 주님을 영화롭게 해드리는 예배가 되게 하옵소서.

○○ 교회의 성도들이 한 마음으로 머리를 숙인 이 시간이 하나님께 영광이 되기를 소망합니다. 한 해의 마지막 주일에 말씀을 선포하실 목사님께서 단에 오르셨으니 생명과 진리의 말씀을 전하게 하옵소서. 이 예배를 아름답게 하는 ○○ 성가대의 찬양을 받아주옵소서. 이들의 찬양을 통해서 하나님께는 영광이 드려지고, 회중들은 힘을 얻기를 원합니다. 저희들이 예배하는 동안에 교회 안팎에서 봉사하는 종들이 있음에 감사드립니다. 귀한 지체들의 섬김으로 예배를 아름답게 하시니 종들이 은총을 입게 하옵소서.

결단 | 새 날을 주시는 하나님, 항상 주님과 함께 하는 예배가 되게 하옵소서. 여호와의 은혜로 한 해를 살아왔음에 감사드리는 지금, 의로운 결단을 하게 하옵소서. 새해에는 여호와를 따르는데 열심을 내고 마음을 다하여 하나님을 사랑하고 섬기게 하시기를 원합니다. 모든 간구를 예수님의 이름으로 기도드립니다. 아멘.

[6]

헌신예배

대표기도문

쓰임을 받는 종들 되게 하옵소서

형제들아 너희 가운데서 성령과 지혜가 충만하여 칭찬 받는 사람 일곱을 택하라 우리가 이 일을 그들에게 맡기고(행 6:3)

송축 | 흥왕하게 하시는 여호와여, 하나님의 영광을 위해 영과 진리로 예배드리오니 주님 기뻐 받으시고 온전한 예배되게 하옵소서.
주의 백성들과 함께 하시는 하나님의 선하심과 인자하심을 찬양드립니다.

회개-결단 | 하나님 아버지, 저희의 악함을 회개합니다. 겉으로 드러나지는 않으나 마음에 품은 죄악을 용서해 주옵소서. 무엇보다 내 고집대로 살며 주께 순종하지 못했던 모든 행실을 주님 기억치 마시고 주님의 십자가의 보혈로 덮어주옵소서.
하나님 은혜와 사랑으로 죄를 씻어 주옵소서. 그로 인해 사함 받고 다시금 믿음으로 우뚝 설 수 있는 힘과 용기를 허락하여 주옵소서.

예배를 위하여 | 예배의 하나님, 거룩한 날에 하나님의 사랑을 입은 주

의 성도들이 모였습니다. 제직회의 헌신예배로 다시 한번 머리를 숙였으니, 오직 하늘의 하나님께 영광을 드리게 하옵소서. 성도들의 마음을 열어 주시고, 그 입술이 하늘을 향하여 열리게 하옵소서. 이시간 제직들이 새롭게 하나님 앞에서 헌신을 다짐합니다.

귀한 말씀으로 단에 세우신 ○○○ 목사님을 축복하여 주옵소서. 하나님의 사자를 통하여 저희 교회와 제직들에게 꼭 필요한 메시지가 선포되기를 소망합니다. 또한 주님의 이름을 영화롭게 하는 성가대를 세워 주셨습니다. 성도들과 함께 주님의 영광을 찬양하게 하옵소서.

교회를 위한 간구 | 권능의 하나님, 이시간 교회를 위해서 기도합니다. 교회 내의 기관들을 당신의 권능으로 붙들어 주옵소서.

교회의 모든 성도들이 주님의 몸 된 교회를 위하여 죽도록 충성하게 하옵소서. 세상 가운데 무거운 짐을 지고 여전히 방황하는 심령들이 있다면 주님의 신령하고 복된 약속의 말씀으로 위로하고 그 말씀을 의지하여 모든 고통의 짐을 벗게 하여 주옵소서.

축복 | 만복의 하나님, 이 좋은 시간에 헌신을 다짐하는 제직회원들을 축복합니다. 몸을 드려 헌신하는 저들의 심령 속에 주님을 사랑하는 기쁨이 충만하게 하옵소서. 성령님의 권능으로 쓰임을 받는 종들이 되게 하시기를 원합니다. 사랑이 많으신 예수님의 이름으로 기도드립니다. 아멘.

남전도회 헌신예배(20~30대)

부름을 받은 지체들의 헌신을 받으옵소서

그러므로 누구든지 이런 것에서 자기를 깨끗하게 하면 귀히 쓰는 그릇이 되어 거룩하고 주인의 쓰심에 합당하며 모든 선한 일에 준비함이 되리라 (딤후 2:21)

찬양-경배 | 살아서 역사하시는 하나님, 태초부터 지금까지 우주만물을 다스리시고, 연약한 인생을 보호하여 주시는 그 은혜에 감사하며 찬양과 경배를 올려드립니다.

회개-결단 | 여호와 하나님, 주님께 기도하며 자복할 수 있는 은혜를 원합니다. 하나님의 영광을 가리는 죄들을 회개하게 하시며 용서하심의 은혜로 새롭게 하옵소서. 저희가 지은 모든 죄를 고백하고 뉘우치오니 용서하여 주옵소서. 저희가 주님의 마음을 닮지 못하고 허영, 시기, 미움으로 살아왔사오니, 고쳐주시기 원합니다.

예배를 위하여 | 큰 영광을 받으실 하나님, 영화로운 시간에 하나님의 은총을 입은 주님의 자녀들이 모였습니다.

이 시간 ○○○ 남전도회가 모여 하나님께 영광을 드리는 헌신예배를 드리고자 합니다. 산 제물로 저희를 드리고자 하니 오직 하나님께 영광을 올려드리게 하옵소서.

은혜와 진리의 말씀을 전해 주시려고 ○○○ 목사님을 단에 세워 주셨음에 감사드립니다. 이 시간에 전해 주시는 말씀으로 ○○○ 남전도회 회원들이 은혜를 받고 하나님께 영광돌리게 하옵소서.

교회를 위한 간구 | 하나님 아버지, 주님의 교회가 온전한 주님의 능력을 행하는 공동체가 되게 하옵소서.

모든 형제 자매들이 하나님의 말씀으로 충만한 삶을 이루는 공동체가 되게 하소서. 주님의 평강과 소망과 사랑이 넘쳐나는 교회이기 원합니다. 저희 모두가 가정과 사회에서 하나님의 자녀의 신분으로 참되게 살며, 의롭게 살아가게 하소서.

축복 | 신실하신 하나님, 주님의 교회를 위해서 ○○○ 남전도회를 세워 주셨으니 그들을 축복합니다. 부름을 받은 지체들의 헌신으로 교회가 더욱 부흥되기를 소망합니다. 그들이 모든 성도들 앞에서 주님께 헌신하고 교회의 유익을 위하여 쓰이기를 간절히 원합니다.

사랑이 많으신 예수님의 이름으로 기도드립니다. 아멘.

교회를 든든히 하는 종들이 되게 하옵소서

그가 이르러 하나님의 은혜를 보고 기뻐하여 모든 사람에게 굳건한 마음으로 주와 함께 머물러 있으라 권하니 바나바는 착한 사람이요 성령과 믿음이 충만한 사람이라 이에 큰 무리가 주께 더하여지더라(행 11:23~24)

기쁨의 노래 | 사랑과 은혜가 충만하신 하나님, 참 좋으신 하나님 아버지의 이름을 기뻐하고 즐거워합니다. 당신 앞에 무릎을 꿇고 영과 진리로 예배드리기 원하오니 하나님 홀로 영광 받으옵소서.

회개-결단 | 하나님 아버지, "자기의 죄를 숨기는 자는 형통하지 못하나 죄를 자복하고 버리는 자는 불쌍히 여김을 받으리라" 하신 말씀을 기억합니다. 다시금 다짐하오니 죄에 대해 죽고 의에 대해 살게 하옵소서. 굽어 살피셔서 이 다짐에 은총을 내려주시기 원합니다. 온 마음과 뜻과 정성을 다해 주님을 사랑하고 영광 돌리게 하옵소서.

예배를 위하여 | 경배를 받으실 하나님, 주님의 사람으로 부름을 받아 섬기고 있는 ○○○ 남전도회가 헌신예배를 하나님께 드리고자 합니

다. 하나님께서 친히 예배를 주관해 주시옵소서. 더욱 부흥하는 남전도회, 더욱 큰 사랑을 실천하는 남전도회가 되게 하여 주옵소서.

하나님의 말씀을 들고 단 위에 서신 목사님을 축복합니다. 이 시간 들려주시는 말씀이 함께 예배드리는 성도들에게 놀라운 역사를 나타내 주시기 원합니다.
성가대원들의 아름다운 찬양이 하늘에 상달되고, 저희에게는 성령님의 감동하심이 더하는 은혜가 있게 하옵소서.

교회를 위한 간구 | 은혜 위에 은혜를 주시는 하나님, 저희들이 분주히 지내는 동안에도 하나님은 역사를 쉬지 않으셨습니다.
교회에 모인 성도들에게 성령님의 감동하심이 있게 하옵소서. 주님의 이름으로 모인 교회 공동체를 축복합니다. 그리하여 주님으로 새롭게 되는 역사의 주인공들이 되게 하옵소서.

축복 | 축복하시는 하나님, 주님의 교회에서 일꾼으로 부름을 받은 이들을 축복합니다. 저희에게 죽어가는 영혼들을 불쌍히 여기는 마음이 불일 듯 일어나게 하시기 원합니다. 교회의 각 기관에서 믿지 않는 이웃들을 주님께로 인도하게 하옵소서. 모든 기관과 부서들이 세우신 목적에 따라 교회를 섬기기에 부족함이 없게 하옵소서. 감사드리며 예수님의 이름으로 기도드립니다. 아멘.

남은 생애를 주님께 드리게 하옵소서

헤브론이 그니스 사람 여분네의 아들 갈렙의 기업이 되어 오늘까지 이르 렀으니 이는 그가 이스라엘의 하나님 여호와를 온전히 좇았음이라(수 14:14)

겸손-겸비 | 늘 은혜로 채워주시는 하나님, 하나님 아버지의 사랑으로 날마다 우리를 지켜 주셨음에 감사드립니다.

지금도 살아 역사하시고 저희를 지켜 주시는 하나님을 찬양합니다. 날 마다 주님의 이름을 높이고, 도와주시는 사랑에 감사하게 하소서.

회개-결단 | 하나님 아버지, 육신의 삶에 쫓겨 하나님의 은혜를 잊고 지냈음을 회개합니다. 입으로는 예수님이 나의 주인이라 고백하면서, 행실로는 제가 스스로 주인 노릇을 했었습니다.

진심으로 용서를 구합니다. '죄인을 불러 회개시키러 왔노라'라고 하 신 예수님을 찬양합니다.

예배를 위하여 | 신실하신 하나님, 이 시간 하나님의 은혜로 사는 천국의 백성들이 모였습니다. ○○○ 남전도회의 헌신예배로 마음의 무릎을 꿇고 경배를 드리고자 합니다. 저희 교회에서 가장 연장자들인 ○○○ 남전도회 회원들을 강건하게 해 주시기를 소망합니다.

이 귀한 시간에 말씀을 전해 주시려고 ○○○ 목사님을 준비시켜 주셨음을 감사드립니다. 성가대원들이 찬양으로 영광을 드리고, 함께 예배하는 저희 모두에게 하늘의 감동이 있게 하옵소서.

교회를 위한 간구 | 주님의 교회가 솔선하여 허물이 있는 곳을 치유하고 모자란 곳을 채우게 하소서.

또한 주님의 영광을 높이 드러낼 수 있는 교회가 되게 하소서. 성도들의 마음에 새 생명을 주셔서 교회 안에 사랑과 기쁨과 찬송이 넘치게 하소서.

축복 | 복을 주시는 하나님, 귀한 종들을 축복합니다.

교회에 헌신하는 ○○○ 남전도회 회원들이 더욱 큰 힘을 얻게 하옵소서. 노령의 나이에도 불구하고, 물러서지 않았던 갈렙의 은혜를 주시옵소서.

○○○ 남전도회가 연장자로서 헌신의 모범이 되게 하소서. 감사드리며 예수님의 이름으로 기도드립니다. 아멘.

교회에 수종을 드는 여인들이 되게 하옵소서

너희의 단장은 머리를 꾸미고 금을 차고 아름다운 옷을 입는 외모로 하지 말고 오직 마음에 숨은 사람을 온유하고 안정한 심령의 썩지 아니할 것으로 하라 이는 하나님 앞에 값진 것이니라(벧전 3:3~4)

하나님께 영광 | 중심을 보시는 하나님, 성령님의 충만하신 영광이 이곳에 나타나게 하옵소서. 언제나 불꽃같은 눈동자로 저희를 지켜주신 은혜에 감사하오며 하나님의 영화로운 이름을 찬양합니다. 저희를 죄로부터 구원하신 영원한 왕이신 하나님을 찬양합니다.

회개-결단 | 사유하시는 하나님, 저희의 마음 문을 주님을 향해 열게 하시고 세상 죄를 이기려는 싸움에 승리하게 하소서. 저희의 상처 입은 심령을 주님께서 십자가에서 흘리신 피로 치유하옵소서.
저희의 심령에 교만과 사욕이 스며들어 있다면 성령의 불로 죄악을 태우고, 깨우쳐서 회개하게 하옵소서. 주님의 보혈로 용서함을 받아 깨끗함을 누리기 원합니다.

예배를 위하여 | 인자하신 하나님, 하늘나라를 소망하는 주님의 자녀들이 모였습니다. 하나님의 은혜가 충만한 이곳에서 ○○○ 여전도회의 헌신예배를 드립니다. 복된 예배에서 말씀을 선포하시는 목사님, 기도하는 성도들에게 주님의 역사를 나타내 주소서.

이 시간 성가대원들의 찬양을 받아주옵소서. 영광의 찬양을 부르게 하시고, 헌신을 각오하는 ○○○ 여전도회 회원들이 아멘으로 응답하는 복을 누리게 하옵소서.

교회를 위한 간구 | 자비로우신 하나님, 저희가 성령으로 충만하여 하나님의 영광을 나타내는 삶이 되게 하여 주옵소서. 여호와 우리 하나님께서 부족한 종의 간구를 들어주심을 믿습니다. 이에 담대하게 간구하오니, 이 교회에 복을 내려 주시기 원합니다. 그리고 교회가 하나님의 진리를 선포하게 하옵소서.

축복 | ○○○ 여전도회를 성삼위 하나님의 이름으로 축복합니다. ○○○ 여전도회가 교회의 기둥답게 충성스러운 모습으로 섬기게 하옵소서. 복음을 드러내는 교회로서의 사명을 다하도록 인도해 주시기를 원합니다. 그리하여 ○○○ 여전도회가 하나님 나라 확장을 위해 사용되기를 원합니다. 감사드리며 예수님의 이름으로 기도드립니다. 아멘.

지체들의 헌신으로 교회가 부흥되게 하옵소서

너는 그리스도 예수의 좋은 병사로 나와 함께 고난을 받으라 병사로 복무하는 자는 자기 생활에 얽매이는 자가 하나도 없나니 이는 병사로 모집한 자를 기쁘게 하려 함이라(딤후 2:3~4)

송축 | 좋으신 하나님, 저희에게 하나님의 영광과 위엄을 보여주심에 감사드립니다. 주님의 권세와 영광에 합당한 예배를 드리기 원합니다. 선택받은 무리들이 모였사오니, 주님을 찬송하고 영광을 돌리게 하시옵소서.

회개-결단 | 용서하시는 하나님, 주님의 십자가 앞에 무릎을 꿇습니다. 바라보아야 할 하나님의 나라보다는 세상 속에서 욕심과 정욕을 따라 살았음을 고백합니다. 하나님의 뜻보다 자신의 일을 이루기 위해서 동분서주하다가 이 시간에 나왔사오니 용서해 주옵소서.

예배를 위하여 | 주 여호와 하나님, 이 시간 하나님의 은총을 받은 성도들이 모여 예배를 드립니다.

○○○ 여전도회의 헌신예배로 영광을 드리려 합니다.

하나님께서 마련하신 영광의 시간에, 여호와 앞에서 헌신을 다짐하게 하소서.

목사님께서 말씀을 전하시기 위해 단에 오르셨으니, 말씀의 능력으로 ○○○ 여전도회 회원들이 하늘의 힘을 얻게 하옵소서. 예배의 순서를 주님께서 다스리시고, 영화롭게 하옵소서.

교회를 위한 간구 | 교회를 세우시는 하나님, 먼저 저희 교회를 비롯하여 한국 교회를 위해 간구합니다. 하나님은 이 땅에 복음의 풍성한 열매를 맺게 하셨습니다. 사회의 아픔에 동참하는 의로운 교회가 되게 하옵소서. 세계를 향해 선교하는 교회, 사랑 안에서 서로 연합하고 교제하는 교회, 성령님의 질서와 말씀이 흥왕하는 교회가 되게 하옵소서.

축복 | 헌신을 다짐하는 ○○○ 여전도회 회원들을 축복합니다. 지체들의 헌신으로 이 지역에 구원을 받아야 할 하나님의 백성들이 모두 주님께로 돌아오기 원합니다. 지역사회를 향한 교회의 사명을 깨닫는 지체들이 되기를 원합니다. 기도와 사랑으로 교회가 지역을 섬기게 하옵소서. 이를 위한 물질을 드리는 일에도 열심을 내게 하옵소서. 감사드리며 예수님의 이름으로 기도드립니다. 아멘.

구별된 여종들이 헌신하게 하옵소서

늙은 여자로는 이와 같이 행실이 거룩하며 모함하지 말며 많은 술의 종이 되지 아니하며 선한 것을 가르치는 자들이 되고 그들로 젊은 여자들을 교훈하되 그 남편과 자녀를 사랑하며(딛 2:3~4)

하나님께 영광 | 면류관을 예비하신 하나님, 주께서 지으신 모든 민족이 와서 주의 앞에 경배드립니다. 그리스도 예수 우리 주님의 성호를 높이 들며 살게 하옵소서.

때로는 유혹에 밀려 넘어지기도 하였으나 곧 일어서게 하심에 감사드립니다. 사탄을 무찌르며 십자가의 군병답게 살도록 하옵소서.

회개-결단 | 사유하시는 하나님, 지난 한 주간 세상에 살면서 주님을 기쁘시게 하지 못하고, 육신을 위하여 이기적인 욕망과 많은 죄악 가운데에서 살아왔습니다. 간절히 회개하오니 용서해 주소서. 저희에게 죄를 거절하며 살 수 있는 믿음의 용기를 주옵소서.

예배를 위하여 | 미쁘신 주 여호와여, 하나님의 사랑을 입은 ○○ 교회

의 성도들이 그 크신 은혜에 찬양을 드리려 함께 모였습니다.

주님께서 귀하게 하시는 ○○○ 여전도회 회원들이 헌신을 다짐합니다. 어려운 이들을 섬기는 구제와 지역사회에 착한 일을 하는 봉사의 열매를 많이 맺게 하옵소서. ○○○ 여전도회 회원들이 마음으로 주어진 사명을 감당하여 하나님의 살아계심을 선포하게 하옵소서.

교회를 위한 간구 | 전능하신 하나님 아버지, 믿음이 연약한 심령들에게는 강하고 담대한 믿음을 허락해 주시기 원합니다. 그리고 말씀에 갈급하고 굶주린 심령들에게 말씀을 공급하는 교회가 되기 원합니다. 우리의 기쁨이 되시는 주님을 체험하게 하옵소서.

축복 | 예배를 주관하시는 하나님, 영화로운 시간에 주님의 자비를 입고 있는 ○○○ 여전도회 회원들을 축복합니다. 또한 헌신예배를 즐거워하며 함께 모인 성도들을 축복합니다.

○○○ 여전도회 회원들이 하늘의 은총을 입고 거룩한 전에서 찬양과 경배로 영광을 드리게 하옵소서. 오직 하나님의 은혜가 충만하기를 원합니다. 사랑이 많으신 예수님의 이름으로 기도드립니다. 아멘.

복음의 전파를 위해 드리는 은혜를 주옵소서

온 땅이여 여호와께 노래하며 그의 구원을 날마다 선포할지어다 그의 영광을 모든 민족 중에, 그의 기이한 행적을 만민 중에 선포할지어다(대상 16:23~24)

감사의 고백 | 구원을 선포해주신 하나님, 예배하기 위해 모인 저희가 주의 은혜에 감사하게 하옵소서. 함께한 주님의 자녀들이 전심으로 하나님을 찬송하게 하옵소서. 날마다 함께 하시며 영원토록 주의 이름이 영광이 되기 원합니다.

회개-결단 | 사유하시는 주님, 이 시간에 저희를 돌아볼 때, 복음 전파에 전심전력을 다하지 못한 죄를 고백합니다. 복음 전파에 인색했던 죄를 용서해 주시옵소서. 각 사람이 행한 대로 심판하실 하나님을 두려워하게 하옵소서. 그리하여 죄를 지었던 삶에서 돌이켜 회개하고 모든 죄에서 떠나는 용기를 주옵소서.

예배를 위하여 | 이름이 크신 하나님, 하나님의 은혜로 하루를 보낸 천

국의 백성들이 이 시간 다시 모였습니다. 하나님을 사랑하고 교회를 위하여 충성을 다하는 선교부의 헌신예배를 드리려 합니다.

이 예배를 위하여 ○○○ 목사님을 보내주셨음에 감사드립니다.

예비된 종의 입술을 통해서 진리의 말씀을 듣고 새로워지는 은혜를 누리게 하옵소서.

○○○ 목사님께서 섬기시는 교회에도 은총이 더하기를 간절히 원합니다. 주님께서 성가대원들을 세우셨으니, 몸과 마음을 다하는 거룩한 찬양이 되게 하옵소서. 그 찬양이 선교를 위한 헌신을 격려하는 은혜가 되게 하옵소서.

교회를 위한 간구 | 여호와 우리 주여, 저희 교회에 영혼을 구원에 이르게 하는 아름다운 사명을 주셨음에 감사드립니다.

죽어가는 영혼을 살려내는 역사에 몸과 시간과 물질을 드려 동참하는 성도들이 되게 하옵소서. 세계 곳곳에 복음을 전하며 영혼들이 아버지의 품에 돌아오게 하옵소서.

축복 | 인애하신 하나님, 주님의 명령에 따라 땅끝까지 복음을 전파하기 위해 헌신하는 선교부의 지체들에게 은혜를 베푸시기를 소망합니다. 그들이 선교에 헌신할 때, 하늘의 문이 열려져 신령한 복을 누리기 원합니다. 아울러, 주님의 말씀으로 만족한 삶을 살게 하옵소서. 예수님의 이름으로 기도드립니다. 아멘.

어려운 이들을 돌아보게 하옵소서

고아와 과부를 위하여 정의를 행하시며 나그네를 사랑하여 그에게 떡과 옷을 주시나니 너희는 나그네를 사랑하라 전에 너희도 애굽 땅에서 나그네 되었음이니라(신 10:18~19)

찬양-경배 ┃ 인생을 도우시는 하나님, 여호와의 영광이 이 자리에 있음에 엎드려 경배합니다.

주의 백성들과 함께 하시는 하나님의 선하심과 인자하심에 감사와 찬양과 경배를 높이 올려 드립니다. 주님의 자녀들이 거룩한 곳에 다시 찾아 나왔습니다.

회개-결단 ┃ 하나님 아버지, 인간의 교만에 빠져 살았음을 회개합니다. 이웃을 내 몸과 같이 사랑해야 했지만 그렇게 하지 못했음을 용서하옵소서.

목마른 자에게 냉수 한 그릇 주지 못하고 자신의 주머니만을 붙들고 살아온 죄를 용서하옵소서. 세상의 안락을 쫓다가 주님 앞에 나온 저희를 용서해 주시기를 구합니다.

예배를 위하여 | 하나님의 사랑을 입은 ○○ 교회의 성도들이 모였습니다. 주님 앞에 모여 구제를 위한 헌신예배를 드립니다.

먼저, 구제를 담당하고 있는 종들에게 은혜를 더하옵소서. 온 성도들이 일심으로 구제를 위해 헌신을 각오하고 있습니다.

저희 교회가 이 땅에서 섬기고 돌아보아야 하는 구제사역에 봉사하게 하여 주옵소서.

교회를 위한 간구 | 자비로우신 하나님, 하나님의 자비로우심으로 성도답게 살기를 원합니다. 비록 가난하고, 병든 육체를 갖고 살아도, 하늘의 하나님을 바라보게 하옵소서.

저희 교회에 속한 지체들이 한결같이 주님의 뜻대로 사는 종들이 되기를 소망합니다. 그리하여 악을 물리치고 하나님을 사모하는 삶을 살게 하옵소서.

축복 | 어려운 이들을 돌보시는 하나님, 이 시간에 구제 헌신예배를 드리는 성도들을 축복합니다. 하나님께서 이 땅의 어려움을 당하는 이들을 저희에게 맡겨주셨음을 모든 성도들이 알게 하옵소서.

저희 교회가 하나님의 손이 되어 섬김의 사역을 다할 때, 성도들에게 은혜를 베푸사 풍성하고 부요하게 하옵소서. 예수님의 이름으로 기도드립니다. 아멘.

하늘에 영광을 선포하게 하옵소서

이 백성은 내가 나를 위하여 지었나니 나를 찬송하게 하려 함이니라(사 43:21)

송축 | 영화로우신 하나님, 온 성도들이 여호와 앞에 엎드려 예배하기를 원합니다. 분주했던 일상의 삶을 쉬고, 종일을 예배하는 시간으로 보냈습니다. 참 안식을 누리는 이 시간에 ○○○ 성가대 헌신예배로 모였습니다. 찬양과 경배를 주님께 드립니다.

회개-결단 | 주님 앞에 죄악을 내려놓습니다. 주님의 영광을 위하여 저희의 모든 것으로 섬긴다고 하면서도 게으름과 나태함으로 지내온 저희의 모습을 회개합니다. 추한 모습을 갖고 있으면서도 회를 칠한 무덤처럼 살아온 죄를 용서해 주시옵소서.

예배를 위하여 | 자비로우신 하나님, 이 시간에 ○○○ 성가대원들이 헌신을 다짐하는 예배를 드립니다. 하나님 앞에서 아름다운 직분을 받은 그들을 복되게 하옵소서.

오늘의 예배로 ○○○ 성가대원들이 새로워지게 하옵소서. 이 예배를 위하여 목사님을 보내 주시고, 말씀을 전하게 하시니 감사드립니다. 목사님이 선포하시는 말씀 한절 한절을 받을 때 저희가 하나님의 은혜를 누리게 하시고 놀라운 감격이 있게 하옵소서.

교회를 위한 간구 | 생명의 구주가 되시는 예수님, 하나님을 영화롭게 해드리는 교회에 은혜를 더하옵소서. 새로운 마음으로 헌신을 약속한 ○○○ 성가대로 말미암아 크게 영광된 교회가 되기를 소망합니다. 그들의 찬양으로 성도들의 심령이 은혜의 단비로 늘 적셔지게 하옵소서.

축복 | 복을 주시는 하나님, 이 시간에 ○○○ 성가대를 축복합니다. 성가 대장을 비롯해서 모든 대원들에게 은혜와 진리로 충만하게 하옵소서.
오직 주님께서 ○○○ 성가대의 감독이 되어 주시고, 거룩한 지체들을 인도하셔서 찬양의 직무를 정성껏 섬기게 하옵소서.
○○○ 성가대가 주님의 한 지체로써 하나님께 영광드리기 원합니다. 감사드리오며 예수님의 이름으로 기도드립니다. 아멘.

선한 목자의 마음을 품게 하옵소서

여호와는 나의 산업과 나의 잔의 소득이시니 나의 분깃을 지키시나이다
내게 줄로 재어 준 구역은 아름다운 곳에 있음이여 나의 기업이 실로 아름
답도다(시 16:5~6)

하나님을 바람 | 신실하신 하나님, 성도들이 하나님을 찬양하는 소리
가 가득하게 하옵소서. 주님의 교회가 신앙의 공동체를 이루어 하나님
의 영광을 선포하게 하소서. 또한, 서로를 향해서 봉사하는 교회가 되
어 주님의 영광을 드러내게 하소서.

회개-결단 | 하나님 아버지, 저희의 죄를 떨쳐 버릴 수 없어 용서를 구
합니다. 하나님의 양떼를 맡은 구역장들뿐만 아니라, 저희 각자가 주
님의 보내심으로 빛과 소금이 되어야 했지만 그렇지 못하였음을 용서
해 주시옵소서. 육신이 연약하고 믿음이 부족하다는 핑계로 주님의 말
씀대로 살지 못하였음을 회개합니다.

예배를 위하여 | 저희와 함께 해주시는 하나님, 하늘로부터 내려오는 은혜를 사모하는 거룩한 자녀들이 모였습니다. 하루를 복스럽게 지내게 하시고, 영혼의 안식을 주신 그 은총을 묵상하게 하소서. 구역장 헌신예배에서 구역장들이 귀한 직분 앞에서 마음을 새롭게 할 때, 충성을 다하여 사명을 감당하게 하소서.

예배의 순서에 따라 목사님께서 말씀을 전하실 때, 큰 위로와 능력이 덧입혀지기를 소망합니다. 하나님의 말씀으로 무장하는 강한 용사가 되게 하옵소서.

교회를 위한 간구 | 교회를 세우시는 하나님, 하나님의 자비로우심으로 구역장들이 맡겨진 직무를 잘 감당하는 아름다운 종으로 살게 하옵소서. 그들의 헌신이 교회로 하여금 빛과 소금이 되라 하신 주님의 뜻을 이루게 하옵소서. 그리하여 악을 물리치고 하나님을 기쁘시게 하는 주님의 몸이 되기 원합니다.

축복 | 복을 주시는 하나님, 구역장들을 축복합니다. 위로부터 내려주시는 은총으로 승리하는 종들이 되게 하옵소서. 하나님의 권능을 찬양합니다. 주여, 우리 교회가 성령으로 충만하게 하옵소서.

그들의 섬김을 통해서 성도들이 온전하게 세워지고, 흠이 없는 하나님의 사람으로 세워질 것을 소망하면서 예수님의 이름으로 기도드립니다. 아멘.

교사 헌신예배

온전히 드림의 충성을 각오하게 하옵소서

말씀하시되 나를 따라오라 내가 너희를 사람을 낚는 어부가 되게 하리라 하시니 그들이 곧 그물을 버려 두고 예수를 따르니라(마 4:19~20)

기쁨의 노래 | 교회를 인도하시는 하나님, 어린 양 같은 저희를 보살펴 주시니 감사드립니다.
저희를 교사로 부르시고, 어린 생명들을 주님께로 이끌기에 부족함이 없도록 믿음을 더하여 주심에 즐거워합니다.

회개-자복 | 혹시 부지중에 보인 저희의 잘못된 모습으로 말미암아 어린 생명들이 상처받고 낙심하지 않도록 보살펴 주옵소서. 또한 주님 앞에서 저희의 신앙 의식이 흐트러지지 않게 도와주시고 먼저 저희 자신을 주님의 말씀으로 잘 갈고 닦을 수 있도록 이끌어 주시옵소서.

예배를 위하여 | 거룩하신 하나님, 주님께서 구별하신 날을 거룩하게 보낸 성도들이 하나님을 찬미하려고 머리를 숙였습니다. 이 시간, 교사 헌신예배를 드리니 영광을 받아 주시옵소서. 교사들이 어린 심령들

을 위하여 언제나 신앙의 모범을 보일 수 있게 하여 주옵소서. 말씀을 들고 단 위에 서시는 목사님을 성령의 능력으로 붙들어 주셔서 목사님의 선포하시는 말씀을 통해 모든 교사들이 영적으로 결단하는 시간이 되게 하여 주시옵소서. 예배의 순서를 맡은 자들에게도 함께 하셔서 성령의 인도함을 받게 하시옵소서.

교사들을 위한 간구 | 우리 주 여호와여, 어린 영혼을 귀하게 여기는 교사들이 되기를 원합니다. 맡겨진 영혼들 중 한 영혼도 곁길로 나가지 않도록 잘 살필 수 있는 교사들이 되게 하여 주시옵소서. 교사의 직분을 감당하고자 힘쓰고 애쓰는 주의 종들을 성령께서 위로하여 주시고 은혜를 더하여 주시길 원합니다.

축복 | 만복의 하나님, 지도 전도사님을 위시하여 지도부장, 지도 교사들이 한마음 한 뜻이 되어 주님이 맡기신 어린 생명들을 잘 양육할 수 있게 하시고, 부흥하는 주일학교가 될 수 있도록 이끌어 주시옵소서. 온 성도들이 자녀들의 신앙교육에 전념할 수 있게 하여 주옵소서. 감사드리며 예수님의 이름으로 기도드립니다. 아멘.

주님의 어린이로 자라게 하옵소서

비록 아이라도 자기의 동작으로 자기 품행이 청결한 여부와 정직한 여부를 나타내느니라 듣는 귀와 보는 눈은 다 여호와께서 지으신 것이니라(잠 20:11~12)

하나님께 영광 | 어린이들의 하나님, 저희에게 커다란 기쁨을 주신 하나님께 영광을 드립니다. 이 시간 특별한 예배로 모이게 하심에 기뻐합니다. 저희의 다음 세대인 어린이들이 하나님께 헌신을 다짐합니다. 어린이들이 주님께 영광 돌릴 수 있게 해주셔서 감사합니다.

회개-결단 | 사랑의 하나님, 주님의 영광을 잊고 지낸 시간들을 회개합니다. 거룩한 하나님의 집에서도 순간의 즐거움을 위해 시간을 보낸 것을 용서해 주시옵소서. 이웃을 섬기고 사랑해야 함에도 자신의 즐거움만 찾던 지난 시간들을 용서하옵소서.

예배를 위하여 | 여호와 하나님, 주님께 감사하는 시간에 하나님의 은총을 받고 있는 ○○ 교회의 성도들이 유년주일학교 헌신예배를 드리

고자 모였습니다. 하나님만 예배의 영광을 받으시며 어린이들에게는 은총으로 새롭게 하시옵소서. 어린이들이 바로 세워지기 위하여 귀한 목사님을 단으로 부르신 하나님을 찬양합니다. 목사님의 입술에 의해 진리의 말씀이 선포될 때, 저희 아이들이 생명의 영으로 풍성하게 하옵소서.

교회를 위한 간구 | 하나님 아버지, 주님의 몸 된 교회를 위하여 기도합니다. 주님의 크신 뜻이 계셔서 이곳에 교회를 세워 주시고 오늘날까지 지켜 주시니 감사합니다. 이 교회가 지역사회의 구원 방주가 되게 하옵소서. 많은 아이들을 생명의 길로 인도하는 유년주일학교가 되게 하옵소서.

축복 | 거룩한 이 시간, 헌신예배를 드리는 유년주일학교를 축복합니다. 어린이들과 교사들 모두에게 크신 복을 내려 주시옵소서. 어린이들은 지혜와 총명으로 자라게 하시고, 그들을 위해서 섬김을 다하는 교사들에게는 주님의 일꾼으로 감당할 만한 복을 주시옵소서. 저희 교회 유년주일학교에 크신 능력과 축복을 허락하셔서 죽어가는 많은 심령들에게 복음의 기쁜 소식을 전하기를 바랍니다. 사랑이 많으신 예수님의 이름으로 기도드립니다. 아멘.

하나님께 드리는 삶이 되게 하옵소서

또 어려서부터 성경을 알았나니 성경은 능히 너로 하여금 그리스도 예수 안에 있는 믿음으로 말미암아 구원에 이르는 지혜가 있게 하느니라(딤후 3:15)

감사의 고백 | 진리로 이끄시는 하나님, 저희를 믿음 안에서 자라게 하심을 감사드립니다. 이 교회에 중·고등부를 허락하셔서 그리스도의 장성한 분량에까지 자라가도록 하신 은혜에 감사를 드립니다. 어려서 부터 주님을 알게 하셨으니, 이 믿음으로 자라게 하옵소서.

회개-결단 | 미쁘신 하나님, 하나님 앞에서 지은 죄를 고백합니다. 공부하기에 분주하다는 핑계로 말씀에 순종하는 삶에 게을렀음을 용서해 주시옵소서. 주님께서 하라고 하신 말씀을 따르지 않았고, 하지 말라고 하신 말씀도 지키지 못한 생활을 용서하옵소서.

예배를 위하여 | 영원하신 하나님, 저희를 위하여, 좋으신 선생님들을 세워 주셨으니 감사드립니다. 선생님들과 저희가 믿음 안에서 서로 사

랑하며 소망으로 열매를 맺는 중·고등부를 만들어 나가기 위해 헌신하게 하소서. 주님께서 함께 하시면 하나님의 나라를 이루어 드리는 중·고등부가 될 줄로 믿습니다.

이 헌신예배로 주님을 향한 사랑을 소중히 간직하기 원합니다. 이 시간 귀한 말씀을 들려주시는 목사님께 성령님의 영력이 갑절이나 더하게 하옵소서. 하나님의 사자가 선포하시는 말씀으로 학생들이 새로워지게 하옵소서.

중 · 고등부 학생회를 위한 간구 | 사랑의 하나님, 저희를 깨우치셔서, 중·고등부에서 이루어야 하는 목적을 달성하게 하옵소서.

저희의 삶을 주님의 거룩하심으로 채우게 하옵소서. 또한 하나님의 나라와 우리나라에 꼭 필요한 인물이 되려는 소망을 품게 하옵소서.

결단에의 간구 | 좋으신 하나님, 이 시간 헌신을 다짐하는 학생들을 축복합니다. 저희에게 주님의 풍성한 지혜를 허락해 주시기 원합니다. 저희를 지켜보시는 교회의 여러 어른들께 기쁨을 드리는 중고등부가 되기 원합니다.

저희의 모든 일들을 지도하셔서, 늠름한 십자가의 군병들이 되게 하소서. 저희의 마음을 열어서 진리를 받아들이게 하옵소서. 예수님의 이름으로 기도드립니다. 아멘.

새벽이슬 같은 청년들을 받으옵소서

또한 너는 청년의 정욕을 피하고 주를 깨끗한 마음으로 부르는 자들과 함께 의와 믿음과 사랑과 화평을 따르라 어리석고 무식한 변론을 버리라 이에서 다툼이 나는 줄 앎이라(딤후 2:22~23)

감사의 고백 | 교회를 지키시는 하나님, 세상을 다스리시며 교회를 보호하시는 하나님께 영광을 드립니다. 주님의 이름으로 모인 저희의 찬양을 받으시고, 영광을 받으소서. 주님의 젊은이들이 헌신을 다짐하게 하시니 감사드립니다. 복된 시간이 되게 하옵소서.

회개-결단 | 거룩하신 하나님 아버지, 지난 한 주간 여러가지 죄와 허물로 아름답지 못하였습니다.
이 시간에 저희의 모든 죄를 주님께 자복하고 회개하오니 주 예수 그리스도의 보혈로 깨끗함을 얻게 하소서. 십자가의 은혜만이 청년들을 새벽이슬처럼 아름답게 해 주실 줄 믿습니다.

예배를 위하여 | 살아계신 하나님, 이 시간 헌신예배에 무릎을 꿇은 청년들이 주님의 십자가로 말미암아 죄의 문제를 해결받는 은혜를 누리게 하옵소서. 또한, 하늘나라의 백성이 되게 하신 하나님의 이름을 높이는 고백을 하게 하옵소서. 목사님께서 준비하신 말씀을 다 전하실 수 있도록 성령님의 도우심을 간구합니다. 저희 ○○ 교회의 성도에게 생명의 말씀이 선포되기를 간절히 원합니다.

교회를 위한 간구 | 함께 하시는 여호와여, 여호와는 위대하시니 우리 하나님의 성, 거룩한 산에서 극진히 찬양 받으시옵소서. 모든 성도들이 맡겨진 사명을 감당하도록 붙들어 주시기 원합니다. 저희가 이 땅 위에 사는 동안 하나님의 사람이라는 본분을 잊지 않게 하옵소서. 그리고 교회의 머리되신 예수님을 귀히 섬기게 하옵소서.

축복 | 자비로우신 하나님, 새벽이슬 같은 주님의 청년들을 축복합니다. 부족한 지체들이지만, 하나님의 능력이 나타나 크게 쓰임을 받는 종들이 되게 하옵소서. 젊어서부터 자신의 인생을 하나님과 주님의 나라에 드린 이들의 생애를 영화롭게 하옵소서. 이들의 헌신으로 하나님의 뜻이 이 땅에서 이루어지기를 간절히 원하면서 예수님의 이름으로 기도드립니다. 아멘.

[7]
교회조직을 위한
대표기도문

1. 당회를 위한 간구

귀한 사역을 맡기시는 하나님,
교회가 섬기는 일에 방향을 제시하고, 공동체를 인도하는 기관으로서
중요한 기구인 당회를 위해 간구합니다. 하나님의 권위로 ○○ 교회를
치리하도록 당회를 세워주셨으니, 성도들의 유익을 도모하며, 연약한
지체들을 심방할 때, 은혜를 끼치게 하옵소서. 그리고 교회에서 성경
을 가르치는 일과 교회의 각 기관을 감독할 때, 하나님의 놀라운 은혜
를 베풀어 주옵소서.

세상 사람들에게 빛과 소금의 사명을 감당하는 저희 교회가 되기 원합
니다. 이 일을 위하여 부름 받은 당회원들이 기쁨으로 봉사할 수 있도
록 인도해 주옵소서.
간절히 바라기는 당회원들이 예루살렘 교회의 바나바를 닮기 원합니
다. "바나바는 착한 사람이요 성령과 믿음이 충만한 자라 이에 큰 무리
가 주께 더하더라"라는 말씀처럼, 당회원 한 사람, 한 사람으로 말미암
아 교회가 부흥되게 하옵소서.

사람들은 겉으로 드러난 것을 보지만, 우리 주님께서는 그 사람의 중
심을 보신다는 것을 기억합니다. 저희 교회의 모든 당회원들이 하나님
의 마음에 드는 일꾼들이 되게 하옵소서. 그들이 하나님의 영광을 위
해서 모이게 하시옵소서.
예수님의 이름으로 기도 드립니다. 아멘.

2. 제직회를 위한 간구

교회를 다스리시는 하나님,
목사님께서 오직 말씀을 전하는 일에만 전념하도록 여러 일꾼들을 뽑아 주셨으니 감사드립니다. 하늘나라의 일을 담당하도록 제직회를 세워주신 줄로 믿고, 서로 협력하게 하시는 하나님께 찬양을 드립니다.

저희 교회의 제직 회원들이 기쁨으로 교회를 섬기기 원합니다. 늘 그분들이 하나님께 충성을 다하는 일꾼 되게 하옵소서. 성령님께서, 그들의 마음을 다스리시고, 명예를 위한 제직이 되지 않도록 도와주옵소서. 성령을 보내주신 하나님, 저희 교회의 제직들이 성령으로 충만하기 원합니다.
성령님을 따라 교회와 성도들을 위하여 봉사하게 하소서. 그들의 심령을 성령님께서 주관하사, 성령님이 이끄시는 대로 생각하게 하시고, 성령님이 인도하시는 입술로 말을 하게 하소서.

간절히 기도드리오니 믿음과 성령이 충만한 제직회가 되어서, 교회를 부흥시키게 하시옵소서. 제직들의 마음을 주의 사랑으로 불붙여 주옵소서. 그리하여 교회를 통하여 하나님께서 원하는 열매를 맺게 하시옵소서.
저희의 기도를 들으시고, 추수를 기다리시는 주님의 밭에서 보다 많은 일꾼들이 봉사하게 하시옵소서. 예수님의 이름으로 기도 드립니다. 아멘.

3. 남 · 여 전도회를 위한 간구

일꾼을 세우시는 하나님,
저희 교회를 사랑하셔서 장년 성도들의 모임으로 남 · 여 전도회를 만들어 주심을 감사드립니다. 남 · 여 전도회 회원들의 기도로 교회가 부흥되고, 이웃들로부터 칭찬받는 교회가 되게 하옵소서.

이 시간 남 · 여 전도회 회원들이 주님의 자녀가 된 기쁨 속에서 봉사하게 해 주시기 원합니다. 교회 성도들을 위하여 섬기는 직분을 사랑으로 감당하도록 이끌어 주옵소서. 알아주는 사람 없이, 드러나는 일 없이 수고하는 저들을 주님께서 격려해 주옵소서.

고마우신 하나님, 이들이 소금과 빛이 되는 사명을 감당하도록 인도하시고 사랑이 넘쳐나는 사귐을 나누게 하소서. 혹시 마음의 편협됨이나 자만심을 갖지 않도록 도와주시옵소서.
남 · 여 전도회 회원들이 하나님을 공경했던 루디아를 닮기 원합니다.
"주께서 그 마음을 열어 바울의 말을 청종하게 하신지라"라는 말씀처럼, 남 · 여 전도회 회원들이 목사님을 돕는 종들이 되게 하시옵소서.

하나님의 나라를 위하여 믿음으로 봉사하는 지체들이 되게 하시고, 그들의 수고로 말미암아, 사랑이 가득한 ○○ 교회가 되게 해 주시기를 간구합니다. 예수님의 이름으로 기도드립니다. 아멘.

4. 구역회(구역장)를 위한 간구

은혜로우신 하나님, 성도들을 섬기도록 구역장님들을 세우셨으니 헌신하는 이들이 되기 원합니다. 이들이 하나님의 영광과 교회의 부흥을 위하여 기도드리는 일꾼들이 되게 하시옵소서.

간절히 바라옵기는 구역원들을 보살펴야 하는 구역장들에게 주님의 능력과 힘을 주시기 원합니다. 그래서 그분들이 맡은 직분을 사람의 지혜나 꾀로 섬기지 않고, 오직 하나님의 은혜로 충성하게 하시옵소서. 구역원들을 기쁨으로 섬기고 하나님의 마음에 드는 일꾼들이 되게 하시기 원합니다. 열매를 맺게 하시는 여호와여, 구역장들이 모여서 교회의 일을 의논할 때, 성령님께서 도와주시기 원합니다.

한 분, 한 분의 구역장들이 사랑과 은혜가 풍성하신 하나님을 알게 하시고, 주님께 순종함으로 귀한 직분을 섬기게 하소서.
혹시 생활의 여러 문제로 구역을 제대로 돌보지 못하는 일이 없도록 이끌어 주시옵소서. 주님의 영광을 위하여 봉사하는 구역장들이 되도록 인도해 주옵소서.

구역 모임을 통해 서로 서로 격려가 되게 하시고, 교회의 성도들에게 믿음의 본을 보이는 기관이 되게 하시옵소서. 감사드리며 예수님의 이름으로 기도드립니다. 아멘.

5. 찬양대를 위한 간구

찬양을 받으실 하나님,
성도들의 찬양을 인도하심에 감사드립니다. 많은 성도들 가운데 특별히 음악적인 재능과 섬기고자 하는 마음을 허락하셔서 찬양 대원들을 불러 주신 은혜에 찬양을 드립니다.

먼저 찬양 대원들이 찬양대라는 직분 앞에 겸손하게 하옵소서. 찬양 대원들 가운데 자신의 음악적인 재능을 과시하려는 이들이 단 한 사람도 없게 하시옵소서. 예배드리러 교회에 모인 성도들과 함께 오직 주님의 영광을 찬양하게 하시옵소서.
찬양을 드리는 순간이 하나님께 자신을 드리는 기회라는 사실을 알고 찬양대의 자리에 앉게 하시옵소서. 그리하여 주님의 은혜에 감사하는 마음으로 찬미의 노래를 드리게 하옵소서.
주님께서 귀한 몸을 내어 주신 것처럼, 찬양 대원들은 주님을 위해 아름다운 선율을 바치는 제사를 드리게 하시옵소서.

귀한 사역자들이 예배의 영광을 위하여 쓰임을 받게 되었음에 겸손하게 하옵소서. 또한 음악적 재능을 선물로 주신 은혜에 감사하여 온 몸으로 찬양하게 하시옵소서.
예수님의 이름으로 기도드립니다. 아멘.

6. 청년회를 위한 간구

영광을 받으실 하나님,
청년들이 주님의 이름으로 모이게 하시니 감사드립니다. 청년들이 인생의 황금기에 하나님을 섬기고, 새벽이슬 같은 아름다운 신앙을 고백하게 하심에 감사합니다.

청년들의 섬김으로 교회가 더욱 부흥되고 주님께 영광을 드리게 하시옵소서. 일찍이 청년들을 부르셔서 주님을 따르게 하셨으니, 그들의 일생을 주님께 헌신하도록 이끌어 주시옵소서.
청년들이 주일학교 교사를 비롯하여, 찬양 대원 등 하나님의 일을 함으로써 교회가 더욱 부흥되기를 원합니다. 또한 자라나는 세대들에게 모범을 보여 주는 청년들이 되게 하옵소서. 그들은 왕성한 젊음 때문에 혈기를 이기지 못할 때도 있습니다. 더욱이 통제하기 힘든 육체의 욕망으로 말미암아 고민하는 경우도 많을 것입니다.

젊은 혈기의 감정이 앞서서 하나님의 말씀에서 떠나는 경우도 있을 것입니다. 청년들이 주님 앞에서 괴로워 할 때마다 하나님께서 힘이 되어 주시기 원합니다.
청년회 한 사람, 한 사람이 진리로 허리띠를 두르고, 의의 흉배를 붙이고 믿음의 방패를 가짐으로 모든 악한 것들과 대적하여 이기게 하옵소서. 예수님의 이름으로 기도드립니다. 아멘.

7. 대학부를 위한 간구

사랑의 하나님,
저희 교회의 대학부를 지켜 주시니 감사드립니다. 대학부의 젊은이들
이 자신들의 몸을 불의의 병기로 죄에 짓지 않고, 의의 병기로 드리게
하시니 참으로 감사드립니다.

이 시간에 대학부를 위하여 기도드리니 젊었을 때 주님을 위하여 땀을
흘리는 십자가 군병들이 되기 원합니다. 하나님의 열심이 나타나 그들
의 아름다운 신앙으로 교회를 더욱 든든히 세워가게 하시옵소서.
하나님께는 영광을 드리고 교회에는 유익한 기관이 되도록 성령께서
이끌어 주시기 원합니다.
여호와 우리 주여, 대학부의 회원들에게 믿음과 지혜를 주옵소서. 그
래서 하나님의 영광을 위해서라면 자신있게 헌신하며 봉사하도록 이
끌어 주옵소서. 하나님의 나라와 저희 교회에 꼭 필요한 기관이 되게
하옵소서. 또한 배우고 연구하는 학생 신분의 그들에게 건강과 함께
지혜와 총명을 허락하시옵소서.

대학부 회원들이 교회 밖에서는 사회의 모범이 되도록 이끌어 주시옵
소서. 그리고 그들이 주님 안에서 자신들의 소망을 펼치게 하옵소서.
앞으로 저희 교회의 대학부에서 위대한 이 나라의 지도자들이 배출되
도록 인도하시옵소서.
예수님의 이름으로 기도드립니다. 아멘.

8. 청소년(중·고등)부를 위한 간구

신실하신 하나님,
청소년들을 믿음 안에서 자라게 하심을 감사드립니다. ○○ 교회에 중
·고등부를 허락하셔서 그리스도의 장성한 분량에까지 자라가도록
하신 은혜에 찬양을 드립니다. 귀한 지체들이 어려서부터 주님을 알게
하셨으니, 귀한 믿음으로 주님을 사랑하게 하옵소서.

사춘기를 겪으면서 한 사람의 인격체로 다듬어져 가는 청소년들에게
은혜를 더하여 주시옵소서. 외적으로는 육체의 변화를 통해서 성인의
모습으로 성장하는 그들이 하나님의 평안을 누리게 하시옵소서. 저들
이 허탄한데 마음을 두지 않고 본분인 공부를 게을리하지 않게 하소
서.

인격을 구비하게 하시는 여호와여, 중·고등부를 지도하시는 지도자
와 교사들을 세워주셨으니 감사드립니다. 선생님들께서 청소년들을
위해 늘 기도하시는 교육기관이 되도록 이끌어 주시기 원합니다. 청소
년들을 믿음으로 잘 양육하여 주님께 영광돌리게 하옵소서.

저희 삶을 주님의 거룩하심으로 채워 주소서. 또한 하나님의 나라와
우리나라에 꼭 필요한 인물이 되려는 소망을 품게 하시옵소서. 저들이
늠름한 십자가의 군병들이 되게 하시옵소서. 예수님의 이름으로 기도
드립니다. 아멘.

9. 아동부를 위한 간구

어린이들의 하나님, 귀한 어린이들을 축복합니다.
저희 ○○ 교회에서 어린이들을 하나님의 말씀으로 양육하게 하셨음에 감사드립니다. 이들이 성도들의 기도와 부모의 가르침, 주일학교의 교육을 통해서 천국의 백성으로 자라게 하옵소서.

아이들이 교회를 통해서 돌보아 주시는 하나님을 믿으며 살아가도록 이끌어 주시옵소서. 어린이들을 받아주셨던 하나님의 은혜가 저희 교회의 아동부에 그대로 나타나기를 소망합니다.

주님의 성품을 닮아가게 하시고 죄를 짓지 않고 살아갈 수 있도록 이끌어 주시옵소서. 하나님의 은혜로 예수님을 바로 알고 바로 믿는 아이들이 되게 하여 주옵소서.

하나님, 저희 교회의 아동부에서 자라는 심령들이 온 마음과 정성으로 하나님을 섬기며 살아갈 수 있도록 도와주시옵소서. 하나님과 동행하는 삶을 사모하게 하시고 주님께 집중하도록 이끌어 주시옵소서.
아동부의 교사들과 저희들이 소망으로 열매 맺는 교육기관을 만들어 나가게 하옵소서.
예수님의 이름으로 기도 드립니다. 아멘.

[8]
교회모임을 위한
대표기도문

1. 구역장 셀 리더 모임 예배

사랑과 은혜가 충만하신 하나님,
저희 구역장(셀 리더)들이 헌신예배를 드릴 수 있도록 불러 주신 은혜
를 감사드립니다. 게으름과 핑계, 그리고 사업과 가정의 분주함으로
주님 앞에서 충성을 다하지 못하고 주의 일을 성실히 하지 못하였음을
회개합니다. 이런 저희들에게 직분을 맡겨 주시니 감사드립니다.

주님의 몸 된 교회를 위하여 죽도록 충성하라고 제직의 직분을 주시니
감사드리옵니다. 이제껏 게을렀던 저희들을 용서하여 주시고, 주님이
주신 귀한 직분을 잘 감당할 수 있는 저희들 되게 하여 주시옵소서.

말씀을 전하시는 목사님께도 성령이 함께하셔서 영혼을 뒤흔들어 깨
우는 은혜의 밤이 되게 하여 주시옵소서.

오늘 헌신예배를 성령님께서 붙들어 주셔서 은혜롭게 잘 이끌어 주시
고 충만한 은혜의 시간이 되게 하여 주옵소서. 예수님의 이름으로 기
도드립니다. 아멘.

2. 구역 셀 모임의 예배

하나님, 각자의 자리에서 지내던 지체들이 다시 모이게 하셨음에 감사를 드립니다. 저희들을 주님의 피로 형제가 되게 하시고, ○○교회의 한 권속이 되어 구역(셀)으로 모이게 하셨음을 찬양하게 하옵소서.

예배 드리는 이 시간에 먼저 하나님의 이름에 영광을 올려 드리게 하시고, 하늘로부터 내려오는 만나를 기다리게 하시옵소서. 예수님을 따르던 제자들과 같이, 저희들도 주님의 제자가 되어 예수님을 사랑하게 하시옵소서.

예배의 순서를 인도하시는 하나님의 종에게 능력을 더하시며, 봉사하는 손길에도 은혜를 더하여 주시옵소서. 성령 충만을 경험하며, 지체로서 화목을 즐기게 하시옵소서.

○○교회에 여러 구역(셀)들이 있게 하셨음에 감사드립니다. 구역(셀)마다 주님의 은혜가 넘쳐나게 하시옵소서. 이로써 ○○교회에 속해 있는 지체들이 하나님의 자녀로 자라며, 교회는 부흥을 경험하게 하시옵소서. 예수님의 이름으로 기도드립니다. 아멘.

3. 전도 기관의 모임 예배 1

늘 이끌어주시는 하나님,

주님의 ○○교회에 복음을 맡겨 주시고, 저희들에게 복음을 전하도록
하셨음에 감사드립니다.

잃어버린 이들에게 생명에 이르는 회개를 전하기 위하여 ○○교회에
구령의 열정을 주셨음을 묵상합니다.

믿음이 약해질 때 더욱 엎드려 기도하는 저희들이 되게 하시고, 주님
이 맡겨 주신 귀한 직분을 충성을 다해 감당하게 하옵소서.

주님의 희생과 섬김의 사역을 본받아 진정한 봉사를 실천할 수 있는
저희들이 되게 하여 주시옵소서.

저희 교회가 초대 교회 같이 생명을 다하여 사명을 감당하게 하옵소
서. 교만과 나태함으로 주님의 영광을 가리우는 일이 없도록 겸손과
신앙의 덕을 겸비한 부지런한 일꾼이 되게 하시고, 맡겨진 일이 작든
크든 최선을 다할 수 있는 저희들이 되게 하여 주시옵소서.

교회의 비전과 목사님의 목회 방침에 발맞추어 가는 저희들이 되기를
원합니다. 온 마음과 뜻을 다해 복음을 전하게 하옵소서. 예수님의 이
름으로 기도드립니다. 아멘.

4. 전도 기관의 모임 예배 2

사랑과 은혜가 충만하신 하나님,
주님의 피 흘리신 터 위에 교회를 세워주시고 죄인들을 불러 주시니
감사드립니다. 이 시간에 전도를 위해서 헌신을 다짐하며 예배를 드립
니다.
교회의 복음 사역을 위해 일꾼들을 세우셔서 전도회로 섬기게 하시니
감사드립니다.

저희 교회의 남(여)전도회 회원들이 목사님을 도와 복음을 전하는 일
에 헌신하게 하옵소서. 존귀한 전도회 회원들의 기도로 교회가 부흥되
고, 이웃들로부터 칭찬받는 교회가 되게 하옵소서.

말씀을 전하시는 목사님을 통하여, 남(여)전도회 회원들이 소금과 빛
이 된 사명을 갖고 섬기려는 소망을 지니게 하시옵소서. 하나님께서
지금도 일하시니, 저희들 역시 교회를 위해서 일하게 하옵소서.

저희들이 모여서 일을 할 때, 사랑이 넘쳐나는 사귐을 나눌 수 있게 하
소서. 마음의 편협됨이나 자만심을 갖지 않도록 도와주시옵소서. 예수
님의 이름으로 기도드립니다. 아멘.

5. 교회의 특별 행사의 예배

늘 새 힘을 주시고 새날을 열어주시는 하나님,
오늘 ○○교회의 지체들에게 교회의 행사를 맡겨 주셨음에 감사드립니다. 이 행사를 위하여 한마음으로 충성하고, 봉사하는 지체들을 축복합니다. 하나님의 은혜가 임하여 모두가 같은 마음으로 행동하게 하옵소서.

우리 ○○교회가 이 땅에 세워져 이제까지 하나님의 교회로 부흥되고 발전되게 하셨음에 다시 한 번 감사드리게 하시옵소서. 교회 안에서 이루어지는 크고 작은 일들로 늘 하나님께 영광을 돌리게 하옵소서.

부족한 종들을 세워주셔서 ○○ 행사를 여호와 앞에 드리게 하셨으니, 전심으로 감당하게 하시옵소서. 준비하는 과정에서 많은 종들이 기도하면서 최선을 다하였으니, 하나님께서 친히 보살펴 주옵소서.

특별히 오늘 하나님께 영광이 되는 행사로 진행되게 하시옵소서. 행사에 참여하는 지체들을 통해 하나님의 뜻이 이 땅에서도 이루어지게 하시옵소서. 이 행사를 섬기면서 여호와를 더욱 사랑하는 지체들이 되게 하시옵소서. 예수님의 이름으로 기도드립니다. 아멘.

6. 전도를 위한 행사의 예배

늘 사랑으로 인도하여 주시는 하나님,
주님의 피로 세워진 ○○교회가 오직 전도에 헌신하여 달려갈 길을
가게 하심에 감사드립니다.
여호와의 열심을 저희들이 품게 하셔서 전도의 문이 열려지게 하옵소
서. 생명을 구하는 십자가의 도를 전할 수 있게 하셨으니 ○○ 행사를
잘 감당하게 하시옵소서.

이 시간에 우리 ○○교회가 세상을 향하여 복음을 전하는 공동체가 되
기를 간구합니다. 행사에 초대된 영혼들을 주님께로 인도하는 저희들
이 되게 하옵소서. 하나님의 사랑으로 오늘의 행사를 섬기게 하시옵소
서. 하나님께서 불러주신 이들이 예수님을 구주로 영접하게 하옵소서.
우리 주님을 만나 새 생명으로 거듭나게 하시옵소서. 선포되는 말씀에
서 하나님의 은혜를 발견하게 하시옵소서.

하나님의 사랑에 즐거워하면서 천국의 백성이 되기를 다짐하는 지체
들이 되기를 빕니다. 저희들의 수고를 통해서 하나님의 사랑을 전하게
하시옵소서. 예수님의 이름으로 기도드립니다. 아멘.

7. 봉사를 위한 행사의 예배

늘 충만한 은혜로 채워 주시는 하나님,

우리 ○○교회가 하나님의 나라를 이 땅에서 전하도록 하셨음에 감사드립니다. 교회의 권속들에게 하나님을 사랑하고, 이웃을 사랑하며 은혜에 찬양을 드리게 하시옵소서.

우리 교회에 속해 있는 권속들이 하나님께 헌신하며 충성을 다하는 지체들이 되게 하시옵소서. 예배와 전도, 구제와 봉사를 하라고 이 땅에 교회를 존재하게 하신 하나님의 뜻을 이루어 드리는 저희들이 되기를 빕니다.

저희들에게 이웃을 사랑하게 하셨음에 감사드립니다. 선을 베풀 만한 힘이 있거든 마땅히 받을 자에게 베풀기를 아끼지 말라 하신 말씀을 기억합니다. 주님께 드리는 예배에서 맡겨진 봉사를 감당하게 하옵소서.

이 시간에 ○○○ 행사를 하도록 하셨으니 성령 충만하심을 내려 주시옵소서. 하나님의 사랑과 은혜를 풍성하게 나누는 축제의 자리가 되게 하시옵소서. 이 행사로 말미암아 지체들이 천국의 즐거움을 맛보게 하시옵소서. 예수님의 이름으로 기도드립니다. 아멘.

8. 군부대 위로 방문 예배

위로와 평강의 하나님,

나라와 민족을 위해서 부름을 받은 젊은이들을 축복합니다. 저희들을 이곳에 보내셔서 장병들 한 사람 한 사람을 가족같이 섬기게 하옵소서. 사랑하는 장병들을 만나게 하셨으니, 천국의 은혜를 나누게 하시옵소서. 인생의 시기에서 가장 중요한 시간을, 또한 가장 피가 뜨거운 시간을 나라에 바치고 있습니다.

 이들의 숭고한 희생과 봉사로 말미암아 이 나라의 국방이 든든하고, 국민들은 편안히 살아가고 있음에 감사를 드립니다.

이 시간 ○○교회의 지체들이 ○○부대의 장병들을 친구로 삼게 하셨음에 감사드리게 하옵시고, 앞으로도 이들을 위해서 기도하는 지체들이 되게 하시옵소서.

주님의 이름으로 이 부대를 방문하게 하셨으니, 오늘의 행사를 하나님께서 주관하여 주시옵소서. 저희들 모두가 오로지 성령 충만하여 장병들을 위로하게 하시옵소서. 장병들 한 사람 한 사람을 어루만져 주시고, 이들이 군복무를 하는 동안 생명을 지켜 주시옵소서. 예수님의 이름으로 기도드립니다. 아멘.

9. 야외 친교 모임의 예배

늘 기쁨으로 채워주시는 하나님,
온 교우들이 이 좋은 장소에 와서 예배를 드리게 하시고, 성도의 교제
를 뜨겁게 나누게 하심을 감사드립니다.

말로 다 형용할 수 없는 주님의 솜씨를 대하면서도 주님께 감사하지
못했던 저희들을 용서하여 주옵소서.
야외로 나와 주님이 창조하신 아름다운 대자연을 마주 대하니 저희들
을 향하신 주님의 사랑이 얼마나 깊고 큰지를 다시 한 번 피부로 느끼
지 않을 수 없나이다.

이 시간에 야외 예배로 주님이 창조하신 이 아름다운 자연을 보며 하
나님께 감사드립니다. 예배를 인도하시는 목사님께 능력을 주셔서 저
희들을 은혜의 자리로 나아가게 하시옵소서.

이 복되고 아름다운 자리에 함께하지 못한 성도들이 있습니다. 함께
하지 못한 지체들이 어디에서 무엇을 하든지 주님께서 함께 하여 주옵
소서. 예수님의 이름으로 기도드립니다. 아멘.

10. 어린이 시설 방문 예배

사랑과 평강의 하나님,

어려운 환경에 놓인 어린이들을 사랑하셔서 보살펴 주시니 감사를 드립니다. ○○교회의 지체들이 아이들을 품게 하시고, 이곳을 찾아오게 하셨으니 하나님께 영광 돌리게 하옵소서.

구제를 좋아하는 자는 풍족하여질 것이라는 하나님의 말씀에 순종해서 방문한 저희들에게 은혜를 베풀어 주옵소서.

남을 윤택하게 하는 자는 자기도 윤택하여지리라는 약속을 소망하여 더욱 아이들에게 사랑을 베풀게 하시옵소서. 하나님께서 친히 이들의 보호자가 되어 주셔서 그 은혜로 자라가게 하옵소서.

아이들이 자라면서 더욱 지혜롭게 해 주시며, 하늘에서 임하는 행복을 누리게 하시옵소서. 아이들이 더불어 지낼 때 서로 화목하게 하시며, 소용되는 모든 것들을 풍족하게 채워 주시옵소서.

모든 것에 모자람이 없이 넉넉하게 하시고, 날마다 하나님을 영화롭게 해 드리도록 인도해 주시옵소서. 예수님의 이름으로 기도드립니다. 아멘.

11. 노인 보호 시설 방문 예배

삶을 주관하시고 늘 아름다운 인생으로 이끄시는 하나님,
○○○을 방문하여 어르신들을 뵙게 하시니 감사드립니다. 이곳에서 저희가 한량없는 하나님의 은혜를 느끼게 하시니 감사드립니다.
○○교회의 지체들에게 이곳을 찾아오도록 인도해 주신 하나님의 뜻을 알게 하옵소서. 저희들이 어르신들과 함께하는 시간이 짧지만, 여호와께 영광을 드리고 천국의 은혜를 누리는 시간이 되게 하시옵소서.

이 시간에 주님의 사랑으로 어르신들을 위로해 드리는 저희들이 되게 하옵소서. 어르신들께서 젊은 날 수고를 다하셨기에, 이 나라와 이 사회가 이만큼 행복하게 된 것에 감사하게 하옵소서.

지난 시간에 땀 흘려 일하시고, 사회에 공헌을 하신 결과로 다음 세대인 저희들이 살아가고 있음을 생각합니다. 어르신들께 감사한 마음으로 즐겁게 섬기는 저희들이 되게 하시옵소서.
궁핍한 사람을 불쌍히 여기는 자는 주를 공경하는 자라는 말씀을 묵상하게 하시옵소서. 예수님의 이름으로 기도드립니다. 아멘.

12. 장애인 시설 방문 예배

독수리의 날개로 늘 품어 보호 하시는 하나님,
여호와의 동산 같은 이곳에서 지내는 장애우들을 축복합니다. 이들의 삶에 복을 내려 주심을 찬송합니다. 또한 교회의 지체들에게 은혜를 내려 주셔서 이곳을 방문하게 하시니 감사드립니다.

저희들이 주님의 이름으로 이 시설을 방문함이 여호와를 기쁘시게 해 드리는 행실이기를 원합니다. 늘 장애우들을 생각하게 하시며, 이들을 위하여 기도를 놓지 않게 하옵소서.

이들을 위로하고 격려하고자 방문하였으나 오히려 저희들이 위로를 받습니다. 장애우들이 저희들에게 선물이 되게 하셨음을 묵상하면서 이들을 더욱 사랑하게 하시옵소서. 흩어 구제하여도 더욱 부하게 하시는 하나님을 찬양드립니다.

○○교회의 지체들과 이곳의 장애우들이 여호와 앞에서 한 가족으로 삶을 나누게 하옵소서. 잠시 동안이지만 서로를 열심히 사랑하고, 천국의 백성이 된 삶을 누리게 하시옵소서. 예수님의 이름으로 기도드립니다. 아멘.

[9]
경조사 예배를 위한
대표기도문

첫돌(백일) 잔치

여호와를 경외하는 의의 자손

"여호와를 두려워하는 너희여 그를 찬송할지어다 야곱의 모든 자손이여 그에게 영광을 돌릴지어다 너희 이스라엘 모든 자손이여 그를 경외할지어다" (시 22:23)

우리에게 삶을 허락하시고 늘 좋은 곳으로 이끌어 주시는 하나님, 구원의 은혜를 누리며 날마다 복되게 살아오신 ○○○ 권사님께 은혜의 시간을 주셨음에 감사드립니다.

사랑하는 ○○가 첫돌을 맞이하는 이 날까지 이 가정에 베풀어주신 사랑에 감사하면서 그 이름을 송축합니다. 하나님의 크신 이름이 ○○에게 은혜를 나타내셨고, 이 가정을 복스럽게 인도해 주셨습니다.

하나님 아버지, 우리에게 자녀들을 허락해 주신 은혜에 감사드립니다. ○○가 어려서부터 주 하나님의 은총을 입게 하시옵소서. 앞으로 하나님의 일꾼으로 부름을 받게 하시고, 주님의 나라와 이 나라를 위해서 소중하게 쓰임을 받는 인생이 되기를 소망합니다.

오늘, ○○의 첫돌을 기념하는 날을 맞이해서 이 잔치를 주관하시는 하나님께 영광과 존귀를 드립니다.

목사님께서 준비하신 말씀이 ○○○ 권사님의 가정에 축복이 되게 하시옵소서. 또한, 저희들 모두에게 격려와 위로가 되기 원합니다.
오직 하나님만이 경배를 받으옵소서. 우리의 모든 생각과 정성 그리고 사랑을 모아 예배를 드립니다.

간절히 비옵기는 이 집안의 식구들에게 은총을 내려 주옵소서. 부모와 어른들이 ○○를 믿음과 경건과 사랑 안에서 양육하도록 하시옵소서.
이 가정에서 풍족하게 채우시는 은혜를 경험하게 하옵소서.
귀한 아기의 양육을 위해서 재물의 넉넉함을 누리게 하시옵소서. 여호와의 풍성하신 손길로 부요한 환경 속에서 아기가 자라나게 하옵소서.

저희들 모두에게 ○○를 사랑하는 마음을 주옵소서. 그를 사랑하여 기도로 돕고, 이 가정을 위해 간구하게 하옵소서.
앞으로 ○○가 자라가는 동안에 저희가 너그러운 사랑을 품게 하시고, 아이의 장래를 위해서 기도하는 성도들이 되기를 소망합니다. 주의 이름을 위해, 교회를 위해, 가족을 위해 크는 것을 보게 하시옵소서.
예수님의 이름으로 기도 드립니다. 아멘

은혜와 인자가 충만한 인생

"내 아들아 나의 법을 잊어버리지 말고 네 마음으로 나의 명령을 지키라 그리하면 그것이 네가 장수하여 많은 해를 누리게 하며 평강을 더하게 하리라" (잠 3:1-2)

사랑과 은혜가 충만하신 하나님,
○○○ 성도님께서 예수님을 알고, 구원에 이르게 하심을 감사드립니다. 하나님께서 아버지가 되어 주셔서 그리스도인으로 살아가기를 기뻐하게 하신 은혜에 찬양을 드립니다.
오늘, 성도님의 ○○회 생신을 맞이해서 온 가족이 즐거워합니다. 성도들도 함께 축하의 자리를 만들었사오니, 저희들에게 복된 시간이 되게 하시옵소서.

주님의 보좌 앞에서 하나님을 찬송하게 하옵소서. ○○○ 성도님의 생신을 즐거워하는 예배를 주관해 주시옵소서. 예배 받으실 하나님께 영광과 존귀를 드립니다. 저희의 인생이 평생 예배하는 삶이 되게 하옵소서.

이 복된 날을 위해서 하나님의 말씀을 듣게 하시니 감사드립니다. 목사님의 말씀이 ○○○ 성도님께 축복이 되게 하옵소서. 생애에 복을 주시며, 삶을 계획하시는 하나님의 사랑이 말씀으로 전달되게 하옵소서. 저희들 모두에게 격려와 위로가 되는 말씀이 되게 하옵소서.

자비로우신 하나님, 하나님께서 주신 날을 축복하는 생신이 되기 원합니다. 주님 앞에서 사시는 날 동안 성도님께서 주님의 자녀답게 성숙한 삶을 살도록 인도해 주시옵소서. 또한 주님의 품 안에서 모자람이 없는 삶을 살아갈 수 있도록 날마다 만족하게 하시옵소서.

주님께서 ○○○ 성도님의 손과 발을 민첩하게 하사, 주님의 일을 위하여 살게 하시옵소서. 고난을 당하고 있는 자들과 외로운 자들에게 위로의 손길을 펼 수 있게 하시며, 타락한 자들을 붙들어 주며, 불쌍한 자들에게 주님의 사랑을 나타내게 하소서. 그리고 주린 자들을 돌아보며 위로하게 하시옵소서.

이 가정의 식구들에게 주님의 크신 사랑이 채워지기 원합니다. 하나님의 사랑으로 서로 보듬어주는 가정이 되게 하옵소서. 예수님의 이름으로 기도드립니다. 아멘

좋은 것으로 만족케 하시는 하나님

"네 생명을 파멸에서 속량하시고 인자와 긍휼로 관을 씌우시며 좋은 것으로 네 소원을 만족하게 하사 네 청춘을 독수리 같이 새롭게 하시는도다"
(시 103:4-5)

사랑과 평강의 하나님,
인생의 생사화복이 주님의 손에 있어 모두가 장수하지 못하는데, ○○○ 권사님께서는 회갑을 맞이하셨습니다. ○○○ 권사님과 함께 사랑 안에서 교제하던 성도들이 모여서 주님의 이름을 찬양합니다.

자비로우신 하나님, ○○○ 권사님이 주님 앞에서 아름다운 노년을 보내게 하옵소서. 노년의 삶이 하나님을 찬양하는 시간으로 채워지기를 원합니다. 권사님의 찬양이 기도가 되고, 간구가 되어 주님의 일이 이 땅에서 이루어지게 하시옵소서. 하나님과 이웃 사람들을 섬기는 봉사로 하나님께 영광이 돌려지기 원합니다.

주님의 긍휼하심 안에 성도들과 더불어 살아왔음을 감사드립니다. 이 시간에 영과 진리로 예배가 진행되게 하시옵소서. 사람이 즐거운 시간이 아니라, 하늘의 하나님께 영광을 드리고 감사하는 예배이기를 원합니다. 이 시간을 위하여 특별히 말씀을 증거하시는 목사님께 더욱 성령님의 은혜를 나타내 주시옵소서.

○○○ 권사님의 평생에 나타난 여호와의 은혜로 교회를 섬기게 하옵소서. 젊어서부터 하나님의 교회와 성도들을 위해서 이름 없이 섬기고, 빛 없이 봉사해 왔음을 압니다. 권사님의 생애가 주님께서 복 주시는 삶이 되게 하옵소서.

여호와 하나님, 이스라엘 백성들이 십계명을 사랑했던 것처럼, 말씀을 귀중히 여기는 믿음을 성도에게 허락해 주시옵소서. 그래서 매일의 삶속에서 하나님의 위대하심을 찬양하게 하소서. 또한, 순간 순간 도우시는 주님의 손길을 바라보게 하시옵소서.

권사님께 경건한 가정을 주셨음에 감사드립니다. 자녀들이 주님의 말씀에 순종하여 의롭게 살게 하시옵소서. 예수님의 이름으로 기도드립니다. 아멘

고희 잔치

영화로운 인생 면류관

"그들에게서 감사하는 소리가 나오고 즐거워하는 자들의 소리가 나오리라 내가 그들을 번성하게 하리니 그들의 수가 줄어들지 아니하겠고 내가 그들을 존귀하게 하리니 그들은 비천하여지지 아니하리라" (렘 30:19)

만왕의 왕이신 하나님,
주님의 백성들이 머리를 숙였으니 영광을 받아주옵소서. 저희들이 사랑하고 함께 살도록 하신 ○○○ 집사님의 고희에 즐거움을 나누며 예배드립니다. 하나님께서 노년의 그를 사랑하셔서 자녀들이 교회에 봉사하게 하셨고, 잔치를 열게 하심에 감사드립니다.

이 시간에 하나님께서 받으실 만한 예배를 드리기 원합니다. ○○○ 집사님께서 노년의 삶을 귀하게 사심은 모두가 하나님의 은혜입니다. 마음과 정성을 다하여 예배하는 종들에게 은혜가 충만하기를 소망합니다. 사람의 기쁜 날을 하나님께 감사로 예배하오니 복된 자리가 되게 하시옵소서.

고희를 즐거워하는 예배를 드릴 때, 집사님께는 더욱 건강이 넘치게 하옵소서. 집사님에게 건강과 재물, 장수의 복까지 허락하셨으니 오직 하나님께 영광을 드립니다.

그의 노년이 주님께 황금같은 시간이 되어 생명의 면류관, 승리의 면류관을 약속받는 생활이 되게 하소서. 주님께서 손을 잡고 앞으로의 삶에도 동행하여 주옵소서.

자비로우신 하나님 아버지, 하나님의 넘치는 자비를 통해서 저희에게 내려주신 은혜를 기억하게 하옵소서. 하늘의 신령한 은혜로 말미암은 복을 감사하게 하옵소서. 또한 지나온 날들을 건강하게 보낼 수 있도록 해주신 은혜에 감사 드립니다.

귀한 가정에 재물의 은혜도 허락하여 주옵소서. 재물을 통해서 하나님께 영광을 나타내는 가정이 되기 원합니다. 장로님께서 하나님의 교회를 위하여 재정적으로 봉사하도록 차고 넘침을 이루어 주시옵소서.

주님께서 귀히 쓰시는 ○○○ 장로님의 가정을 축복합니다. 그가 가족을 사랑하고, 부모에게 효도하여 저희들 모두에게 보배가 되었습니다. 바라기는 모든 식구들이 부모에게 더욱 더 효도하게 하시옵소서.
예수님의 이름으로 기도 드립니다. 아멘

기도로 준비하는 한 몸

"사랑은 오래 참고 사랑은 온유하며 시기하지 아니하며 사랑은 자랑하지 아니하며 교만하지 아니하며 무례히 행하지 아니하며 자기의 유익을 구하지 아니하며 성내지 아니하며 악한 것을 생각하지 아니하며" (고전 13:4-5)

늘 사랑으로 채워 주시는 하나님,
○○○ 집사님과 ○○○ 집사님의 자녀들에게 복을 주심에 찬양을 드립니다. 주님께서 하나님의 은혜가 두 분 집사님을 통해서 그들의 자녀들에게까지 이어지게 하셨습니다.
아브라함의 후손을 잘 되게 하셨던 것처럼, 두 분 집사님의 후손을 축복하시어 오늘은 두 가정에 약혼 예식을 허락하셨습니다.

하나님, 약혼 예식의 주인공인 ○○○ 자매와 ○○○ 형제의 경배를 받아주시옵소서. 이들 두 사람이 서로 만나서 주님의 사랑으로 결혼을 소원하게 하셨으니 감사의 예배를 드립니다.

여호와 앞에서 부부가 될 것을 약속한 두 사람에게 격려의 말씀을 주시옵소서. 이들이 평생에 듣던 말씀 중에 가장 기억될 말씀이 되게 하시옵소서. 목사님께서 전해주시는 복된 말씀이 앞으로 두 사람이 교제하는 동안에 지침이 되기를 원합니다. 그 말씀으로 자신들을 가꾸고 지키게 하시옵소서.

하나님, 이들의 생명을 복되게 하옵소서. 주님께서 약속하신 복이 두 사람에게 이루어지게 하옵소서. 하나님께서 저희들을 돌보아 주셨으니 한 마음으로 찬송을 드리게 하옵소서.

하나님, 두 사람과 이들의 양가 부모들, 가깝게 지내던 친구들이 한 자리에 모였습니다. 자녀에게 새 가정을 만들어주려는 부모들을 축복합니다. 부모의 기도가 가정을 이루는 반석이 되기를 소망합니다.

주님, 이들의 사랑이 시간의 흐름과 함께 더욱 깊어지게 하옵소서. 두 사람이 교제를 하는 동안에 상대를 위해서 기꺼이 자신을 낮추는 겸손을 배우는 지혜도 주시옵소서. 예수님의 이름으로 기도드립니다. 아멘

아무도 모르던 날에 예비된 만남

"누가 현숙한 여인을 찾아 얻겠느냐 그의 값은 진주보다 더 하니라 그런 자의 남편의 마음은 그를 믿나니 산업이 핍절하지 아니하겠으며 그런 자는 살아 있는 동안에 그의 남편에게 선을 행하고 악을 행하지 아니하느니라" (잠 31:10-12)

인생을 아름다운 축복의 날로 이끄시는 하나님,
○○○ 자매와 ○○○ 형제가 한 몸이 되게 하신 하나님께 영광을 드립니다. 아무도 모르던 날에 두 사람의 만남을 예비하신 하나님의 이름을 찬양합니다. 하나님께서 두 사람이 만나게 하셨고 서로에 대하여 신실하게 하셨고 사랑하게 하셨습니다.

○○○ 형제와 ○○○ 자매가 시간을 하나님께 드려서 크신 권능을 세상에 선포하기 원합니다. 두 사람의 앞날을 축복하는 결혼예식을 위해서 모인 성도들의 예배를 받으시고, 이 자리에 복을 내려 주시옵소서.

먼저 두 사람이 신랑과 신부로 하나님 앞에 서기까지 사랑을 다한 부모님을 축복합니다. 아들을 키워 늠름한 청년이 되도록 애를 쓴 신랑의 부모님과 딸을 곱게 키워서 꽃보다도 예쁘게 자라도록 수고를 한 신부의 부모님에게 위로의 시간이 되기 원합니다. 신부와 신랑이 하나님 앞에서 가정을 준비하오니, 새 날들을 열어 주시옵소서.

이 시간에 신랑 ○○○ 형제와 신부 ○○○ 자매가 사랑으로 한 몸을 이루게 하셨으니, 오늘의 행복과 기쁨 속에는 이들을 사랑하는 많은 이들의 땀과 기도가 스며있음을 늘 기억하게 하옵소서.
두 사람을 만나게 하신 하나님을 사랑하고, 생명이 다하는 날까지 사랑하며 살게 하옵소서.

자비로우신 하나님, 특별히 양가의 부모님들에게 한량없는 은총을 내려 주시옵소서. 새로운 믿음의 가정을 이루는 자녀들이 지금까지 수고를 다한 그들에게 큰 위로가 되게 하여 주옵소서.

새 가정을 꾸미는 자녀들과 혼인시킨 부모들에게 성령 충만하심이 넘치기 원합니다. 성령님께서 이들을 도우시고 인도하옵소서. 예수님의 이름으로 기도드립니다. 아멘.

기도로 만드는 사랑의 보금자리

"그가 경건하여 온 집안과 더불어 하나님을 경외하며 백성을 많이 구제하고 하나님께 항상 기도하더니" (행 10:2)

삶에 화목과 평강을 주시는 하나님,
주님께서 준비해주신 새 가정에 집들이를 하게 하시니 감사드립니다.
주님의 은혜는 ○○○ 형제와 ○○○ 자매를 신랑과 신부로 하나 되게
해주셨습니다. 두 사람만의 보금자리이며, 기도처로 이 집을 예비해
놓으셨으니 이 집을 통해서 영광을 받으시기를 소망합니다.

베풀어주신 크신 사랑에 감격하여 경배하는 귀한 시간이기를 소망합
니다. 새 집에 입주하여 기쁨의 잔치를 배설한 신랑과 신부에게 은혜
를 더하시옵소서. 영과 진리로 주께 항상 영광 돌리며 섬기게 하옵소
서.
○○○ 형제와 ○○○ 자매가 이 집에서 살아가는 날 동안에 복되게
하옵소서. 이들이 사는 삶의 현장에는 기쁜 일과 슬픈 일들이 있을 것
입니다. 기쁠 때는 하나님의 은혜를 찬송하게 하시고, 슬플 때는 두 사

람이 기도하게 하시옵소서. 어떤 어려움 앞에서도 두 사람이 서로를 헐뜯거나, 슬프게 만들지 않게 하시기를 원합니다.

은혜의 주님, 두 사람이 교제해 오는 동안에 사랑이 무르익게 하셨습니다. 두 사람이 삶을 시작하는 첫 걸음을 내딛었으니, 시온의 대로가 그들의 앞에 열려지기를 소망합니다.
두 사람이 첫 만남에서 설레었던 감정을 잊지 않기를 원합니다. 언제나 첫 만남의 감격으로 서로를 바라보게 하옵소서.

두 사람이 더욱 힘써서 주님의 교회를 섬기게 하옵소서. 이들의 봉사하는 손길을 통해서 교회가 더욱 부흥되고, 하나님께 영광을 돌리게 하시옵소서. 이들의 기도와 섬김으로 교회가 해야 될 일들을 감사함으로 감당하게 하시옵소서.

○○○ 형제와 ○○○ 자매의 가정이 날마다 사랑으로 단단해지는 것을 보게 하옵소서. 그 사랑으로 하나가 되어 주님의 몸 된 가정을 만들어가게 하옵소서.
주님의 사랑을 찬송하는 귀한 삶을 살게 하시옵소서. 예수님의 이름으로 기도드립니다. 아멘

하나님의 긍휼하심을 받은 복

"주의 얼굴을 내게서 숨기지 마시고 주의 종을 노하여 버리지 마소서 주는 나의 도움이 되셨나이다 나의 구원의 하나님이시여 나를 버리지 마시고 떠나지 마소서" (시 27:9)

늘 긍휼함으로 우리를 살펴 보호하시는 하나님,
○○○ 집사님과 함께 하셔서 날마다 주님의 은혜를 찬미하며 살아오게 하셨사오니 그 이름을 높입니다.
이 가정에서 주님의 이름은 어머니를 이어 자녀가 부르는 이름이 되었습니다. 이 가정에 좋은 집을 선물로 주시니 감사드립니다.

저희가 온전한 마음을 주님께 바쳐서 찬양과 경배를 드리기 원합니다.
순서에 따라 목사님께서 말씀을 전하실 때, 성령님의 특별하신 역사를 허락하옵소서. 새 집에 입주한 가족들을 위한 말씀이 되게 하옵소서.
함께 머리를 숙인 성도들의 예배를 받으시고, 이 자리에 복을 내려 주시옵소서.

거룩하신 하나님, 의인의 가족을 위해서 귀한 집을 마련해 주시니 감사드립니다. 주님의 이름으로 축복을 비오니 이곳에 거하는 모든 이들을 복되게 하옵소서.

○○○ 권사님과 그 후손들에게 복이 임하기를 소망합니다. 특별히 호주로서 식솔들을 거느리고 부양해야 하는 ○○○ 성도님을 축복합니다.

주님, 이 가정을 위하여 기도합니다. 오직 믿음과 기도로 사시는 ○○○ 집사님 부부를 강건하게 하시고, 아침과 저녁으로 주께서 함께 하심을 고백하게 하시옵소서.

주님의 이름이 하나님의 긍휼하심으로 나타나셨음을 찬양합니다. 이 장막에서 지내는 동안에 하늘의 문이 열려 풍족함을 허락하여 주옵소서. 광야의 백성들을 만나와 메추라기로 먹이셨던 은혜가 이 가족에게도 내려지기 원합니다. 주의 지팡이와 막대기가 안위하시는 은혜가 있기를 소망합니다.

여호와 하나님의 도우심으로 새 집을 장만하게 하셨으니 감사드립니다. ○○○ 집사님이 이 집에서 지내시는 동안 늘 시간을 아끼게 하시고, 그 마음을 허탄한 데 두지 않도록 하시옵소서. 예수님의 이름으로 기도드립니다. 아멘

은총과 귀중히 여김을 받으리라

"인자와 진리가 네게서 떠나지 말게 하고 그것을 네 목에 매며 네 마음판에 새기라 그리하면 네가 하나님과 사람 앞에서 은총과 귀중히 여김을 받으리라" (잠 3:3-4)

사랑과 평강의 하나님,

○○○ 집사님에게 복의 분깃으로 개업하도록 하셨으니 감사를 드립니다. 집사님께서 자신에게 맡겨진 일에 성실하셨던 그 근면으로 이 사업체를 운영하도록 하옵소서. 저희에게 근면함과 바르게 살려는 마음을 주시기 원합니다.

만물의 주인이신 하나님 아버지께서 저희들을 지켜 주셨음에 감사드립니다. 날마다 좋은 것들로 저희를 만족하게 하시니 찬양으로 영광 돌리게 하옵소서. 주님의 은혜로 개업을 한 이 날에 하나님을 사랑하는 저희들을 불러 주시니 오직 주님을 기쁘시게 해드리는 예배를 드리게 하옵소서.

○○○ 집사님을 주님의 사랑으로 축복합니다.

이른 비와 늦은 비가 적당히 내리는 은혜를 경험하게 하시옵소서. 그래서 ○○○ 집사님에게 젖과 꿀이 흐르는 사업체가 되어 풍족한 삶으로 주님께 영광을 드리게 하시옵소서.

주님의 깃발을 높이 들고 사업을 시작하시는 ○○○ 집사님의 손과 발을 축복합니다. 이스라엘 백성들에게 약속의 땅을 주셨듯이 ○○○ 집사님께서 주님이 약속하신 복을 다 받아 누리도록 인도해 주옵소서. 하나님이 돕는 자가 되셔서 저희가 감사의 고백을 하게 하시옵소서.

자비로우신 하나님, ○○○ 집사님이 이 사업의 기반이 닦일 때까지 분주함으로 인하여 가정에 대하여 소홀함이 있을까 염려됩니다.
집안을 돌보고, 아내를 사랑하며 자녀들을 키우는 일에 아버지로서의 역할을 잘 감당하게 하시옵소서.

○○○ 집사님에게 새 일터를 주셨으니, 이 기업의 운영을 통해 더욱 교회에 봉사하는 종이 되게 하시옵소서. 그 봉사로 하나님의 교회가 더욱 부흥되기를 소망합니다. 귀한 종이 교회와 사업에 균형을 이루며 봉사하도록 인도해 주시옵소서.
예수님의 이름으로 기도드립니다. 아멘

전에도 없었거니와 후에도 없을 생업

"내가 네 말대로 하여 네게 지혜롭고 총명한 마음을 주노니 네 앞에도 너와 같은 자가 없었거니와 네 뒤에도 너와 같은 자가 일어남이 없으리라" (왕상 3:12)

늘 우리에게 지혜를 주시고 아름답게 성장하도록 이끄시는 하나님, ○○사에 주님의 축복이 있음을 기뻐하며, 주님의 영광에 합당한 찬양을 드립니다. ○○○ 성도님에게 비전을 주시고, 이 사업을 위해서 노력하게 하시니 모두가 주님의 은혜입니다.

하나님 앞에서 청결한 양심을 갖고 회사를 운영해 온 결과, 오늘 창립 ○○ 주년을 맞이하는 영광을 누리게 되었습니다.

주님께서 이 기업을 통하여 귀히 쓰시는 ○○○ 성도님을 축복합니다. 성도님이 자신의 목숨을 걸고 이 회사를 경영함으로써 하나님께 봉사하는 종이 되기를 원합니다. 주님의 거룩한 사업장을 축복합니다.

창립 ○ 주년을 맞이하는 내년에는 하나님의 나라를 위해서 크게 봉사하는 기업이 되기를 소망합니다.

또한 이 시간 주님의 사업장에 귀하고 좋은 직원들을 보내주시니 감사를 드립니다.

○○○ 성도님을 도와서 성실하게 근무하는 직원들을 축복하여 주시고 그들에게 여호와 앞에서 성실함과 정직함을 주셔서 회사의 발전을 위하여 봉사하게 하시옵소서.

목사님께서 말씀을 증거하실 때, 하나님의 능력과 은혜가 드러나게 하시옵소서. 성령님이 저희를 이끌어 '아멘'으로 말씀을 듣게 하소서. 하나님께서 들려주시는 음성을 들을 수 있도록 이끌어 주시옵소서.
자기 백성을 돌아보시는 주님의 사랑이 말씀을 통해서 들려지게 하시옵소서. 이 사업장에 함께 하시는 하나님을 사모하게 하옵소서.

평강의 하나님, 주님의 기름 부음이 있는 이 회사가 소금과 빛의 사명을 감당하기를 원합니다. 하나님의 영광과 그리스도의 편지로서 사회에 복음을 전파하는 일터가 되게 하시옵소서.

○○○ 성도님께서 이 회사를 시작하셨을 때의 마음가짐을 잃지 않으시고, 전 직원들이 하나님께 소망을 두는 기업이 되기 원합니다.
예수님의 이름으로 기도 드립니다. 아멘

육신의 장막을 벗는 축제의 시간

"참으로 이 장막에 있는 우리가 짐진 것 같이 탄식하는 것은 벗고자 함이 아니요 오히려 덧입고자 함이니 죽을 것이 생명에 삼킨 바 되게 하려 함이라" (고후 5:4)

천국을 소망하게 이끄시는 하나님,
평생을 경건하게 살아오신 ○○○ 장로님께서 달려갈 길을 마치시는 지점에 이르셨습니다. 누구에게나 오는 죽음 앞에서 ○○○ 장로님이 천국에 대한 소망을 갖게 하시니 감사드립니다. 장로님의 환희에 찬 모습에서 오히려 저희들이 위로를 받으니 하나님께 영광을 드립니다.

은혜로우신 구세주의 이름을 높이 찬양합니다. 저희들이 함께 모이도록 하셨으니 예배를 통해서 영광을 드리기 원합니다. 이 시간에 하늘에서 천사들이 화답하여 영광을 드리기 원합니다.

하나님, ○○○ 장로님을 축복합니다. 그가 이제까지 누려왔던 복 중에서 최고의 복으로 임종의 시간을 보내게 하시옵소서. 귀한 종이 주님을 영접한 이후로 평생을 주님 앞에서 살아왔사오니, 남은 시간에도 주님과 함께하는 복이 있게 하시기를 소망합니다. 임종을 지켜보는 자손들에게도 아버지의 복이 이어지게 하시옵소서.

야곱이 잠에서 깨어나 돌단을 쌓은 것처럼, 평소에 ○○○ 장로님께서 보여주셨던 그 생활, 그 믿음을 본받는 후손들이 되기 원합니다.
○○○ 장로님께서 숨이 지실 때가 되도록 찬송하면서 주님 앞에 더 가까이 다가가는 은혜를 허락하옵소서. 아버지의 신앙의 대를 이어 이 땅에서 승리의 삶을 사는 가족들이 되게 하시옵소서.

은혜의 하나님, ○○○ 장로님께서는 자신의 가족들뿐만 아니라, 교회의 성도들에게도 믿음의 본을 보여 왔습니다. 늘 천국을 소망하였고, 하늘나라에 쌓아두는 열매를 맺어 왔습니다. 저희가 주님의 말씀처럼 비록 힘들지라도 '좁은 길', '좁은 문'을 통해서 하나님 나라에 이르게 해 주시옵소서.

여호와의 인도하심으로 장례 절차가 이루어지게 하옵소서. 먼저, 유족들이 하늘의 위로를 통하여 슬픔을 이기게 하시고, 장례 예식이 진행되는 동안에 성령님이 인도하시는 은혜를 베풀어 주옵소서.
예수님의 이름으로 기도드립니다. 아멘.

아버지의 신앙을 물려받는 자손

"이에 그 거지가 죽어 천사들에게 받들려 아브라함의 품에 들어가고 부자도 죽어 장사되매" (눅 16:22)

은혜가 풍성하신 하나님,

하나님께서 사랑하시는 고(故) ○○○ 장로님께서 남기신 육체의 몸을 모시기 위해서 모였습니다.

먼저, 비옵기는 유족들에게 은혜를 내려 주옵소서. 고인이 믿음으로 살다가 그 생명을 하나님께 드렸음에 자부심을 갖게 하옵소서. 그리고 이 예식에 참여한 모든 이들로 거룩하게 하옵소서. 여호와의 성호를 높여 드립니다.

살아계신 하나님, 저희를 거룩하게 하사 오늘까지 지켜주셨음에 감사를 드립니다. 날마다 큰 은혜 안에서 지내던 중, 고(故) ○○○ 장로님의 입관 예식으로 예배하게 하시니 오직 영광을 받아주시옵소서. 마음과 뜻을 다하여 경배하는 시간이 되기를 소망합니다.

고(故) ○○○ 장로님께서 같이 살으셨다는 사실은 유족에게 큰 기쁨입니다. 자손들이 훌륭하신 아버지의 신앙을 물려받게 하시고, 저들을 위로해 주시옵소서. 이 시간 성령님께서 저희들의 어두운 마음을 밝히사 하나님의 크신 경륜을 알게 하여 주시옵소서.

인자하신 주 여호와여, 이 시간에 고인을 흙으로 돌려보내려 합니다. 천국에서 주님께서 고인에게 영화로운 옷을 입혀 주옵소서. 수의를 입히고, 입관하는 일을 하시는 이들에게 은혜를 내려 주시옵소서.

고(故) ○○○ 장로님의 생전에 누리셨던 풍요의 복이 이 시간에도 이어지기를 소망합니다.
장례 절차를 진행하는 동안에 소용되어지는 재정을 하나님께서 친히 담당해 주시옵소서. 여호와의 손을 펴셔서 필요한 재정을 채워주시고, 여호와의 영광을 드러내게 하시옵소서.

저희들에게 고인에 대한 사랑을 주셔서 감사드립니다. 이 사랑이 우리 모두 천국에 이르는 그 때까지 있게 하시옵소서. 고인을 향한 저희들의 사랑이 유족에게로 이어지게 하시고, 그 자손들과 더불어 고인이 이루시고자 했던 일들에 힘을 쏟게 하시옵소서. 예수님의 이름으로 기도드립니다. 아멘.

여호와의 속량함을 얻은 자

"여호와의 속량함을 받은 자들이 돌아오되 노래하며 시온에 이르러 그들의 머리 위에 영영한 희락을 띠고 기쁨과 즐거움을 얻으리니 슬픔과 탄식이 사라지리로다" (사 35:10)

늘 사랑으로 이끌어주시는 하나님,
영광스럽고 복된 자리에 저희들을 불러 주시니 구원의 주 여호와의 이름을 높여 드립니다. 생전에 고(故) ○○○ 권사님을 주 날개 아래 거하는 삶을 살게 하시고, 하나님의 도성으로 끌어올리셨습니다.
고인은 이제, 유한한 세상, 눈물의 세상에서 천국으로 이사하셨습니다. 천사들과 더불어 지낼 곳으로 옮겨주신 주님께 감사를 드립니다.

긍휼의 하나님, 고(故) ○○○ 권사님의 몸을 흙으로 보내는 이 예식을 축복합니다. 고인의 신앙을 귀히 여기면서 의롭게 살아온 유족을 축복합니다. 저희의 영혼을 구속하시며 힘이 되시는 하나님을 믿고 있는 성도들을 축복합니다. 이 자리에 모인 저희들로 하여금 주님의 약속과 영생의 복음을 확실히 믿게 하옵소서.

아버지 하나님의 크신 은혜가 하늘로서 내려와 정성으로 드려지는 예배가 되게 하옵소서. 영과 진리로 주께 영광 돌려 천사처럼 섬기게 하옵소서. 주님의 사랑을 찬송하며, 그 이름에 예배하게 하시옵소서.

목사님의 말씀으로 유족들이 위로와 은혜를 받게 하시고, 모든 예배자들이 주님 앞에서 인생의 교훈을 받는 시간이 되기를 소망합니다.

저희들이 주님의 높고 크신 경륜을 다 깨닫지 못하오니 성령 충만하심으로 지혜를 주시옵소서.

이 시간에, 주 안에서 세상을 떠난 모든 이들이 천국으로 간 사실을 믿고, 저희들에게도 주님의 나라를 소망하게 하옵소서.

하나님, 고(故) ○○○ 권사님의 평생에 주어졌던 복을 후손들이 누리게 하시옵소서. 어른들의 기도로 후손들의 생애가 더욱 복되게 하시고, 주님의 품 안에서 형통한 삶을 살게 하시옵소서. 주의 종이 이 세상에 사는 동안 선한 싸움을 싸워 승리하였고 우리의 본이 되었음을 감사드립니다.

저희들도 그의 뒤를 따라 하나님의 영원한 나라의 유업을 얻도록 이끌어 주시옵소서. 이 땅에서 환란과 역경 속에서도 하늘의 소망을 빼앗기지 않게 하옵소서. 예수님의 이름으로 기도드립니다. 아멘.

친히 저희와 함께 계신 하나님

"내가 들으니 보좌에서 큰 음성이 나서 이르되 보라 하나님의 장막이 사람들과 함께 있으매 하나님이 그들과 함께 계시리니 그들은 하나님의 백성이 되고 하나님은 친히 그들과 함께 계셔서" (계 21:3)

영원무궁하신 하나님,
고(故) ○○○ 자매의 몸을 하관하려 할 때, 찬송으로 영광을 드립니다. 저희들이 그동안 고(故) ○○○ 자매를 사랑했던 심정으로 하관 예식에 참여하게 하옵소서. 고인을 보내는 슬픔 속에서도 그리스도 안에서 감사드리기 원합니다.

은혜로우신 구세주의 이름을 높이 찬양합니다. 고(故) ○○○ 자매가 천국에 들어간 소식을 저희들에게 주시고, 그녀를 환송하기 위해서 모이도록 하셨으니 예배를 통해서 감사를 드립니다. 이 시간에 하늘에서 천사들이 화답하여 영광을 드리기 원합니다.

특별히 예배를 집례하시는 목사님을 큰 능력으로 붙드셔서 진리와 은혜로 인도하옵소서.

별세한 모든 성도들을 주님께서 오시는 날, 다시 만날 것을 바라보는 위로의 말씀이 되게 하옵소서. 유족들과 성도들 모두에게 이 땅에서 살아야 하는 거룩한 사명의 말씀을 듣게 하시옵소서.

그녀의 영혼은 주님께서 예비하신 집으로 옮겨졌습니다. 이 땅에 남아 있는 유족으로 하여금 진실한 마음으로 믿음을 지키게 하시고, 죄악에서 건지셔서 영원한 생명을 누리게 하여 주시옵소서. 주님께 구속함을 받은 식구들이 드리는 기도를 받아 주시옵소서.

지금 이곳에 묻히는 고인을 부활 때까지 저희들은 다시 볼 수 없습니다. 그러나 하나님께서는 저희들의 가슴에 고인을 남겨 주셨음을 믿습니다. 고(故) ○○○ 자매와 함께 지내던 시간은 저희들의 가슴에는 깊게 새겨져 있습니다. 고인을 기리며 주님께 예배드리는 성도들에게 은혜를 내려 주시옵소서.

하나님, 주님께서 다시 세상에 오시면 저희들은 고인과 다시 만날 것입니다. 고 ○○○ 자매를 기억하는 성도들에게 은혜로 충만하게 하옵소서. 저들의 슬픈 마음을 주님의 자비하심으로 채워주심을 믿습니다. 부활의 신앙으로 이 산을 내려가도록 해주시옵소서. 예수님의 이름으로 기도드립니다. 아멘.

더욱 주의 일에 힘쓰는 후손

"그러므로 내 사랑하는 형제들아 견실하며 흔들리지 말고 항상 주의 일에 더욱 힘쓰는 자들이 되라 이는 너희 수고가 주 안에서 헛되지 않은 줄 앎이라" (고전 15:58)

거룩하신 하나님,

사랑하는 고(故) ○○○ 집사님의 묘소로 인도해 주심을 감사드립니다. 짧은 시간이었지만 저희들과 함께 신앙을 고백하며, 주님의 몸을 이루었던 고인을 기억합니다. 그는 참으로 저희들에게 좋은 신앙의 벗이었습니다. 양지바른 곳에 산소를 마련하도록 하심에 감사하며 예배를 드립니다.

이제껏 베풀어주신 크신 사랑을 생각하며 경배드리는 귀한 시간이기를 소망합니다. 아버지 하나님의 크신 은혜에 감격하여 예배드리는 시간이 되게 하시옵소서. 주님의 사랑을 찬송하며 교제할 때, 권면과 위로의 역사가 나타나게 하옵소서.

고인이 천국으로 떠나신 후, 첫 성묘를 하는 유족을 축복합니다. 믿음의 가업을 잇는 유족들의 가정에 하나님의 복을 내려 주옵소서.
이 땅에 사는 날 동안 하나님의 영원한 기업을 누리게 하여 주시옵소서. 의인의 자손은 걸식함을 보지 않도록 하시겠다는 약속에 따라 풍족한 생활이 되게 하옵소서.

사랑의 하나님, 이 시간에 누구보다도 집사님을 위로해 주시기 원합니다. 사랑하던 배우자가 세상을 떠난 후에 무덤을 보는 심정을 안아주옵소서. 집사님께서 믿음을 지키다가 하늘나라로 가셨으나, 육신적으로 헤어지신 서운함 때문에 힘들어 하시니 이겨내게 하시옵소서.

고(故) ○○○ 집사님께서 누리셨던 복을 자손들에게도 내려 주옵소서. 고인의 하나님이 자손들의 하나님이 되셔서 이들에게 재정의 부요케 하심을 보게 하시옵소서. 하나님께서 이 가정의 가장이 되어주셔서 모든 시련을 극복하게 하옵소서.

저희들은 현재만 보고 미래를 볼 줄 모르는 어리석은 인간들입니다. 그러나 영원한 하나님의 나라가 있음을 여러 선지자들과 사도들을 통하여 알게 하여 주심을 감사드립니다.
유족들로 하여금 이 영원한 세계를 바라보고 항상 소망 중에 즐거워하게 하시옵소서. 예수님의 이름으로 기도드립니다. 아멘.

자손들에 의해 영광을 받으시는 하나님

"이르되 내가 모태에서 알몸으로 나왔사온즉 또한 알몸이 그리로 돌아가올지라 주신 이도 여호와시요 거두신 이도 여호와시오니 여호와의 이름이 찬송을 받으실지니이다 하고" (욥 1:21)

영광받기에 합당하신 은혜의 하나님,
이 시간 고(故) ○○○ 권사님의 후손과 친지들이 모였습니다. 이제까지 지켜주신 하나님의 은혜에 감사 드립니다. 주님의 피로 구원을 받으신 고(故) ○○○ 권사님께서는 사랑스러운 자손들을 남기셨습니다.

하나님 아버지, 여기에 모인 이들이 하나님을 찬양하고 감사드리며, 영과 진리로 예배드리기 원합니다. 은혜롭고 값진 시간이 되게 하여 주옵소서.

특별히 저희들에게 생명의 말씀을 들려주실 목사님을 위해 기도합니다. 고인의 가족들에게 위로가 되고, 성도들에게는 축복의 약속이 되는 말씀이기를 소망합니다.

또한 이 예배로 말미암아 고인의 신앙을 이어가는 자손들이 되기를 원합니다. 고인이 참으로 소중하게 간직하고 살았던 믿음, 소망, 사랑을 이어가는 저희들이 되게 하옵소서. 저희들도 믿음, 소망, 사랑이 언제나 어디서나 내보일 수 있는 우리의 보배가 되게 해 주옵소서.

주님이 주시는 승리의 열매가 귀한 자손들의 것이 되게 하옵소서. 고인으로 말미암아 후손들이 복을 누리게 하옵소서. 주님의 말씀을 지켜 살아가는 자손들이 되게 하옵소서. 고인이 주님의 은혜로 형통하셨듯이 자녀들도 형통하기를 원합니다.

주님, 권사님을 추억하는 자손들이 선조의 신앙을 따르게 하옵소서. 고인의 삶을 유업으로 받아, 교회에서 봉사하는 종들이 되기 원합니다. 함께 지체된 성도들을 섬기면서 오직 우리 주님의 이름을 높여드리는 모습을 보이게 하시옵소서.

천국을 사모하는 저희들에게 고 ○○○ 권사님의 아름다운 신앙을 유산으로 주셨음에 감사드립니다. 그의 여호와를 경외하는 마음과 기도가 저희들의 것이 되게 하옵소서. 고인의 아름다운 신앙에 동참하는 삶이 되도록 은혜를 주시옵소서.

예수님의 이름으로 기도드립니다. 아멘.

[10]
심방을 위한
대표기도문

1. 까닭 없는 근심과 염려

이에 모세와 모든 선지자의 글로 시작하여 모든 성경에 쓴 바 자기에 관한 것을 자세히 설명하시니라(눅 24:27)

사랑의 하나님,
존귀한 ○○○ (성도)님과 이 가정을 축복합니다. 저희들이 주님의 이름으로 이 가정을 찾아, 미쁜 마음으로 예배를 드립니다.

○○○ (성도)님의 삶에 예수님이 동행해주셔서 외롭고 힘든 시간이 능히 지나가게 해 주옵소서. 또 다른 계획을 갖고 계시는 하나님을 바라봅니다.

이 시간에 ○○○ (성도)님의 사정을 아시는 하나님께 온전한 예배와 찬양을 올려 드립니다. 사랑하는 권속의 형편을 아시는 하나님이 계시기에 불안해 하지 않습니다. 하나님께서 도우시리라는 확신에 소망을 갖게 하시옵소서. 낙심될 때 찾아와 주시는 예수님을 사랑합니다.

어떻게 나아가야 할지 막막하지만 저희를 포기하지 않으시는 하나님의 은혜를 믿게 하시옵소서. 예수님의 이름으로 기도드립니다. 아멘.

2. 생업에 대한 막연한 불안감

야베스가 이스라엘 하나님께 아뢰어 이르되 주께서 내게 복을 주시려거든 나의 지역을 넓히시고 주의 손으로 나를 도우사 나로 환난을 벗어나 내게 근심이 없게 하옵소서 하였더니 하나님이 그가 구하는 것을 허락하셨더라(대상 4:10)

늘 축복으로 채워주시는 사랑의 하나님,
오늘도 예비하신 하늘의 복으로 ○○○ (집사)님과 이 가정을 보살펴 주시옵소서. 좋으신 하나님께서 복된 지체들에게 복을 내려 주셨음을 기억합니다.
○○○ (집사)님에게 두려움을 물리치고 만세반석이 되신 주님의 십자가를 바라보며, 승리하게 하심을 기다리게 하시옵소서. 상심으로 얼룩진 마음을 보듬어 주시옵소서.

이스라엘을 잊지 않으셨던 하나님의 자비가 오늘에는 저의 것이 되게 하시옵소서. 택한 백성을 돌아보시는 하나님의 긍휼하심이 있기를 빕니다. 그 은혜로 역경의 시간을 잘 극복하게 하시옵소서. 예수님의 이름으로 기도드립니다. 아멘.

3. 자녀의 군 입대에 따른 두려움

여호와께서 그에게 이르시되 내가 반드시 너와 함께 하리니 네가 미디안 사람 치기를 한 사람을 치듯 하리라 하시니라(삿 6:16)

늘 지켜주시고 인도해 주시는 하나님,
영혼이 잘 됨같이 범사가 잘 되고, 하나님의 은혜가 ○○○ (성도)님과 이 가정에 넘치기를 소망합니다.

사랑하는 ○○○가 군에 입대하게 되어 감사함으로 예배를 드립니다. ○○○는 어엿한 청년으로 자랐으나 ○○○ (성도)님의 마음에는 언제나 어린아이와 같은 심정이라 군대에 보내는 마음이 심란하기도 합니다.

○○○ (성도)님의 마음을 아시는 하나님께서 위로하여 주시옵소서.
이제까지 ○○○를 보호해 주시고 자라게 하신 하나님, 군대에서도 지켜 주실 것을 확신하게 하시옵소서.
하나님께서 ○○○의 편이 되어 주심을 믿고 담대하게 해 주시기를 빕니다. 예수님의 이름으로 기도드립니다. 아멘.

4. 자녀의 유학에 따른 염려

예수 그리스도로 말미암아 의의 열매가 가득하여 하나님의 영광과 찬송이 되기를 원하노라(빌 1:11)

늘 지켜 보호해 주시는 하나님,
주의 이름으로 복된 가정에 찾아왔으니, 하늘의 문을 여시고 큰 복을 내려 주시옵소서. ○○○ (집사)님께서 사랑과 수고를 다하여 기른 자녀가 더 많은 공부를 하기 위해서 집을 떠나게 되었음에 심방하였습니다.

이 시간에는 ○○○(이)가 외국으로 유학을 떠나게 되어 감사함으로 예배를 드립니다. 사랑하는 (아들)딸에게 공부할 수 있는 기회를 주신 하나님께 감사드립니다. 그동안 공부를 열심히 하게 하셨던 하나님의 손길이 유학 중에서도 이어지기를 소원합니다.

○○○(이)가 이곳에서 함께해주셨던 하나님을 낯선 땅, 낯선 교실에서도 만나게 하시옵소서. 사랑하는 자녀가 ○○○ (집사)님의 하나님을 자기의 하나님으로 부르는 은혜를 내려 주시옵소서. 예수님의 이름으로 기도드립니다. 아멘.

5. 수입의 감소

여호와는 나의 목자시니 내게 부족함이 없으리로다(시 23:1)

늘 부족함없이 채워주시는 하나님,
사랑하는 ○○○ (성도)님과 이 가정의 지체들이 하나님께 예배를 드릴 때, 복을 더하시옵소서. 우리 하나님께서 ○○○ (집사)님에게 목자가 되어 주셨음을 감사드립니다.

암탉이 병아리를 품듯이 은혜로 이제까지 지켜 주셨으니, 앞으로도 돌보아 주시옵소서. 지금 생각하지도 못했던 형편을 당하였지만, 이 아픔을 잘 감당하도록 은혜를 더하시옵소서. 잠시의 어려움을 통해서 하나님의 사람으로 단련되는 은혜를 고백하게 하시옵소서.

하나님이 피난처가 되시고 하나님이 힘이 되심을 기억하게 하시옵소서. 환난 중에 만날 큰 도움이 되시는 하나님께서 나의 하나님이심에 감사하게 하시옵소서. 감사하는 중에 은혜로 이끌어 주시옵소서. 예수님의 이름으로 기도드립니다. 아멘.

6. 직장을 잃게 된 경우

하나님이 이르시되 그가 나를 사랑한즉 내가 그를 건지리라 그가 내 이름을 안즉 내가 그를 높이리라(시 91:14)

더 좋은 것으로 채워주시고 이끌어주시는 하나님,
○○교회에서 함께 권속이 된 ○○○ (집사)님으로 말미암아 감사드립니다.
이 시간 삶 속에서 역사하시는 하나님의 특별하신 은혜를 사모하여 이 가정을 찾았습니다. 우리 하나님께서 알고 계시는 대로 ○○○ (집사)님이 일터를 잃게 되어 여호와께 머리를 숙였습니다.
그동안 일터에서 땀을 흘려 수고하게 하시고, 그 수고로 말미암아 재물을 얻을 능력도 주셨던 하나님을 기억합니다.
직장을 잃었다는 쓰라림을 견디기 어렵지만, 여호와께서 속히 도우실 것을 확신합니다. 하나님의 사랑을 받고 있음을 확신하게 하시옵소서.

여호와께서 ○○○ (집사)님의 곁에서 함께해 주시고, 모든 위협으로부터 건져 주시옵소서. 예수님의 이름으로 기도드립니다. 아멘.

7. 사업장의 부진

그는 너희보다 먼저 그 길을 가시며 장막 칠 곳을 찾으시고 밤에는 불로 낮에는 구름으로 너희가 갈 길을 지시하신 자이시니라(신 1:33)

늘 함께하시는 하나님,
○○○ (집사)님에게 어려움을 주시므로 저희들이 함께 머리를 숙였습니다.
저희들이 서로를 위하게 하시고, ○○○ (집사)님을 통해서 기도하게 하셨으니, 은혜의 시간이 되게 하시옵소서. 많은 노력을 기울이고, 사업장을 운영함에 남다른 부지런함을 다하였으나 어려워진 형편을 하나님께 고백합니다.

이 시간 ○○○ (집사)님의 사업장의 형편을 하나님께서 보살펴주시고 은혜를 베풀어 주시옵소서. 지금은 실패의 괴로움 때문에 힘들지만, 위로부터 내려오는 은혜로 이기게 하심을 믿습니다.
성령님이 주시는 담대한 마음으로 실패의 원인을 찾게 하옵소서. 이 어려움이 해결되면 후에는 큰 열매가 맺어질 것을 기대합니다. 예수님의 이름으로 기도드립니다. 아멘.

8. 배우자의 직장생활

무슨 일을 하든지 마음을 다하여 주께 하듯 하고 사람에게 하듯 하지 말라
(골 3:23)

능력의 하나님,

사랑하는 ○○○ (집사)님께서 열심히 일을 할 수 있는 직장을 주셨으니 여호와 앞에서 아름다운 직장생활이 되게 하시옵소서.

저희가 사람들과의 관계에서 하나님의 영광을 구하게 하시기를 소망합니다. ○○○ (집사)님의 수고로 말미암은 소득으로 이 가정을 꾸려나가게 하시는 하나님의 섭리를 찬양합니다. 수고의 열매로 식구들이 풍족한 삶을 살게 하시옵소서.

○○○ (권사)님께서 ○○○ (남편)을 위하여 간구하는 기도를 들어주시옵소서. 눈물을 쏟으며 간구하는 기도에 낱낱이 응답해 주시옵소서. 예수님의 이름으로 기도드립니다. 아멘.

9. 자영업하는 사업의 번창

왕이 대답하여 다니엘에게 이르되 너희 하나님은 참으로 모든 신들의 신이시요 모든 왕의 주재시로다 네가 능히 이 은밀한 것을 나타내었으니 네 하나님은 또 은밀한 것을 나타내시는 이시로다(단 2:47)

사랑의 하나님,
예비하신 하늘의 복으로 ○○○ (장로)님과 이 가정을 축복하여 주옵소서. 생업의 터전으로 주신 이 점포에 날마다 창대하게 하시는 하나님의 축복의 역사와 이끄심의 손길이 나타나기를 소망합니다.

이 사업이 하나님 앞에 거룩해지게 하시고, 하나님의 영광이 있게 하옵소서. 복음을 전파하고, 죽어 가는 생명들을 구원해 내는 사업장이 되게 하시며, 이 사업을 통해서 하나님께서 계획하신 일들이 일어나게 하여 주옵소서.

이 사업장이 이삭에게 농사짓게 하시고, 그 해에 소득을 백 배나 얻게 하신 것처럼 ○○○ (장로)님의 사업이 번창하게 하옵소서. 예수님의 이름으로 기도드립니다. 아멘.

10. 직장의 타락 문화

그의 남편 요셉은 의로운 사람이라 그를 드러내지 아니하고 가만히 끊고 자 하여(마 1:19)

죄악을 멸하시고 사랑으로 채워주시는하나님,
하나님의 은혜가 ○○○ (권사)님과 이 가정에 넘치기를 소망합니다.
○○○ (집사)님의 직장은 시대와 문화의 첨단 영역에 있으므로 어떤 곳보다도 타락되기가 쉬우므로 저희로 하여금 기도하게 하옵소서.

저희들의 심방으로 ○○○ (권사)님의 기도에 힘을 더하여 주옵소서.
○○○ (집사)님의 직장을 거룩하게 해 주시옵소서.

때로는 고난이 닥쳐올지라도 성령님의 도우심으로 넉넉히 이기게 하시옵소서. 가이사의 것과 하나님께 드려질 것이 분명히 구별되는 직장이 되게 하시옵소서.
○○○ (집사)님을 거룩하게 세워 주시옵소서. 예수님의 이름으로 기도드립니다. 아멘.

11. 하나님의 영광을 가리는 일들

그리스도를 위하여 너희에게 은혜를 주신 것은 다만 그를 믿을 뿐 아니라 또한 그를 위하여 고난도 받게 하려 하심이라(빌 1:29)

늘 찬양받으시기에 합당하신 소망의 하나님,
우리 주님의 이름으로 복된 가정에 찾아왔으니 큰 복을 내려 주시옵소서. 이 가정을 여호와의 구별된 처소로 삼으셨으니, 가족들이 하나님 앞에서 거룩한 의의 용사가 되게 하시옵소서.

저희들은 ○○○ (집사)님의 가정에 대한 하나님의 계획이 있음을 믿습니다. 사탄이 넘어지게 하려고 갖은 공격을 해올 때, 십자가의 군병이 되어서 대항하는 담대함을 주옵소서.

이 가정의 식구들이 세상에 보내질 때, 하나님의 영광을 가리지 않게 하옵소서. 불의한 일들을 거절하고, 하나님의 뜻이 이루어지도록 하는 데 한 알의 밀알로 죽는 은혜를 주시옵소서. 예수님의 이름으로 기도 드립니다. 아멘.

12. 뜻하지 않게 질병에 걸림

만일 재앙이나 난리나 견책이나 전염병이나 기근이 우리에게 임하면 주의 이름이 이 성전에 있으니 우리가 이 성전 앞과 주 앞에 서서 이 환난 가운데에서 주께 부르짖은즉 들으시고 구원하시리라 하였나이다(대하 20:9)

사랑의 하나님,
사랑하는 ○○○ (성도)님께 여호와의 임재를 소망하게 하시니 감사드립니다. 이 시간에 치유하시는 하나님의 은혜를 베풀어 주옵소서. ○○○ (성도)님을 넘어뜨리기 위하여 질병이 발생하였으나 여호와의 크신 능력으로 고쳐 주시고, 싸매어 주시옵소서. 우리 주님께서 채찍에 맞으셨으니 ○○○ (성도)님은 나음을 보게 될 줄로 믿습니다.

주님의 이름으로 ○○○ (성도)님의 병 낫기를 위하여 간구하니 속히 낫게 하옵소서. 예수님의 이름으로 기도드립니다. 아멘.

13. 사고로 다침

욥이 그의 친구들을 위하여 기도할 때 여호와께서 욥의 곤경을 돌이키시고 여호와께서 욥에게 이전 모든 소유보다 갑절이나 주신지라(욥 42:10)

사랑과 은혜가 충만하신 하나님,
사랑하는 ○○○ (성도)님은 여호와께 존귀한 자녀이심을 믿습니다.
느닷없는 사고의 소식에 안타까움으로 달려와 예배드리게 하시니 감사드립니다. 성령님의 치유의 은혜를 내려 주시옵소서.

○○○ (성도)님이 크게 다치지 않은 것에 감사하면서, 이 일에 우리 하나님의 간섭하심이 있으시기를 빕니다. 하나님께서 ○○○ (성도)님을 지켜 주심을 감사드리니, 미련한 저희들이 알지 못하는 하나님의 섭리가 나타나게 해 주시옵소서.

○○○ (성도)님의 영혼을 공격하려고 사탄이 틈을 탈 때 성령님께서 막아주시옵소서.
육체의 고통은 잠시일 뿐이고 하나님의 크신 은혜가 나타날 줄로 믿습니다. 예수님의 이름으로 기도드립니다. 아멘.

14. 장애의 상처를 갖게 됨

하나님이 꿈에 또 그에게 이르시되 네가 온전한 마음으로 이렇게 한 줄을 나도 알았으므로 너를 막아 내게 범죄하지 아니하게 하였나니 여인에게 가까이하지 못하게 함이 이 때문이니라(창 20:6)

늘 사랑으로 인도하시는 하나님,
죄와 저주로 죽어갈 수밖에 없는 상황에서 ○○○ (성도)님을 천국 백성이 되게 하셨음을 감사드립니다.
○○○ (성도)님에게 하늘의 위로와 소망이 풍성한 한 시간이 되기를 빕니다.

사랑하는 ○○○ (성도)님의 아픔을 저희들의 아픔처럼 여기며 흘리는 저희들의 눈물을 받아 주옵소서.
○○○ (성도)님에게 슬픔 중에도 소망이 있게 하시옵소서. 혹시라도 장애에 대한 두려움에 사탄이 틈을 타서 낙심하지 않게 하시옵소서. 마귀의 훼방으로 절망하지 않게 하옵소서. 예수님의 이름으로 기도드립니다. 아멘.

15. 가족 중에 불의한 일에 가담하는 경우

하나님께 가까이 함이 내게 복이라 내가 주 여호와를 나의 피난처로 삼아
주의 모든 행적을 전파하리이다(시 73:28)

사랑의 하나님,

여호와께 존귀한 ○○○ (성도)님과 이 가정을 축복합니다.

안타깝게도 사랑하는 ○○○ (성도)님께 어려움이 있어 하늘의 은혜
를 구합니다. 이 근심과 걱정을 주님께 맡기게 하옵소서.

예배하는 중에, ○○○ (성도)님의 마음을 누르고 있는 악한 세력을 물
리쳐 주옵소서. 흑암의 세력을 걷어 내시고, 우리 주님의 자비하신 손
으로 어루만져 주시기를 빕니다.

사탄은 ○○○ (성도)님을 쓰러뜨리려고 갖가지 방법으로 유혹하고
있으나, 성령님께서 불 칼과 불 병거로 막아 주시옵소서. 악한 생각이
함께하지 못하도록 붙잡아 주시옵소서.

○○○ (성도)님께서 죄인의 자리에 서지 않게 하시옵소서. 예수님의
이름으로 기도드립니다. 아멘.

16. 빚을 져서 도피 중인 가족

내가 내 말을 네 입에 두고 내 손 그늘로 너를 덮었나니 이는 내가 하늘을
펴며 땅의 기초를 정하며 시온에게 이르기를 너는 내 백성이라 말하기 위
함이니라(사 51:16)

은혜와 축복과 평강의 하나님,
예비하신 하늘의 복을 ○○○ (성도)님과 이 가정에 내려 주시옵소서.
○○○ (성도)님께서 재정의 어려움으로 힘든 시간을 보내고 계십니
다. 하나님의 인내를 묵상하면서 이 고난을 참게 하시옵소서.

주님의 은혜로 이 역경을 인내하게 하시옵소서. 이로써 ○○○ (성도)
님이 하나님의 뜻을 이루도록 하시옵소서.

실패의 환난이 고통처럼 보였으나, 후에는 하나님의 은혜로 나타나게
하옵소서. 역경 속에서도 주님의 은혜를 감사함으로 누리게 하옵소서.
사랑하시는 손길로 저의 손을 잡아 주시옵소서. 예수님의 이름으로 기
도드립니다. 아멘.

17. 재판을 받는 중에 있는 가족

나사렛 예수시란 말을 듣고 소리 질러 이르되 다윗의 자손 예수여 나를 불쌍히 여기소서 하거늘(막 10:47)

사랑과 공의의 하나님,
○○○ (성도)님과 이 가정에 굳센 믿음과 복음으로 늘 평안하게 해 주셨음에 감사드립니다. 하나님의 아낌없는 긍휼에 위로를 받게 하옵소서. 낙심하지 않게 하시며, 새롭게 하시는 하나님의 손을 보게 하시옵소서. 이 시련이 저에게 필요하였기에 주셨음을 믿습니다.

환난의 시간이지만, 하나님의 사람으로 만들어 주시는 은혜라 믿습니다. 실패의 환난을 은혜로 바꾸어서 하늘의 신령한 복을 누리게 하시옵소서. 주저앉아있지말고 하늘의 하나님을 바라보게 하옵소서.

지금의 환난과 고통도 용감하게 맞서 새로운 역사를 쓰게 하옵소서. 예수님의 이름으로 기도드립니다. 아멘.

18. 가족 중에 교도소에 수감되어 있는 경우

일어나 저 큰 성읍 니느웨로 가서 내가 네게 명한 바를 그들에게 선포하라 하신지라(욘 3:2)

모든 것을 치유하시고 회복시켜 주시는 하나님,
우리 주님의 이름으로 복된 가정에 찾아왔으니, 하늘의 문을 여시고 큰 복을 내려 주시옵소서.
이 시간에 ○○○ (성도)님과 함께 하나님의 뜻에 성취되는 것에 감사하며 예배를 드립니다. 실패의 쓰라림에 좌절하기보다 이 기회에 깨달아야 할 것들을 배우는 은혜를 주시옵소서.

저희가 실수나 어리석음으로 위기가 닥쳤더라도 하나님의 간섭하심의 은혜를 잊지 않게 하시옵소서. 실패라는 연단의 시간을 통해서 저희의 영혼을 온전하게 하옵소서. 원하지 않는 역경을 만나게 하셨으니, 믿음으로 견디게 하시옵소서.
이 곤고함에도 하나님께서 여전히 저희를 사랑하심을 믿게 하시옵소서. 이 은혜로 말미암아 하나님의 마음에 합한 자가 되게 하소서. 예수님의 이름으로 기도드립니다. 아멘.

19. 공부에 흥미를 잃은 자녀

지혜가 제일이니 지혜를 얻으라 네가 얻은 모든 것을 가지고 명철을 얻을 지니라(잠 4:7)

모든 지혜의 근원자 되시는 사랑의 하나님,
○○○ (성도)님과 이 가정의 지체들이 여호와의 임재를 소망하게 하시니 감사드립니다. 저희들이 이 가정을 방문한 것은 자녀의 공부 문제로 염려하시는 ○○○ (성도)님께 하늘의 은혜가 내려오기를 소원해서입니다.

자녀로 말미암은 기쁨을 주신 하나님의 손길이 이 가정에 임하게 하시옵소서. 성령 하나님께서 자녀의 마음을 다스리시고, 생각을 주장해 주셔서 공부에 임하게 하시옵소서.
먼저, 하나님을 사랑하고 섬기는 것을 우선시하는 자녀들이 되게 하시옵소서. 지혜와 명철로 학업에 임하게 하시옵소서. 그들에게 세상이 감당할 수 없는 지혜로 충만하게 하시옵소서.
예수님의 이름으로 기도드립니다. 아멘.

20. 나쁜 친구들과 어울리는 자녀

날마다 그 말로 그를 재촉하여 조르매 삼손의 마음이 번뇌하여 죽을 지경이라(삿 16:16)

늘 사랑으로 이끄시는 하나님,
주 안에서 ○○○ (성도)님의 가정을 방문하게 해 주셨음에 감사드립니다. 이 시간 사랑하는 ○○○(성도)님의 자녀를 보살펴 주옵소서.

여호와께 존귀한 ○○○(이)에게 사탄이 틈을 탔으니 불쌍히 여겨 주시옵소서. 옳지 않은 행실을 하는 친구들의 꾀임에 넘어가 그릇된 행동을 할까 두렵습니다. ○○○(이)의 영혼을 지켜 주시옵소서. 생각이나 말, 행동에 있어서 의인의 자손답게 처신하도록 은혜를 내려 주시옵소서. 어서 속히 그릇된 행동을 하는 친구들을 떠나게 하시옵소서.

무릇 지킬 만한 것보다 자신의 마음을 더욱 지키는 자녀들이 되게 하시옵소서. 혹시라도 그릇된 행동을 하게 될 때, 성령님께서 막아 주시옵소서. 예수님의 이름으로 기도드립니다. 아멘.

21. 일탈 행동을 일삼는 자녀

내가 너희에게 이르노니 너희 의가 서기관과 바리새인보다 더 낫지 못하면 결코 천국에 들어가지 못하리라(마 5:20)

사랑과 은혜가 충만하신 하나님,
사랑하는 ○○○ (성도)님을 한 지체로 교제하게 하신 은혜를 감사드립니다. 교회를 통해 주님의 몸을 이루어온 저희들이 이 가정에 심방하였습니다.
이 시간에 ○○○(이)를 위하여 간구합니다. 저희들은 미련해서 그에게 아무것도 해 줄 수 없어 더욱 안타깝습니다.
사랑하는 ○○○(이)가 어긋난 길로 가더라도 어서 돌아오게 하시옵소서. 오늘까지도 그를 위하여 눈물을 쏟고 있는 ○○○ (성도)님의 간구를 들으시고 속히 응답해 주시옵소서.

이 가정에 살아 계시는 하나님의 은혜가 넘치기 소망합니다. 예수님의 이름으로 기도드립니다. 아멘.

22. 식구들의 애정결핍

하나님이 그들에게 복을 주시며 하나님이 그들에게 이르시되 생육하고 번성하여 땅에 충만하라, 땅을 정복하라, 바다의 물고기와 하늘의 새와 땅에 움직이는 모든 생물을 다스리라 하시니라(창 1:28)

늘 사랑으로 채워주시는 하나님,
여호와께 존귀한 ○○○ (집사)님과 이 가정을 축복합니다.
이 시간 저희들의 심방과 예배로 말미암아 하나님의 은혜가 충만해지게 하시옵소서. 하나님께서 우리를 사랑하시니 서로 사랑하는 지체들이 되게 하시옵소서.

부부의 사랑에 하나님의 사랑이 풍성하게 하시고, 부모와 자녀들의 사랑에 하나님의 사랑이 흐르게 하시며, 자녀들끼리는 동기간에 우애가 넘쳐나게 하시옵소서. 우리 하나님 앞에서 선택을 받은 가정에 날마다 사랑이 더해지는 공동체가 되게 하시옵소서.

○○○ (집사)님의 가정이 사랑으로 세워져서 ○○교회의 지체들에게도 모범이 되는 가정 되게 하옵소서. 예수님의 이름으로 기도드립니다. 아멘.

23. 배우자의 불륜

나는 너희에게 이르노니 누구든지 음행한 이유 없이 아내를 버리면 이는 그로 간음하게 함이요 또 누구든지 버림받은 여자에게 장가드는 자도 간음함이니라(마 5:32)

사랑과 은혜가 충만하신 하나님,
귀한 가정을 ○○교회의 지체로 삼아 주시고, 저희들이 심방하게 하셨음에 감사드립니다. 우리 하나님께서 사랑하시는 ○○○ (집사)님의 가정에 사탄이 틈을 타지 않도록 보호해 주시옵소서. 혹시라도 죄의 유혹을 받아 타락한 가정이 되지 않도록 지켜 주시옵소서.

하나님의 강권하시는 은혜로 ○○○ 님께서 자신을 돌아보게 하시고, 죄악의 길에서 돌이키게 하시옵소서. ○○○ (집사)님의 눈물을 돌아보시는 하나님을 찬양합니다.

이 가정에 음란의 마귀가 틈을 타서 괴로워하고 있으니, 하나님의 구원하심을 보게 하시옵소서. 오직 서로를 사랑으로 섬기는 부부가 되게 하시옵소서. 예수님의 이름으로 기도드립니다. 아멘.

24. 이혼을 하게 된 경우

이르시되 아빠 아버지여 아버지께는 모든 것이 가능하오니 이 잔을 내게 서 옮기시옵소서 그러나 나의 원대로 마시옵고 아버지의 원대로 하옵소서 하시고(막 14:36)

사랑의 하나님,
범사에 잘 되고, 강건하기를 원하시는 하나님의 은혜가 ○○○ (집사) 님과 이 가정에 넘치기를 소망합니다.

사랑하는 ○○○ (집사)님께서 가정을 이루어 한평생을 사랑으로 지내기를 원하였으나 이혼하게 되었으니, 하나님의 위로하심을 빕니다. ○○○ (집사)님의 눈물을 닦아주옵소서.

사랑하는 종이 기도하는 중에 결심을 하게 하시고, 이혼의 아픔에 연연하지 않고, 하나님의 새롭게 하심을 기대하는 ○○○ (집사)님이 되게 하시옵소서. 하나님께서 원하시는 삶의 의미를 깨달아 순종의 삶을 살게 하시옵소서. 예수님의 이름으로 기도드립니다. 아멘.

25. 줄여서 가는 이사

유월절 전에 예수께서 자기가 세상을 떠나 아버지께로 돌아가실 때가 이른 줄 아시고 세상에 있는 자기 사람들을 사랑하시되 끝까지 사랑하시니라(요 13:1)

늘 은혜와 축복으로 채워 주시는 하나님,
사랑하는 ○○○ (성도)님과 이 가정의 지체들에게 여호와의 임재를 소망하게 하시니 감사드립니다. 주께서 약속하신 복이 ○○○ (성도)님과 이 집안에 넘치기를 소망합니다.

성령님께서 이 가정의 사정을 아시고 미리 예비하사 좋은 곳으로 장막을 옮기게 하셨음을 즐거워합니다. 지극히 높은 하늘보다 더 높은 사랑으로 ○○○ (성도)님을 보호해 주셨고, 지극히 깊은 바다보다도 더 깊은 은혜를 주셨으니, 감사의 시간을 보내게 하옵소서.
하나님 앞에서 택함을 받은 가정의 식구들이 이 장막에서 복스럽게 지내게 하시옵소서.

하나님의 주신 바 평생에 먹고 마시며 낙을 누리는 은혜를 경험하는 가정이 되게 하시옵소서. 예수님의 이름으로 기도드립니다. 아멘.

26. 거주지를 옮김

네 재물과 네 소산물의 처음 익은 열매로 여호와를 공경하라(잠 3:9)

사랑의 하나님,
○○○ (성도)님이 집을 옮겼다는 소식을 듣고 함께하기 위해 모였으니 영광으로 예배를 드립니다. 목사님께서 천국의 메시지를 선포하실 때, 진리의 말씀으로 받고 감사하게 하옵소서.

이사를 계획하도록 하시고, 좋은 보금자리를 주셨으니 성령 충만한 자리가 되게 하시옵소서.

오직 하나님의 말씀으로 가정을 세우시려는 ○○○ (성도)님을 축복합니다. 이 집에서 살아가는 동안에 아침과 저녁으로 하나님의 일하심에 대하여 깨닫는 마음, 보는 눈, 듣는 귀를 주시기를 소망합니다.
이로써 주님의 섭리와 경륜에 순종해서 하나님 앞에 잠잠히 기다리는 은혜를 주시옵소서. 예수님의 이름으로 기도드립니다. 아멘.

27. 중병의 진단으로 입원한 경우

예수께서 그들의 믿음을 보시고 중풍병자에게 이르시되 작은 자야 네 죄 사함을 받았느니라 하시니(막 2:5)

치유와 회복의 하나님,
여호와께 존귀한 ○○○ (성도)님과 이 가정을 축복합니다. 걸음걸음마다 위로해 주셨던 여호와의 손길이 있어 감사드립니다. 하나님의 보호와 풍성하게 하심을 시간마다 새롭게 하시옵소서.

갑작스럽게 병에 걸림으로 낙심할 수도 있었으나, 여호와를 향해서 얼굴을 들게 하셨음에 감사드립니다. 질병 앞에서 하나님의 온전한 은혜를 누리게 하옵소서.

질병의 고통이 죽음으로 몰아가는 것 같을지라도, 여호와의 얼굴에 소망을 두게 하시옵소서. ○○○ (성도)님께서 힘들어 할 때, 우리 주님도 아심을 믿습니다. 치료해 주시는 여호와의 은혜로 눈물의 골짜기를 지나게 하시옵소서. 예수님의 이름으로 기도드립니다. 아멘.

28. 불의의 사고로 입원한 경우

이에 예수께서 대답하여 이르시되 여자여 네 믿음이 크도다 네 소원대로 되리라 하시니 그 때로부터 그의 딸이 나으니라(마 15:28)

치유와 회복의 하나님,
하늘의 복으로 ○○○ (집사)님과 이 가정을 보살펴 주시옵소서. 사랑하는 ○○○ (집사)님께서 아픔에 짓눌려 있지만, 여호와의 이름을 부를 수 있어 감사드립니다.

마른 혀는 입의 천장에 달라붙어 숨조차 고르지 못하게 하지만, 하나님께서 함께해 주심이 위로가 됩니다. 병든 이들을 위로만 하다가, 위로를 받게 하셨음에 대하여 묵상하게 하시옵소서.
사고를 당한 아픔의 괴로움보다 여호와를 찾게 하셨음에 감사하게 하시옵소서.

이 고통이 몸으로 부르짖는 간구가 되어 하나님께 전해지기를 빕니다. 고통이 심한 것을 아시고, 때를 따라서 넉넉하게 이기게 하실 하나님을 바라보게 해 주시옵소서. 예수님의 이름으로 기도드립니다. 아멘.

29. 오랜 지병으로 입원한 경우

예수께서 이르시되 딸아 네 믿음이 너를 구원하였으니 평안히 가라 하시더라(눅 8:48)

능력과 치유의 하나님,
하나님의 은혜가 ○○○ (성도)님과 이 가정에 넘치기를 소망합니다.
여호와의 긍휼하심으로 날마다 소망 중에 계시도록 하심을 감사드립니다. 육체의 연약함이 도리어 하나님을 더욱 사랑하고 의지하게 하니 감사를 드립니다. 육체의 연약함에서 오는 고통의 시간에 주님의 십자가를 바라보게 하시니 감사드립니다.

비록 몸은 병들어서 괴로움을 더하지만, 이 몸에 나타나는 하나님의 영광을 드러내 주시옵소서. 몸이 병들어서 하나님의 영광을 드러낸다면, 도리어 이 환난에 감사하게 하옵소서. 예수님의 이름으로 기도드립니다. 아멘.

30. 노환으로 입원한 경우

이르되 주여 우리의 눈 뜨기를 원하나이다 예수께서 불쌍히 여기사 그들의 눈을 만지시니 곧 보게 되어 그들이 예수를 따르니라(마 20:33-34)

사랑의 하나님,
우리 주님의 이름으로 복된 가정에 찾아왔으니, 하늘의 문을 여시고 큰 복을 내려 주시옵소서. 여호와의 이름만 생각해도 마음이 좋아지고, 해처럼 밝게 살고 싶은 소망을 주셨음에 감사드립니다.

이 시간에 주님이 십자가에서 고통을 겪으신 것을 생각하고, 지금의 아픔을 능히 이겨 내게 하시옵소서. 육체의 고통을 통해서 여호와의 치료하시는 손을 기다리게 하셨음을 묵상합니다. 아프고 힘든 중에도 하나님의 이름을 부르게 하시옵소서.

사랑하는 ○○○님이 고통 때문에 낙심하지 않게 하시옵소서. 그 눈물을 닦아주시어 이 외로운 시간이 하나님께 영광이 되게 하옵소서. 예수님의 이름으로 기도드립니다. 아멘.

31. 어린이 환자가 입원한 경우

무리를 내보낸 후에 예수께서 들어가사 소녀의 손을 잡으시매 일어나는 지라(마 9:25)

사랑과 은혜가 풍성하신 하나님,
사랑하는 ○○○ (성도)님께서 날마다 강건하게 하신 은혜를 감사하게 하옵소서. 그 은혜와 사랑을 날로 더욱 귀하게 여기게 하시옵소서. 그 은혜가 힘이 되어 아픔의 고통을 이겨 내게 하시옵소서. 아픈 중에도 하나님의 은혜를 바라보게 하시옵소서. 사랑하는 ○○○ (성도)님을 우리 주님께서도 지켜보고 계심을 믿습니다.

주님의 능력으로 어서 일으켜 주시기를 빕니다.
이 아픔을 믿음으로 견디면, ○○○ (성도)님의 영혼이 여호와 앞에서 더욱 강하게 될 것을 믿습니다. 이어서 때가 되면, 육체의 연약함도 고쳐 주시리라 확신합니다. 육체를 하나님 앞에 내려놓은 은총을 즐거워하게 하시옵소서. 예수님의 이름으로 기도드립니다. 아멘.

32. 수술을 앞둔 경우

내 심령에 이르기를 여호와는 나의 기업이시니 그러므로 내가 그를 바라리라 하도다(애가 3:24)

사랑의 하나님,
육체의 연약함을 외면하지 않으시고, 늘 어루만져 주신 하나님의 은혜에 감사드립니다. 통증이 심해져 참으로 견디기 어려우나 십자가에 달리셨던 주님을 생각하게 하옵소서.

하나님의 복이 질병의 가면을 쓰고 저에게 온 줄로 믿습니다. 인간의 육체는 의지할 바가 못 된다는 것을 깨닫는 은혜를 주셨습니다. 믿음으로 육체를 이기는 삶을 경험하게 하시옵소서.
질병의 고통을 통해서 육체를 이기게 하시는 하나님의 경륜을 배우게 하시옵소서. 육체의 집이 아니라, 병들지 않는 하늘의 영원한 집을 더욱 사모하게 하시옵소서. 예수님의 이름으로 기도드립니다. 아멘.

33. 치료 후의 회복기

그의 손을 만지시니 열병이 떠나가고 여인이 일어나서 예수께 수종들더라(마 8:15)

모든 질병을 치유하시고 회복시켜주시는 긍휼의 하나님,
회복의 은총을 베푸셔서 잃었던 건강을 도로 찾게 하셨음에 감사드립니다.

이 시간에, 저희가 하나님의 이름을 높여 경배를 드립니다. 육체의 연약함은 눈물을 마르지 않게 하였지만, 여호와의 크신 사랑으로 회복하게 되었으니 이전보다 더욱 강건하게 하시옵소서.

부모로부터 물려받은 몸이지만, 성령님께서 강건하게 해 주시는 몸이 되게 하시옵소서. 하나님의 사랑이 화평과 기쁨으로 위로가 됨을 고백합니다. 이 질병으로 저를 찾아와 주시는 여호와를 만나게 하시옵소서. 예수님의 이름으로 기도드립니다. 아멘.

[11]

다양한 중독치료를 위한
개인기도문

여기 수록된 30편의 기도문은 스마트폰, 게임, 도박, 알콜 같은 다양한 중독으로
힘들어하는 지체들을 위해 중보하며 기도할 수 있도록 기획되었습니다.
기도의 대상을 정하시고 이 기도문을 읽어가며 간절한 마음으로 기도해 주시기
바랍니다.

중독치료를 위한 기도, 왜 해야 하나?

요즘같이 복잡한 시대에 다양한 중독으로 인해 고통받고 있는 사람들이 의외로 많다. 중독의 종류와 중독에 걸리는 사람의 연령대도 매우 다양해지고 많아지고 있다.

예전에 중독이라함은 알콜중독, 도박중독 같이 너무도 과도하게 집착하는 특별한 소수의 사람에 한정되어 불렸던 것이 사실이다.

하지만 지금은 중독이란 말자체가 보편적으로 받아들여지고 있는 시대이다.

인터넷과 SNS가 급격히 발달하고, 모든 인터넷이 스마트폰으로 옮겨옴으로, 스마트폰 중독이나 인터넷, SNS, 유튜브를 통한 영상중독도 심각한 수준에 이르렀다. 특별히 자라나는 청소년들의 스마트폰 중독은 굉장히 심각하다.

중독현상은 왜 일어나는가? 사실, 우리가 성경적으로 보면 중독의 가장 근본적인 원인은 '죄'에 있다. 죄는 하나님을 위해 살지 않고 자아를 위해서 살게 만든다.

그 자아는 하나님이 창조하신 원형을 잃은 이그러지고 병든 자아이다. 자아 추구와 몰입으로 하나님을 밀어내고 자신이 원하는 것에 헐떡이며 마치 터진 웅덩이를 계속 파는 것 같은 삶이 바로 죄인된 우리의 모습이었다.

중독현상은 다양하지만 그 원인이 어떠하든지 한 가지에 몰입하여 헤어나오지 못하며 결국은 파멸을 향해 간다는 것에 공통점이 있다. 이는 상담과 치료가 필요하다.

그러나 중독의 증상은 근본적으로 죄로 인해 나오게 되었으므로 예수 그리스도의 복음의 빛이 비추이지 않으면 근원적인 문제를 해결 할 수 없다.

사실, 정도의 차이이지 죄인된 우리 모두 하나님이 아닌 다른 것에 '중독'되어 있지 않은가!

죄인된 우리에게 기쁜 소식은 우리의 죄가 사해졌다는 사실이다. 예수 그리스도의 십자가 구속의 피의 공로를 힘입어 우리는 하나님께 나아갈 길을 얻게 되었다.

그것은 또 한편으로 우리가 어떤 어려움과 고난 가운데서도 기도할 은혜를 주셨다는 것과 다르지 않다. 우리는 예수님의 십자가의 승리로 기도의 능력을 구할 은혜도 얻었다.

예수 그리스도의 십자가로 나아가면 죄가 이미 해결되었음을 목도하게 된다. 이러한 복음의 빛 가운데서 중독의 치료는 이루어져야 한다. 그렇지 않으면 단편적인 해결 밖에 되지 않을 것이다.

또한 중독 치료는 혼자서 할 수 없는 것이다. 상담이나 어떤 치료가 필요하겠지만, 그런 것만으로 완전히 회복되기는 어렵다.

중요한것은 그런 중독 치료는 반드시 가족과 함께 해야 한다는 사실이다.

많은 중독의 원인이 원만하지 않은 가족 관계에서 시작된다. 대화 없는 가족, 마음을 서로 나누지 못하는 가족. 그래서 더욱더 복음의 빛 가운데 서로 함께 기도하지 않으면 안되는 것이다. 상담만으로 가족의 문제가 해결될 수 없기 때문이다.

기도는 우리가 하지만 능력은 주님이 행하신다. 그 분은 전능하신 분이시다. 어떤 마술 같은 능력으로 하신 것이 아니라, 당신의 하나 밖에 없는 아들 예수 그리스도를 십자가에 보내심으로 죄를 조금도 남겨놓지 않으시고 심판하시며 끝내셨다. 우리는 이 진리를 근거로 기도하는 것이다.

우리를 지으신 하나님께로 나아가라. 그 분이 고치실 것이다. 상담과 치료에 앞서 하나님께 나아가는 기도가 우선되게 하라.

누구보다도 더욱 구원하기를 기뻐하시는 주님을 신뢰함으로 기도를 시작하라.

이 기도문은 다양한 중독 현상을 겪고 있는 자신이나 내 주변의 사람들을 위해 중보하는 기도문이다. 정말 가슴으로 읽어 내려가기 원한다. 하나님의 은혜를 구하며 기도하자. 하나님은 분명 좋은 길로 이끌어주시고 모든 중독에서 벗어나게 해주실 것이다.

1일
중독의 원인이 무엇인지 규명하여 주옵소서

내 백성이 두 가지 악을 행하였나니 곧 그들이 생수의 근원되는 나를 버린 것과 스스로 웅덩이를 판 것인데 그것은 그 물을 가두지 못할 터진 웅덩이들이니라 (렘2:13)

생수의 근원되신 하나님,
하나님을 떠나 죄인된 인간의 어리석음이 얼마나 중한지 모르겠습니다. 생수의 근원이신 하나님을 버리고 스스로 웅덩이를 팠지만 물을 가두지 못할 터진 웅덩이를 파는 가련한 삶을 불쌍히 여겨주옵소서.
다른 웅덩이를 파서 목말라 허덕이면서도 빠져나오지 못하는 중독에 대하여 깨닫게 해주옵소서. 그리고 다시 하나님께 돌이킬 수 있는 은혜를 허락해 주옵소서.

우리에게 만족을 주시는 분은 오직 하나님이십니다. 영원한 멸망에 처한 우리를 살리려 오신 예수 그리스도께서 그 모든 죄의 저주를 끊으신 줄 믿습니다.
○○○가 이 진리를 깨닫게 하셔서 중독의 원인이 극악한 죄로부터 출발한 것을 알게 하시고 그것에서 속히 떠나 예수님께 나아오게 하옵소서.
죄인을 위하여 오신 주님을 찬양하며 감사를 드립니다. 예수 그리스도의 이름으로 기도드립니다. 아멘.

2일
자신이 얼마나 심각한 중독에 빠졌는지 인식하게 하옵소서

개가 그 토한 것을 도로 먹는 것 같이 미련한 자는 그 미련한 것을 거듭 행하느니라 (잠26:11)

은혜의 하나님, 오직 주님의 진리의 빛을 비추어 죄의 실상이 드러나게 하옵소서. 또한 ○○○에게 긍휼을 베푸시어 자신이 얼마나 심각한 중독에 빠졌는지, 또 그 결과가 무엇인지 보게 하옵소서.
개가 그 토한 것을 도로 먹는 것 같이, 반복되는 중독 습관의 결국은 '사망'이며 멸망밖에 없다는 것을 확실히 깨닫게 해 주옵소서.

사랑하는 주님, 미련한 짓을 멈출 수 없는 죄된 존재임으로 인해 절망할 수밖에 없습니다. 그러나 그러한 우리를 위해 예수님은 이미 십자가에서 그 모든 것을 못 박으셨습니다.
이 복음의 빛으로 비추어주셔서 ○○○의 가려져 있는 눈이 밝히 볼 수 있도록 해주시고, 십자가의 예수님을 간절히 바라도록 이끌어 주옵소서.

주님의 은혜 없이는 죄를 깨달을 수도, 자신이 얼마나 위기에 놓여있는지도 알 수 없습니다. 주님의 한량없는 은혜로 깨닫게 해주실 것을 믿습니다. 죄에 대하여, 의에 대하여, 심판에 대하여 알려주시는 성령님을 의지하오며 살아계신 예수 그리스도의 이름으로 기도드립니다. 아멘.

3일
중독에서 치료될 수 있다는 소망을 잃지 않게 하옵소서

여호와의 말씀이니라 너희를 향한 나의 생각을 내가 아나니 평안이요 재앙이 아니니라 너희에게 미래와 희망을 주는 것이니라 (렘29:11)

소망의 근거가 되시는 하나님, 주님이 비추어 주신 진리의 빛 앞에 아무 소망도 없는 모습이 드러납니다. 중독된 습관에서 빠져나오려하는 ○○○의 마음을 헤아려 주시고 그 마음에 주님의 평안을 넘치도록 부어주시도록 간구합니다. 절대로 하나님께 나아갈 수 없던 철저한 죄인이던 우리에게 오직 한가지 방법, 당신의 하나밖에 없는 아들을 내어주신 사랑을 기억하게 하소서. 이미 주님은 십자가에서 이러한 죄과를 다루셨습니다.

○○○에게 이 믿음을 허락하셔서 소망을 잃지 않게 하옵소서. 자기 자신을 돌아보고 하나님만 붙들 수 있게 하옵소서.
하나님의 생각이 재앙이 아니라 평안이며, 미래와 희망을 주려함이라고 말씀하시고 예수 그리스도의 십자가에서 이 모든 말씀을 이루신 하나님을 찬양합니다. 오직 이 진리에 ○○○가 믿음으로 주님께 나아오게 하옵소서.
전능하신 하나님을 찬양합니다. 주님께서 반드시 ○○○의 중독을 치료하시며 본래의 주님의 형상을 회복하게 될 줄 믿습니다.
우리의 믿음과 사랑이 주 예수 그리스도께서 주신 소망에 근거함을 찬양드리며, 예수 그리스도의 이름으로 기도드립니다. 아멘.

중독을 죄로 인식하고 회개하게 하옵소서

육신의 생각은 사망이요 영의 생각은 생명과 평안이니라 육신의 생각은
하나님과 원수가 되나니 이는 하나님의 법에 굴복하지 아니할 뿐 아니라
할 수도 없음이라(롬8:6~7)

사랑의 하나님, ○○○가 중독치료의 첫 시작이 무엇인지 알게 하여 주옵
소서. 하나님께서 병을 치료하는 것 이상으로 그의 영혼을 얻기 원하심을
알게 하옵소서.

하나님께 반역하는 죄인에게는 죄의 열매만 드러날 수 밖에 없음을 계시
하여 주옵소서. 본질상 진노의 자녀이며 육신의 생각에 가득차서 도저히
하나님의 법을 따르지도 않고 따를 수도 없는 죄인임을 통탄하게 하소서.

우리가 회개하는 것은 단순히 반성하고 뉘우치는 것이 아니라 십자가로
나아가는 것임을 고백합니다. 주님의 십자가에서 주님이 이미 이루어놓
으신 복음을 믿음으로 죄에서 돌이키게 하옵소서.

자기 자신의 만족만을 채우기에 급급하며 결국 중독으로 나타난 것은 죄
인됨의 증거물일뿐입니다. 더 이상 핑계 대거나 환경 탓으로 돌리지 않게
하시고 십자가에서 대면하게 하옵소서. 죄인임을 인정하고 십자가에서
예수 그리스도의 죽음을 바라볼 때 빛 가운데로 나아가게 될 줄 믿습니다.
○○○(를)을 절대 포기하지 않으시고 십자가의 사랑으로 이끄시는 신실
하신 주님을 신뢰합니다. 예수님의 이름으로 기도드립니다. 아멘.

5일
그리스도의 은혜를 덧입혀 주옵소서

그가 찔림은 우리의 허물 때문이요 그가 상함은 우리의 죄악 때문이라 그가 징계를 받으므로 우리는 평화를 누리고 그가 채찍에 맞으므로 우리는 나음을 받았도다(사53:5)

사랑의 하나님, 하나님의 사랑이 얼마나 큰지 이루 말할 수 없습니다. ○○○(를)을 사랑하신 하나님께서 영생을 주시고자 독생자를 보내셨습니다. 고칠 수 없을 것 같아 두려워하고 걱정하는 ○○○에게 이 진리를 들려 주옵소서. 진리는 우리를 자유케 합니다. 예수님께서 인간의 몸으로 오신 것은 ○○○의 삶 전체를 대속하기 위함이었음을 고백합니다.
모든 빚을 청산하듯 죄의 값을 모두 갚아내시고 부활의 영광으로 생명을 입혀주신 주님, 그 은혜로 ○○○가 나아오게 하옵소서.

예수님을 믿는 믿음이 세상을 이긴다는 말씀은 참 진리이며, 주님의 그 은혜에 잠길 때 진정한 승리와 평안이 있음을 고백하며 감사드립니다.
○○○가 자기 혼자의 싸움이 아니라, 이미 예수 그리스도께서 모든 싸움을 이기셨음을 알게 하옵소서. 주님을 바라봄으로 이 끔찍한 중독에서 벗어나오게 하옵소서. 날마다 십자가에서 예수님이 자신을 위해 무엇을 하셨나 깊이 묵상하게 하옵소서.
오직 그 은혜로 덧입혀 주셔서, 주님을 찬양하는 ○○○가 되게 하실 줄 믿으며 예수님의 이름으로 기도드립니다. 아멘.

6일
십자가로 나아오게 하옵소서

여호와께서 말씀하시되 오라 우리가 서로 변론하자 너희의 죄가 주홍 같을지라도 눈과 같이 희어질 것이요 진홍 같이 붉을지라도 양털 같이 희게 되리라(사1:18)

십자가의 주님이 계셨기에 우리가 진정한 소망을 품을 수 있음을 고백합니다. 주님께서 '오라'고 말씀하신 것을 ○○○가 듣게 하옵소서. 하나님은 우리의 죄가 주홍 같을지라도 눈과 같이 희어질 것이요, 진홍같이 붉을지라도 양털 같이 희게 되리라고 언약하셨습니다. 그리고 다 십자가에서 이루셨습니다.

○○○가 십자가로 나아와 이 진리를 체험하게 하옵소서. 새롭게 하시는 주님의 전능하심을 체험하게 하시고 주님께 경배 드리게 하옵소서. 멸망과 사망에 갇혀 있던 우리를 십자가로 구속해 주셨고 심판에 이르지 않게 하셨음을 알게하소서. 십자가에 달리신 예수님을 기억할 때마다 곧 자신의 십자가임을 발견하고 죄에서 돌이킬 수 있는 믿음도 주옵소서.

예수 그리스도로 말미암아 넉넉히 이기고도 남는 힘이 이미 주어졌음을 ○○○가 날마다 고백하게 하소서. 십자가 앞으로 나아갈 때마다 자녀 삼으신 은혜를 기억하며, 더 이상 죄인이 아닌 의의 자녀로 있음을 기억하게 하옵소서. 복음의 의로 말미암아 믿음으로 이끄시는 주님을 더욱 신뢰하게 하옵소서. ○○○와 우리를 위해 십자가에 달리신 예수님께 감사를 드립니다. 가장 높으신 이름 예수 그리스도의 이름으로 기도드립니다. 아멘.

7일
하나님과의 관계가 회복되게 하옵소서

여호와여 주는 나의 찬송이시오니 나를 고치소서 그리하시면 내가 낫겠나이다 나를 구원하소서 그리하시면 내가 구원을 얻으리이다(렘17:14)

하나님 아버지, 저희를 고아와 같이 내버려두지 않으심에 감사드립니다. 저희의 노력이 아닌 저희가 목적이되어 기뻐하시는 하나님을 찬양드립니다. 죄된 습관 가운데 하나님을 두렵고 무섭게 느껴 피하고 싶은 마음을 ○○○가 주님께 내려놓게 하여주소서.

하나님은 저희를 용서하시고, 관계를 회복시키시려 하나밖에 없는 아들을 대신 주셨습니다.
○○○가 하나님의 용서를 받아들이게 하시고 하나님이 열어놓으신 회복의 길에 마음 문을 열도록 이끌어 주옵소서. 하나님이 행하시면 고치지 못하실 것이 없고 하나님이 구원하시면 구원치 못할 자가 없습니다.

전능하신 여호와 하나님이 ○○○(를)을 위하여 어떠한 길을 열어놓으셨는지 보게 하시며 믿음으로 한걸음씩 떼게 하옵소서.
끝까지 기다려주시는 아버지 하나님을 신뢰하며 나아오게 하옵소서. 먼저 사랑하시고 아들을 내어주신 하나님께 무한 감사드리며 예수님의 이름으로 기도드립니다. 아멘.

8일
중독되었던 것을 실제로 끊게 하옵소서

이와 같이 너희도 너희 자신을 죄에 대하여는 죽은 자요 그리스도 예수 안에서 하나님께 대하여는 살아 있는 자로 여길지어다 그러므로 너희는 죄가 너희 죽을 몸을 지배하지 못하게 하여 몸의 사욕에 순종하지 말고(롬 6:11~12)

전능하신 하나님, 하나님의 구원을 인하여 찬양합니다. 하나님은 이미 죄의 세력을 몰아 내셨고 더 이상 ○○○의 삶속에 작용하지 못하도록 하셨습니다. 그리스도 예수 안에서 새 생명을 얻은 ○○○가 그 사실을 믿으며 하나님 앞에서 결단하도록 도와주옵소서. 더 이상 죄가 ○○○의 몸을 지배하지 못하게 하여 오직 거룩하신 성령님께 순종하게 하옵소서.

중독되었던 것을 실제로 끊게 하셔서 그의 믿음이 실제가 됨을 보게 하옵소서. 더 이상 중독되었던 것과 상관이 없음을 날마다 실제로 행하게 하옵소서. 오직 ○○○의 안에 계시는 성령께서 도우시기에, 모든 것이 가능해졌음을 날마다 고백하게 하소서.

동과 서가 먼 것과 같이, 이제는 죄와 함께 할 수 없는 존재로 바꾸어주셨다는 진리가 날마다 실제가 되게 해주실 주님께 찬양드립니다. ○○○의 삶에 진리의 기쁨으로 넘치도록 하소서.
전능하신 주님을 깊이 신뢰하며 예수님의 이름으로 기도드립니다. 아멘.

9일
중독되었던 것으로부터 자유하게 하옵소서

죄가 너희를 주장하지 못하리니 이는 너희가 법 아래에 있지 아니하고 은
혜 아래에 있음이라(롬6:14)
이는 그리스도 예수 안에 있는 생명의 성령의 법이 죄와 사망의 법에서 너
를 해방하였음이라(롬8:2)

주님의 승리가 우리의 승리가 되었음을 기뻐 찬양 드립니다. 우리를 진정
자유케 하신 하나님의 이름을 높여드립니다.

○○○의 삶속에 이 환호가 터져나오게 하옵소서. 중독 상태로 돌아가지
않으려는 ○○○의 눈물겨운 노력도 이제는 성령 안에서 내려놓게 하옵
소서. 자신의 힘으로 자유하게 될 수 없지만, 오직 성령의 능력만이 자유
케하심을 ○○○가 고백하게 하옵소서. 마치 중독을 이길 수 없는 양 속이
는 원수 사탄의 거짓말을 거절하게 하시고 하나님의 약속만 더욱 신뢰하
게 하옵소서.

○○○가 이제는 율법이 아닌 은혜 아래 있기 때문에 죄가 더 이상 ○○○
(를)을 주장하지 못함을 믿게 하옵소서. 우리가 하나님의 진리를 믿을 때
주님은 그 진리가 실제 되게 하십니다.

○○○의 힘이신 여호와 하나님! ○○○가 언제나 하나님을 바라보도록
도와주옵소서. 우리의 힘과 능력이 아닌, 오직 하나님이 이미 자유하게 하
셨음을 날마다 보게 하옵소서. 여호와 하나님을 찬양하며 예수 그리스도
의 이름으로 기도드립니다. 아멘.

10일
고립된 상태에서 벗어나게 하옵소서

그러나 책망을 받는 모든 것은 빛으로 말미암아 드러나나니 드러나는 것마다 빛이니라 그러므로 이르시기를 잠자는 자여 깨어서 죽은 자들 가운데서 일어나라 그리스도께서 너에게 비추이시리라 하셨느니라(엡5:13~14)

그의 형제를 사랑하는 자는 빛 가운데 거하여 자기 속에 거리낌이 없으나 (요일2:10)

사랑과 은혜가 풍성하신 하나님, 어둠에 있던 우리들에게 빛을 비추시어 당신께 나아오게 하심을 감사드립니다. 주님의 은혜로 중독이라는 어둠에 놓여있던 ○○○에게 빛을 비추어 주시옵소서. 그동안 고립된 상태에 있던 ○○○이 결단하여 중독된 상태에서 벗어나도록 도와주옵소서. 혼자서는 결단코 이길 수 없는 싸움임을 깨달아 알게 하옵소서.

수치와 부끄러움은 이미 십자가에서 죄와 함께 못박혔습니다. 주님이 드러내시려는 것은 다시는 어둠에 있지 않게 하기 위함임을 굳게 믿고, ○○○가 담대히 나아오도록 하여주옵소서. 고립에서 벗어나 가족과 주위 사람들을 사랑하는 첫 걸음을 떼게 하옵소서.

오직 신실하신 여호와 하나님만을 신뢰합니다. 빛으로 자신의 모습이 드러나 괴롭겠지만, 온전함으로의 부르심인줄 믿고 ○○○가 결단하게 하옵소서. ○○○(를)을 홀로 두지 않으시고 사랑으로 함께 하시며 보호하시는 하나님을 찬양합니다. 예수님의 이름으로 기도드립니다. 아멘.

11일
정서적 불안감을 회복시켜 주옵소서

아무 것도 염려하지 말고 다만 모든 일에 기도와 간구로, 너희 구할 것을 감사함으로 하나님께 아뢰라 그리하면 모든 지각에 뛰어난 하나님의 평강이 그리스도 예수 안에서 너희 마음과 생각을 지키시리라(빌4:6~7)

평강의 하나님, 진정한 평안은 오직 하나님께만 있습니다. 사람의 연약함을 아시는 주님께서 긍휼을 베풀어 주옵소서.
다시 그 중독의 습관으로 돌아가야만 살 수 있을 것 같은 속임수를 물리쳐 주옵소서. 때로 이기지 못하고 중독의 습관으로 돌아갔을 때, 찾아오는 두려움과 수치, 죄책감으로부터도 지켜주옵소서.

하나님은 저희가 홀로 싸우게 하여주옵소서. 전쟁은 하나님께 속하였다 말씀하셨습니다. 이미 다 이겨 놓으신 싸움에 믿음으로 참여하게 하신 은혜를 찬양합니다. 하나님, ○○○가 아무 것도 염려하지 않고 다만 모든 일에 기도와 간구로, 감사함으로 하나님께 아뢸 수 있도록 이끌어 주옵소서. 신실하신 주님의 약속대로, 모든 지각에 뛰어난 하나님의 평강이 그리스도 예수 안에서 그 마음과 생각을 지켜주실 것입니다.
하나님, ○○○가 이 말씀을 기억하게 하옵소서. 또한 ○○○(를) 위해 기도하는 저희도 이 말씀을 의지하여 기도드리게 하옵소서.
저희를 대신하여 싸우시는 하나님께서 모든 불안과 의심으로부터 자유하게 하셨음을 믿습니다. 예수님의 이름으로 기도드립니다. 아멘.

12일

대화 부족을 회복시켜 주옵소서

우리가 보고 들은 바를 너희에게도 전함은 너희로 우리와 사귐이 있게 하려 함이니 우리의 사귐은 아버지와 그의 아들 예수 그리스도와 더불어 누림이라(요일1:3)

사랑의 하나님, 죄로 인해 단절되었던 우리가 예수 그리스도를 통해 화목하게 하여 주심에 감사와 찬송을 올려드립니다. 또한 성령으로 저희를 하나되게 하심에 감사와 영광을 올려드립니다.
○○○가 그동안 단절되었던 부분을 회복하심을 믿습니다. 서로의 마음을 열고 대화하며 서로 사랑으로 교제할 수 있도록 이끌어 주옵소서. 서로가 얼마나 사랑하는지 대화를 통해 전달되도록 하옵소서.

저희의 사귐이 아버지와 그의 아들 예수 그리스도와 더불어 누리는 것임을 감사드립니다. 완전하고 아름다운 사귐으로 불러주옵소서.

주님께서 허락하신 서로를 받아들일 수 있는 마음을 ○○○와 모두에게 주시옵소서. 저희의 편견과 오해를 넘어 주님의 사랑으로 서로를 감싸안게 하옵소서. 십자가에서 완전한 화목을 이루신 주님께 감사드리며 예수님의 이름으로 기도드립니다. 아멘.

악화된 건강을 회복시켜 주옵소서

그러나 보라 내가 이 성읍을 치료하며 고쳐 낫게 하고 평안과 진실이 풍성함을 그들에게 나타낼 것이며(렘33:6)

치료와 회복의 하나님, 주님의 선하심과 인자하심에 감사와 찬양을 드립니다. 주님은 치유하실 뿐 아니라, 풍성히 생명을 누리도록 하시는 하나님이십니다.
○○○가 그동안 중독의 습관으로 인하여 건강이 많이 좋지 않았습니다. 건강도 하나님께서 고치시는 줄 믿습니다.

하나님의 손길이 닿아 ○○○의 건강이 좋아질 때, ○○○가 하나님의 사랑을 더욱 깨달아 알기를 원합니다. 단순히 건강이 좋아진 것만으로 기뻐하지말고, 자신을 사랑하시는 하나님의 사랑을 깨닫기를 원합니다.

하나님이 ○○○과 얼마나 교제하기 원하시는지 알게 하옵소서. 그의 건강도 주님의 다스림 안에 맡겨 드립니다. 하나님의 평안과 진실하심을 ○○○에게 나타내어 주옵소서.
신실하시고 포기하지 않으시는 아버지 하나님으로 인하여 즐거워하게 하옵소서. 예수님의 이름으로 기도드립니다. 아멘.

14일
가족들의 도움을 받아들이도록 해주옵소서

그뿐 아니라 더 약하게 보이는 몸의 지체가 도리어 요긴하고...만일 한 지체가 고통을 받으면 모든 지체가 함께 고통을 받고 한 지체가 영광을 얻으면 모든 지체가 함께 즐거워하느니라(고전12:22, 26)

사랑의 하나님, 저희 가족을 ○○○에게 하나님의 사랑의 통로로 세워주심을 감사드립니다. ○○○로 인하여 당신의 사랑을 더욱 알게 되었습니다. ○○○가 자책하거나 가족들로부터 멀어지지 않게 하여주옵소서. 오히려 약한 지체를 통해 하나님의 영광이 드러나고, 함께 고통받는 가족에게 마음을 열도록 하여 주옵소서.

다른 가족 구성원들에게도 ○○○(를)을 사랑으로 용납하며 도울 수 있는 은혜를 허락하여 주옵소서. 저희 모두가 동일하게 죄인이었다가 주의 은혜를 받은 자임을 알고 ○○○를 위해 신실히 기도하며 도울 수 있도록 하옵소서. 온 가족이 ○○○(를)을 도우려 할 때에 ○○○가 거절하지 않게 하시며, 완전히 치료될 것을 믿고 격려하며 함께 하게 하옵소서.

저희를 끊을 수 없는 사랑으로 하나되게 하신 주님으로 인하여 감사드립니다. 주님 안에서 더욱 든든한 가족되게 하신 것에 감사드리며 예수님의 이름으로 기도드립니다. 아멘.

오직 하나님을 신뢰함으로 나아오게 하옵소서

백성들아 시시로 그를 의지하고 그의 앞에 마음을 토하라 하나님은 우리의 피난처시로다(시62:8)

피난처 되신 하나님, 원수를 막는 요새 되신 하나님께 감사와 찬양을 드립니다. ○○○가 중독의 습관에서 벗어나려는 첫 걸음부터 지금까지 지켜주신 것은 신실하신 주님이셨습니다. 회복의 길을 여시고 은혜로 나아올 수 있도록 하신 것도 오직 주님이셨습니다.

○○○가 하나님 앞에 자신의 어려움을 토로하며 주님을 의지하게 하옵소서. 혼자의 힘으로는 절대로 중독의 유혹을 이길 수 없지만, 하나님께서 ○○○(를)을 지키심을 알게 될 때 담대함으로 나아갈 수 있습니다.

하루 중 언제나 주님을 신뢰하게 하옵소서. 믿음이 필요할 때마다 주님께 엎드리게 하옵소서. 자신의 힘이 아니라 전적으로 주님을 신뢰하게 하옵소서. 하나님을 의지하고 신뢰하는 자를 절대로 그냥 돌려보내지 않으시는 것을 잊지 않게 하옵소서.
○○○(를)을 자유케 하시며 언제 어디서나 함께 하시는 예수 그리스도의 이름으로 기도드립니다. 아멘.

16일
모든 부끄러움과 수치대신 사랑으로 채워주소서

두려워하지 말라 네가 수치를 당하지 아니하리라 놀라지 말라 네가 부끄러움을 보지 아니하리라 네가 네 젊었을 때의 수치를 잊겠고 과부 때의 치욕을 다시 기억함이 없으리니(사54:4)

하나님, 저희의 모든 수치와 부끄러움을 십자가에서 대신 당하신 하나님의 아들 예수 그리스도를 기억하게 하옵소서. ○○○가 십자가를 바라볼 때마다 은혜로 그를 지켜주시기를 간구합니다. 자신의 중독 습관으로 인해 위축되고 자기를 비하할 때 하나님이 어떠한 분이신지를 기억하게 하옵소서.

하나님은 진실로 ○○○을 사랑으로 채워주시기를 원하십니다. 하나님은 ○○○가 죄를 이길 능력이 없다는 것을 너무나 잘 알고 계십니다.

○○○가 하나님의 사랑앞에 담대히 나아가도록 하옵소서. 하나님의 사랑으로 ○○○가 죄를 이길 능력을 주시고, 원수 사탄의 모든 불화살을 막아낼 믿음의 방패를 주옵소서.

○○○가 부끄러움 대신 사랑으로 채우셔서 새롭게 하시는 하나님의 은혜를 경험하게 하옵소서. 한량없는 사랑으로 채우시는 아버지 하나님을 찬양합니다. 아버지의 사랑을 계시해 주신 예수 그리스도의 이름으로 기도드립니다. 아멘.

17일
부모를 신뢰하여 관계가 회복되게 하옵소서

자녀들아 주 안에서 너희 부모에게 순종하라 이것이 옳으니라 네 아버지 와 어머니를 공경하라 이것은 약속이 있는 첫 계명이니 이로써 네가 잘되 고 땅에서 장수하리라(엡6:1~3)

아버지 하나님, ○○○가 아버지 하나님의 사랑과 부모님의 사랑을 알게 하옵소서. 하나님과 비교할 수 없는 연약한 인간이나 주님의 은혜와 긍휼 로 하나님의 대리자인 부모로 세워주셨습니다.

○○○에게 중독이 진척되는 동안, 부모와 ○○○와의 관계가 얼마나 어 려웠던지요. 주님의 사랑과 은혜 속에서 이 관계가 회복되게 하옵소서. 먼저 부모들이 신뢰할 수 있는 주님의 사람들로 서게 하시고, ○○○가 부 모를 신뢰함으로 말미암아 하나님께서 약속하신 복을 누리게 하옵소서.

○○○가 하나님과의 관계가 회복될 때에 부모와의 관계도 회복됨을 믿 습니다. 마음을 열고 서로 의탁하게 하옵소서. 아낌없이 내어주는 사랑이 부모를 통해 흘러가게 하시고 ○○○(는)은 부 모를 신뢰함으로 인해 더욱 하나님과 가까워지도록 해주옵소서.

저희를 서로 신뢰와 사랑으로 하나되게 하신 아버지 하나님께 감사드리 며 예수님의 이름으로 기도드립니다. 아멘.

18일
가족들이 사랑으로 돌보게 하옵소서

모든 것을 참으며 모든 것을 믿으며 모든 것을 바라며 모든 것을 견디느니라 (고전13:7)

사랑의 본을 보여주신 하나님, 저희가 무엇이 참사랑인지 알게 해 주셔서 감사드립니다. ○○○의 아픔을 가족들이 사랑으로 돌보게 하여 주옵소서. 그 사랑에는 인내가 필요함을 고백합니다. ○○○이 혼자 해결할 수 없는 문제이며 저희 가족 전체의 문제임을 고백합니다.

주님께서 참 사랑은 허물을 덮는다고 하셨습니다. 모든 것을 참고, 모든 것을 믿으며, 모든 것을 바라며, 모든 것을 견딜 수 있는 사랑을 저희에게 부어 주옵소서. 가족 구성원 모두가 사랑으로 ○○○(를)을 보호하게 하시고 힘써 격려하고 함께 하게 하옵소서.

○○○에게 먼저 다가가고 사랑의 표현을 할 수 있는 가족들이 되게 하옵소서. 마음을 다해 ○○○(를)을 섬길 수 있도록 하옵소서. 주님께서 넉넉한 마음과 사랑을 주옵소서. 힘들 때마다 예수님의 사랑을 기억하며 이겨내게 하옵소서. 주님이 그러하신 것과 같이 저희도 포기하지 않게 하옵소서. 실망하고 낙심하지 않도록 모든 가족의 마음을 지켜 주옵소서.

연약한 우리를 통하여 영광을 드러내시기를 기뻐하시는 하나님께 감사드립니다. 사랑이 많으신 예수님의 이름으로 기도드립니다. 아멘.

19일
소원했던 친구들과의 관계가 회복되게 하옵소서

어느 때나 하나님을 본 사람이 없으되 만일 우리가 서로 사랑하면 하나님이 우리 안에 거하시고 그의 사랑이 우리 안에 온전히 이루어지느니라 (요일4:12)

모든 관계를 주관하시는 하나님, ○○○가 그동안 소원해졌던 친구들과의 관계가 다시 회복되게 하여 주옵소서. 먼저, 친구들과 교제하는 일을 꺼려했던 ○○○의 마음을 만져 주시고, 그의 친구들이 ○○○(를)을 이해하고 용납할 수 있는 마음을 허락하여 주옵소서.

관계의 회복이 ○○○가 반드시 넘어야할 산임을 알게 하시고, 믿음으로 감당하게 하여 주옵소서. 친구들과의 관계가 어렵고 힘들어도 ○○○가 마음의 문을 닫지 않도록 하여주옵소서. 하나님께서 진정으로 서로 사랑하게 하여 주옵소서.
○○○가 하나님의 구원의 말씀을 의지하여서 먼저 친구들을 사랑하고 용납할 수 있는 마음도 허락하여 주옵소서. 온전한 사랑이 두려움을 내어 쫓는 것과, 서로 사랑할 때 주님이 그 안에 거하시는 것을 알게 하옵소서.

영원히 변하지 않을 사랑 주셔서, 서로 사랑하게 해주신 주님의 은혜에 감사드립니다. 그 누구보다 ○○○(를)을 잘 아시고 이끄실 주님을 신뢰합니다. 감사하오며 예수님의 이름으로 기도드립니다. 아멘.

20일
치료과정 중에 결단하도록 힘 주옵소서

너희는 유혹의 욕심을 따라 썩어져 가는 구습을 따르는 옛 사람을 벗어 버리고 오직 너희의 심령이 새롭게 되어 하나님을 따라 의와 진리의 거룩함으로 지으심을 받은 새 사람을 입으라(엡4:22~24)

하나님, 주님의 구원은 완전하여 찬양받으시기에 합당하십니다. 신실하신 하나님을 ○○○가 신뢰하게 하옵소서.
치료 과정 중에 있는 ○○○이 결단하는 시간마다 주님이 도우시고 힘 주시기를 구합니다. 실제로 중독의 원인을 끊는 것이 참 힘들고 어렵지만 ○○○에게 베푸신 구원의 완전하심을 신뢰하며 나아오게 하옵소서.
잠깐의 쾌락에 유혹당하는 것이 ○○○의 영혼을 얼마나 피폐하게 하는지 알게 하시고, 낮아진 ○○○가 하나님을 구할 때 즉시 응답하여 주셔서 구해 주옵소서.

하나님의 독생자 예수 그리스도로 말미암아 옛 사람을 버리고 새 사람을 입게 하신 하나님을 찬양합니다. 영원하신 주님의 구원으로 ○○○의 심령을 새롭게 하옵소서. 살아계신 주님의 말씀으로 인하여 확실히 믿고 따를 수 있음에 감사드립니다.
○○○가 결단하여 주님께 자신을 드리고 계속 신뢰하게 하옵소서. 모든 일에 완전하신 하나님을 찬양하오며 예수님의 이름으로 기도드립니다. 아멘.

21일
부진했던 학업이 회복되게 하옵소서

새 사람을 입었으니 이는 자기를 창조하신 이의 형상을 따라 지식에까지 새롭게 하심을 입은 자니라(골3:10)

전능하신 하나님, 주님의 구원의 완전하심으로 인하여 찬양드립니다. 그 구원이 ○○○에게 임하였음을 깨닫게 하여 주옵소서.
그동안 중독의 습관으로 인하여 학업도 많이 부진한 가운데 있었습니다. 주님의 은혜로 회복 중에 있는 ○○○가 실망하지 않고 주님 안에서 다시 일어설 수 있는 힘을 주옵소서.

주님이 입히신 새 사람은 자기를 창조하신 이의 형상을 따라 지식에까지 새롭게 하심을 입은 자라고 말씀해 주셨습니다. 주님의 구원하심이 태초에 지으신 원형의 회복임을 ○○○가 깨달아 알게 하시고, 오직 감사로 모든 일에 임하게 하여주옵소서. 특별히 지식과 지혜를 더해 주셔서 그동안 부족했던 부분을 잘 채워갈 수 있도록 하옵소서.

무엇보다 자신을 위해서가 아니라, 죄로부터 구원하신 주님을 위하여 사는 것임을 기억하게 하옵소서. 주님만 신뢰하며 오직 전심을 다해 주님 앞에서 공부하게 하옵소서. ○○○의 존재 자체로 기뻐하시는 하나님 아버지께 감사드리며 예수님의 이름으로 기도드립니다. 아멘.

22일
소망을 가지고 좌절하지 않게 하옵소서

그런즉 누구든지 그리스도 안에 있으면 새로운 피조물이라 이전 것은 지나갔으니 보라 새 것이 되었도다(고후5:17)

사람이 감당할 시험 밖에는 너희가 당한 것이 없나니 오직 하나님은 미쁘사 너희가 감당하지 못할 시험 당함을 허락하지 아니하시고 시험 당할 즈음에 또한 피할 길을 내사 너희로 능히 감당하게 하시느니라(고전10:13)

소망을 주시는 하나님, ○○○에게 회복을 약속하시고 신실하게 일하시는 하나님을 찬양합니다. 때로 하나님의 일하심이 눈에 보이지 않아서 연약한 저희는 자주 실망할 때가 있습니다. 그러나 좌절하여 하나님을 원망하지 않게 하여 주옵소서. 주님은 ○○○가 새로운 피조물이라고 하셨습니다. ○○○에게 간간이 옛 습관들이 나타날 때 마다, 이전 것은 이미 지나갔고 새 것이 되었노라 말씀하시는 주님을 바라보게 하옵소서.
좌절하고 포기하여 다시 옛 중독의 습관에 빠져버리는 우를 범치 않도록 지켜 주옵소서. 오직 믿음을 신실히 하여 진정한 피난처 되시는 하나님만을 바라보게 하옵소서. ○○○의 힘이 거기서 남을 알게 하시고 소망을 잃지 않게 하옵소서. 거짓과 흠이 없으신 거룩하신 하나님, 하나님만이 ○○○가 좌절하지 않고 소망할 이유가 되십니다. 주님을 바라볼 수 있고 나아갈 수 있는 길을 여시고, 새롭게 하신 주님께 감사드리며 예수님의 이름으로 기도드립니다. 아멘.

말씀과 기도로 채워주옵소서

주의 말씀은 내 발에 등이요 내 길에 빛이니이다(시119:105)

말씀으로 인도하시는 하나님, 사람이 떡으로만 살지 않으며 하나님의 말씀으로 살 것이라고 하신 것을 기억합니다. 주님의 말씀이 저희의 앞길을 모두 인도해 주옵소서.

○○○가 주님의 말씀 앞에 나아오게 하옵소서. 그리고 주님의 신실하심대로 ○○○에게 말씀을 채워주옵소서. 주님께 또한 기도로 나아오게 하옵소서.

저희가 기도할 때, 하나님께서 당신의 위대한 일들을 행하시는 줄 믿습니다. 갈 바를 알지 못하여 갈팡질팡하던 우리에게 푯대가 되시고 방향을 잡아주신 주님, ○○○가 주위의 많은 소리와 현상을 좇아 이리저리 분주하지 않게 하시고, 오직 주님의 말씀으로 사는 것을 배우게 하옵소서.

주님의 말씀만이 저희를 깨끗하게 하실 수 있습니다.
○○○의 중독 습관에서 벗어날 수 있는 유일한 길도 바로 주님의 말씀뿐임을 고백합니다. 주님의 도우심 없이는 아무것도 할 수 없는 존재임을 날마다 고백하게 하옵소서. ○○○의 하나님이 되셔서 신실하게 인도하시는 주님을 찬양하오며 예수님의 이름으로 기도드립니다. 아멘.

24일
유혹을 이기게 하옵소서

무릇 하나님께로부터 난 자마다 세상을 이기느니라 세상을 이기는 승리는 이것이니 우리의 믿음이니라(요일5:4)

이기는 믿음을 주신 하나님, 십자가에서 모든 부끄러움을 견디신 예수님을 찬양합니다. 주님은 저희 믿음의 창시자시며 완성자이십니다.

주님께서 십자가에서 우리의 죄를 담당하실 때, 모든 유혹을 이길 능력도 함께 주심을 믿습니다.
○○○에게 유혹이 밀려 올때, 오직 예수님을 믿는 믿음이 이김을 기억하게 하옵소서. 죄를 이길 능력이 예수 그리스도께로부터 나오기에 확실히 이길 수 있는 것임을 깨닫게 하옵소서.

세상을 이기는 승리가 저희의 믿음이라고 말씀해 주셔서 감사드립니다. 유혹하며 거짓으로 속임을 일삼는 원수 사탄의 무리를 대적하게 하옵소서. ○○○가 오직 주님의 말씀을 붙잡고 더 이상 속지 않게 하옵소서.

영원한 십자가에 이루신 그 승리로 인해 ○○○에게도 예수님의 승리가 임했음을 찬양드립니다. 모든 일을 순종으로 이루신 예수님의 이름으로 기도드립니다. 아멘.

25일
하나님 앞에 정직하게 나아오게 하옵소서

의인의 길은 정직함이여 정직하신 주께서 의인의 첩경을 평탄하게 하시도다(사26:7)

하나님, 오직 하나님 앞에 정직하게 나아오게 하옵소서. 하나님은 저희의 중심을 살피시는 하나님입니다.

○○○가 다시 옛 습관으로 돌아갔을 때 주님 앞에 정직하게 나아오게 하옵소서. 그리고 다시 십자가로 나아와 회개하게 하옵소서.

더 이상 다른 어떠한 것으로 핑계되거나 자기 합리화를 하지 않게 하옵소서. 주님의 초대는 용서하기 위함이요, 새롭게 하심을 늘 잊지 않게 하옵소서.

○○○가 오직 주님의 은혜를 갈구하며 정직하게 자신의 모습을 인정할 수 있는 마음을 허락하여 주옵소서. 회복의 근원은 오직 하나님께로부터임을 알고 겸손히 다시 주님 앞에 서게 하옵소서. 자신의 행위로 의로워지는 것이 아님을 기억하게 하옵소서. 의롭지 않은 자를 의롭다고 칭하시는 주님이심을 기억하게 하옵소서.

우리의 부르짖음에 늘 응답하시려 기다리고 계시는 아버지 하나님께 감사드리며 예수님의 이름으로 기도드립니다. 아멘.

26일
오직 그리스도의 십자가만 붙잡게 하옵소서

내가 그리스도와 함께 십자가에 못 박혔나니 그런즉 이제는 내가 사는 것이 아니요 오직 내 안에 그리스도께서 사시는 것이라 이제 내가 육체 가운데 사는 것은 나를 사랑하사 나를 위하여 자기 자신을 버리신 하나님의 아들을 믿는 믿음 안에서 사는 것이라(갈2:20)

언제나 함께 하시는 하나님, ○○○가 넘어져 실패감으로 주눅 들어 있을 때에도 주님의 신실하심을 알게 하옵소서.
○○○가 언제든지 십자가로 나아가게 하옵소서. 승리할 때면 겸손히 하나님을 찬양하게 하시고, 실수 할 때면 더욱 더 십자가 앞으로 나아가 하나님의 음성을 듣게 하옵소서.

십자가에서 이루신 아름다운 경륜을 깨닫게 하옵소서. 이제는 자신의 의대로 살지 않고, 아들 예수 그리스도로 인한 생명으로 남은 삶을 온전히 주님께 드리는 자가 되도록 하옵소서.
주님의 경륜을 알기 위해 십자가로 겸손히 나아오게 하옵소서. 주님과의 관계가 더욱더 친밀해져서 오직 주님만으로 기뻐하는 ○○○가 되게 하옵소서.

저희는 죽고 예수께서 사신 생명의 고백을 날마다 하게 하옵소서. 생명 다하기까지 순종하신 예수님의 이름으로 기도드립니다. 아멘.

27일
믿음을 더하여 주옵소서

복음에는 하나님의 의가 나타나서 믿음으로 믿음에 이르게 하나니 기록된 바 오직 의인은 믿음으로 말미암아 살리라 함과 같으니라(롬1:17)

완전하신 하나님, 복음의 능력으로 말미암아 믿음으로 이끄시는 아버지 하나님을 찬양합니다. 오직 믿음으로 말미암아 살도록 하신 주님의 은혜에 감사드립니다.
자신의 의로써는 하나님 앞에 설 수 없는데 주님의 의로 의롭다 함을 받았습니다. 그 은혜를 생각할 때마다 ○○○가 믿음으로 나아오게 하옵소서. 한순간도 믿음 없이는 죄 가운데 처할 수밖에 없음을 알게 하옵소서.

자신의 힘과 능력으로 중독의 유혹을 이기려 힘쓰는 것이 아니라, 복음의 의로 말미암은 믿음을 사용하도록 하옵소서. 그 안에서 작용하시며 역사하시는 성령님께서 믿음을 더하시는 줄 믿습니다. ○○○가 담대히 그리스도의 영광을 나타내게 하옵소서.

겸손히 믿음으로 주님을 바라는 것이 곧 ○○○의 힘과 능력인 줄 알게 하옵소서. 온전한 믿음을 더하시기를 기뻐하시는 주님께 감사드리며 예수님의 이름으로 기도드립니다. 아멘.

28일
계속 주님만 신뢰하며 감사하게 하소서

하늘의 하나님께 감사하라 그 인자하심이 영원함이로다(시136:26)

인자하신 하나님, 주님의 성실과 인자하심이 영원하심으로 인해 찬양 드립니다. 오직 주님의 은혜로 ○○○의 삶을 살도록 하옵소서.

○○○를 지으시고 부르신 주님, 주님의 구속하심을 바라보며 늘 찬양하게 하옵소서. 하나님의 은혜를 잊고 감사하지 않는 죄를 범치 않도록 지켜 주옵소서. 크나큰 은혜에 진실로 감사하게 하옵소서.
하나님께서 중독에 빠진 ○○○를 부르실 때에 관계의 회복을 바라시며, 풍성한 것을 주시고자 하심을 기억하게 하옵소서. ○○○가 하나님을 바라보도록 하옵소서.

죄의 자리는 하나님을 잃고 다른 것으로 채우려 하던 자리임을 고백합니다. ○○○의 죄를 이미 다 해결하신 주님, ○○○가 주님 한 분만으로 만족한다는 고백을 하게 하소서. 다른 것 구하지 않고, 오직 주님을 구하는 ○○○가 되도록 하옵소서.
하나님으로 즐거워하고 기뻐하게 하옵소서. 예수님의 이름으로 기도드립니다. 아멘.

29일
중독에 빠진 이들에게 하나님의 통로가 되게 하옵소서

모든 것이 하나님께로서 났으며 그가 그리스도로 말미암아 우리를 자기와 화목하게 하시고 또 우리에게 화목하게 하는 직분을 주셨으니 곧 하나님께서 그리스도 안에 계시사 세상을 자기와 화목하게 하시며 그들의 죄를 그들에게 돌리지 아니하시고 화목하게 하는 말씀을 우리에게 부탁하셨느니라(고후 5:18~19)

신실하신 하나님, 지금까지 ○○○(를)을 지켜주시며 회복시키신 은혜를 찬양합니다. 놀라우신 주님의 복음으로 새 사람을 입게 하심을 감사드립니다. 죄된 존재를 하나님을 영화롭게 하는 존재로 바꾸어 주신 주님, 이제는 ○○○가 거룩하신 주님의 통로가 되게 하옵소서. 세상 가운데 여전히 여러 중독에 빠져 허우적거리는 이들이 많습니다. 그들 안에 예수 그리스도가 없기 때문에 하는 것마다 허망하고 임시 방편 정도의 치료밖에는 없습니다. 그러나 예수 그리스도께서 영원한 구원을 베풀어주십니다.

○○○에게 새 생명을 주신 주님, 이제는 ○○○가 그 생명의 증인으로 서게 하옵소서. 빛이 없어서 어둠 가운데 헤매이는 사람들에게 ○○○가 주님의 빛을 비추이게 하옵소서. 똑같은 고통에 빠진 이들에게 ○○○가 주님의 사랑을 전하게 하옵소서. 아무 자격 없는 저희에게 세상과 하나님을 화목하게 하는 직분을 주신 주님께 감사드립니다. 사랑많으신 예수님의 이름으로 기도드립니다. 아멘.

30일
인생의 주인이 하나님이심을 신뢰하게 하옵소서

지존자의 은밀한 곳에 거주하며 전능자의 그늘 아래에 사는 자여, 나는 여호와를 향하여 말하기를 그는 나의 피난처요 나의 요새요 내가 의뢰하는 하나님이라 하리니(시91:1~2)

지존하신 하나님, 말할 수 없는 사랑과 신실하심으로 ○○○를 품으신 주님을 찬양합니다. 주님 없이 허망한 짓을 하던 ○○○(를)을 건져 내신 주님이 왕이심을 고백하게 하옵소서. ○○○가 자신의 주인이 하나님이심을 삶의 모든 부분에서 고백하게 하옵소서.
십자가에서 죄로 돌아갈 길은 이미 모두 끊어졌습니다. 다시 예전으로 돌아갈 수 없습니다. 은혜로우신 하나님, ○○○가 영원히 주님을 피난처와 요새로 삼으며 주님께 나아오게 하옵소서.

모든 일에 주님을 의뢰하며 주님을 하나님으로 고백하는 ○○○가 되게 하옵소서.
앞으로 ○○○의 남은 삶 속에서도 주님만이 주인되셔서 무서운 죄의 나락에 빠지는 일이 다시는 없도록 하옵소서. 죄로부터 ○○○를 능히 지켜 내실 뿐 아니라 넉넉히 이기도록 하신 주님의 사랑에 감사를 드립니다.
○○○의 삶 속에서 오직 주 하나님만 홀로 영광 받으시기를 바라오며 예수님의 이름으로 기도드립니다. 아멘.